제국과 식민지 사이

이 저서는 2013년 정부(교육부)의 재원으로 한국연구재단의 지원을 받아
수행된 연구이다(NRF-2013S1A6A4014064).

히토쓰바시대학 한국학연구센터 학술총서 01

제국과 식민지 사이

경계인으로서의 재조일본인

이규수 지음

어문학사

책머리에

근대 이후 동아시아 사회는 일본의 제국주의화, 중국의 반식민화, 한국의 식민화라는 주변국과의 갈등과 분쟁의 과정을 겪었다. 식민제국 일본과 피식민지국과의 대립은 이들 사회의 격심한 사회적 변동과 더불어 동아시아 모든 구성원에게 청산해야 할 커다란 역사적 과제, 즉 국가 간 대립과 갈등을 극복하고 상호 소통을 통해 화해와 공존의 장으로 나아가야 하는 과제를 남겨 놓았다. 일본의 패전 이후 특히 한국과 일본 두 사회는 식민지 경험의 청산과 새로운 국가 건설, 그리고 서로에 대한 부정적인 인식을 극복해야 하는 역사적 책무에 직면할 수밖에 없었다.

제국과 식민지 경험이라는 유산은 동아시아 국가 사이에 여전히 갈등의 한 축으로 작동하고 있다. 따라서 '제국'의 영역을 확장하기 위해 제국과 식민지의 경계를 넘나들었던 재조일본인에 대한 연구는 동아시아 사회가 안고 있는 문제의 역사적 연원을 밝힐 수 있다는 점에서 현재적 의미가 있다. 동아시아 사회는 물론 근대 한국 사회의 체계적 이해를 위해서도 재조일본인에 대한 면밀한 검토가 긴요하다.

조선에 체류한 일본인의 기원은 1876년 부산 개항으로까지 거슬러 올라간다. 급격한 인구 증가 문제를 해결해야 했던 일본에게 조선은 가장 좋은 이주 대상지였다. 재조일본인 사회의 형성 속도는 일본의 조선에 대한 지배권의 확대와 더불어 급격히 빨라졌다. 일제강점 말기, 조선에 거주한 일본인 수는 75만 명을 넘어섰다. 이는 당시 일본의 작은 부현(府縣) 정도의 규모로, 일본인 전체에서 차지하는 비중이 결코 작지 않았다. 여기에 조선 출장이나 단기 파견, 여행, 조선 경유 만주 이주 등 다양한 형태로 식민지 조선에 단기 체재한 사람은 그 몇 배에 달했다.

일본은 1910년부터 1945년까지 조선을 식민지로 지배한 제국이었다. 일본의 식민지 통치는 총독을 정점으로 한 식민지 관료나 군부에 의해서만 이루어지지 않았다. 식민지 지배 체재는 다양한 계층으로 구성된 재조일본인을 통해 유지 강화되었다. 식민지는 메이지유신 이후 '정한론'(征韓論)으로 상징되는 침략 사상에 물든 엘리트 관료와 경찰·군부에 의해 유지되었지만, 그 체제를 식민지에 견고하게 뿌리내리게 한 주역은 일본에서 건너온 재조일본인이라 해도 지나치지 않다. 재조일본인은 식민지배의 근간을 이루는 존재였다. 재조일본인들은 식민지 경영 과정과 일상 체험의 회상을 통해 식민지 조선을 '식민 주체'의 입장에서 형상화했다. 그리고 그 기억은 단순한 과거의 '추억'으로 남지 않았다. 일본 정부가 앞장서, 특히 관료와 지식인이 중심이 된 집단이 편찬한 식민지의 기억은 식민지배의 정당화를 위한 근거가 되었다. 특히 패전에 따른 해외 일본인의 본토 귀환은 지역과 시기에 따라 역경을 수반했는데, 대만이나 남한 지역과 달리 만주나 북한 지역에서 귀환한 일본인들은 시베리아 억류, 강제 노동, 폭력, 살상, 약탈 등을 경험했다. 이런 잔혹한 체험은 그들을 식민지 지배의 '가해자'가 아니라 참혹한 전쟁의 '피해자'로 탈바꿈시키는 계기로 작용했다. 재조일본인들이 식민지에서 영위한 일상, 그리고 각지에서의 일본인 귀환자들의 체험은 향후 구 거류지에 대한 역사관·지역관 형성은 물론이고, 종전 후 양국과·양 지역 관계에 중대한 영향을 미칠 수밖에 없었다.

정부, 관료, 지식인들이 만들어낸 식민지 조선의 추억은 조선에서 귀환한 약 100만 명의 기억을 집단화하고, 그 기억은 일본의 조선에 대한 이미지를 형성하는 데 결정적 역할을 했다. 식민지에서의 생활 체험을 가진 당사자는 대부분 역사속으로 사라졌지만, 이들이 생산한 기록으로 남아 있는 기억은 지금도 조선에 대한 인식으로 재생산되고 있다. 그 기억의 비판적 성찰이 필요한 이유가 바로 여기에 있다.

이렇듯 재조일본인은 '제국'과 '식민지'의 접점에서 그들이 갖는 '근대성'과 '식민성'을 규명할 수 있는 중요한 연구 주제, 제국의 식민지 침략과 수탈이 국가 권력과 그들이 지원하는 민간인이 결합하여 총체적으로 수행되었음을 실증하기 위한 주요 연구대상이다. 재조일본인에 관한 기존의 연구는 다양한 각도에서 이루어졌는데, 조선 이주 과정을 둘러싼 실증 연구와 더불어 재조일본인의 왜곡된 조선 인식에 대한 비판도 제기되었다. 최근에는 각 개항장에 초점을 맞추어 식민 도시의 형성과 관련된 재조일본인의 인구 변동, 재조일본인 사회의 사회 조직과 단체의 현황, 그리고 사회 구조적 특성을 밝힘으로써 일본의 식민지배의 성격과 식민지 근대를 심층적으로 이해할 수 있는 근거도 마련되었다.

다만 제국 일본의 식민정책을 연구하면서 식민지 지배자와 지배 집단의 내부 구조에 대한 정확한 이해가 결여되어 있다면, 재조일본인 연구는 명백한 한계를 지닐 수밖에 없다. 재조일본인 연구의 궁극적인 목적의 하나는 외래 식민지배자들과 대립 또는 제휴라는 다양한 상호 작용 속에서 일제강점기를 살아간 조선인의 '근대적' 경험과 변화를 통시적으로 고찰하는 것이기 때문이다. 특히 '지배에 대한 저항'에 초점을 맞춘 연구는 지배의 성격 자체에 대한 심층적 이해를 발전시키지 못한 한계도 드러냈다. 요컨대 많은 연구 성과에도 불구하고 기존의 연구는 식민지 정책자, 식민지 지배자들 자체에 대한 연구로까지 발전되지 못했다고 말할 수 있다. 식민정책의 생산 구조는 물론 지배의 내면적 구조와 성격을 밝힐 수 있는 '지배 세력' 자체에 대한 내재적인 분석 작업이 필요한 시점이다. 재조일본인 연구는 연구사적으로 출발점에 서 있다. 체계적인 자료 정리와 구체적인 사례 연구, 그리고 지역 연구를 통해 실증적인 성과를 축적해 나갈 필요가 있다. 특히 시기별, 지역별,

계층별 차이에 따른 다양한 재조일본인 사회의 특질에 대한 분석이 긴요하다. 이런 분석에 기초할 때 '보통 일본인'에 의한 '풀뿌리 식민지 지배와 수탈'의 구조를 밝힐 수 있을 것이다.

이런 문제의식 위에서 이 책에서는 경계인으로서의 재조일본인의 존재 양태를 파악하려 한다. 한국 근현대를 되돌아볼 때 지배와 저항의 관점만으로는 일본인을 매개로 발현된 일제강점기의 다양한 사회적 현상을 이해하는 데 한계가 있다. 더욱이 제국 일본과 식민지 조선의 기억 방식에 초점을 맞추어 보면, 패전 이전에 형성된 차별적인 고정관념이 어떻게 전후에도 무비판적으로 계승되어 다양한 양태로 재생산되었는지 충분히 해명되지 않는다. 일본의 식민지 지배는 '근대 미시 권력의 작동' 또는 '풀뿌리 지배 권력의 억압성'이라고 말할 수 있다. 따라서 식민지 지배 체제를 총체적으로 규명하고 현대 일본과 일본인의 정체성을 연속적으로 파악하려면, 식민자로서의 일본 서민의 역사적 체험과 구(舊) 제국·식민지에 대한 의식 구조를 해명해야 한다.

이 책의 본문은 크게 3부로 나뉘어져 있으며, 각 부분에서는 다음과 같은 내용을 담았다.

1부에서는 재조일본인을 둘러싼 기존 연구의 성과를 소개하고 재조일본인의 존재 양태를 거시적으로 파악할 수 있는 각종 통계를 분석했다. 인구 변화 양상을 수량적으로 추적함으로써 재조일본인의 연도별, 출신지별, 산업별, 지역별 인구의 특징을 살펴보고,

이어 지역 레벨에서의 현황과 그들의 인식을 통해 드러난 재조일본인 사회의 생활과 문화의 단면을 고찰했다. 이런 작업은 식민정책의 입안자와 실행 주체, 그리고 이에 편승한 '보통'의 재조일본인의 존재 방식을 도항과 정착, 조선에서의 역할에 이르기까지 '거시와 미시'라는 방법을 통해 구조적으로 조망할 단초를 제공할 것이다.

2부에서는 일본의 해외식민정책론과 이민 사업의 실태에 관한 내용을 담았다. 개항장 인천과 군산을 사례로 개항 이후 한국강점에 이르기까지 일본 식민지배세력이 조선에 세운 식민 사회의 구조적 특성이 무엇이며, 또 그런 사회구조적 특성은 일제의 식민지배 정책과 서로 어떤 연관성을 지니고 있는지 등을 살펴보았다. 사례 연구로 개항장 인천을 거점으로 초기에 형성된 재조일본인 사회의 특징과 군산에 설립된 군산농사조합의 설립 과정과 활동 내용, 그리고 그 해산 과정의 검토를 통해 일본인 지주의 토지집적 과정의 특징을 분석했다.

3부에서는 식민자로서의 재조일본인의 체험과 기억 속에 남아 있는 식민지 조선의 모습은 어떠했으며, 그것이 식민지 조선의 역사적 실체와 어떻게 연동되거나 유리되었는지를 살펴보았다. 재조일본인들의 '기억과 회상'은 단순한 추억이 아니라 현실이었다. 나아가 이는 일본인들의 식민지 조선의 기억만으로 끝나지 않고 동아시아 전체를 보는 현재의 눈이기도 하다. 식민과 전쟁의 피해자로 탈바꿈한 '식민 가해자'의 기억이 '피식민자'의 입장에서 재구성되어야 함은 너무나 당연하다. 더구나 '피식민자'였던 조선의 입장에서 '식민 가해자'가 형상화한 지배 논리와 '이미지'를 해체하고 객관적으로 복원하는 일은 역사학계가 반드시 수행해야 할 과제이다. 현재 일본 보수의 동아시아에 대한 논리의 뿌리도 여기에 근거하기 때문이다. 일제강점기에 관한 한일 양국의 기본적인 역사 인식은 제국주의와 식민지, 지배와 저항이라는 틀로 규정되었다. 구체적으로 '탈식민' 이후 식민지배를 받았던 한국 사회는 저항의 모습을 독립운동으로 복원했고, 일본 사회에서는 비록 소수이기는 하지만 식민지배의 '정당성'을 주장하는 입장이 여전히 영향력을 떨치고 있다. 이런 역사 인식의 평행선에서 상호간의 접점을 발견하고, 미래지향적인 양국 관계를 구축해 나가기 위해서는 식민지배에 관한 일본 사회의 자기반성과 성찰이 요구된다고 할 수 있다. 최근 평화헌법의 개정과 군사화를 바탕으로 군국주의를 복원시키려는 일본의 동향에 대해 세계적으로 우려의 목소리가 커지고 있다. 왜곡된 역사 인식을 받아들이는 '보통 일본인'과 이를 조직적으로 선동하는 '보통 국가' 일본의 출현이 현실화되고 있기 때문이다. 일본이 과거에 대한 반성은커녕 '과거회귀적인 사고방식'을 지닌 국가라는 의구심을 증폭시키고 있다. 지금의 추세라면 일본은 동아시아의 '역사적 고아'로 전락할 가능성이 크다.

이 책을 출간하는 궁극적인 목적은 재조일본인을 주제로 일본의 왜곡된 역사 인식만을 부각하기 위해서가 아니라, 동아시아 차원에서 새로운 평화와 공존의 가능성을 모색하기 위함이다. 불행한 과거를 거울삼아 이제 동아시아의 모든 민중은 평화와 화해를 향해 손잡고 나아갈 시점에 이르렀다. 역사학 본연의 임무는 과거의 교훈 위에서 미래지향적인 가치 체계를 확립하는 데 있다. 역사학은 과거의 '기억 들추기'를 통해 '과거에 머물기'가 아니라, '과거 되살리기'를 바탕으로 동아시아의 평화와 공생을 향한 '미래를 살아내기' 작업이라 믿기 때문이다. 역사를 직시하면서 얻을 수 있는 교훈은 많다. 그중에서도 민족이 민족을 침략하여 지배하거나, 개인이 개인을 사회·경제적으로 종속해서는 안 된다는 점을 강조하고 싶다. 역사의 부정적 측면을 서술하는 일은 일본 네오내셔널리스트들이 항변하듯이 결코 자민족을 '자학'하는 일이 아니다. 현재의 가치 기준으로 과거를 검증하면서 역사를 재조명하는 일은 오히려 미래의 역사 행로를 밝히는 작업과 연결된다. 끝으로 인문학의 위기라는 시대적 분위기에서 상업성과는 거리가 먼 이 책의 출간을 흔쾌히 받아주신 어문학사 관계자 여러분께 이 자리를 통해 감사와 우정의 마음을 전한다. 이 책의 출판을 계기로 앞으로 연구에 더욱 정진해야겠다고 다짐한다. 더 나은 글쓰기를 위한 노력은 역사 연구자로서 추구해야 할 당연한 의무이고, 그것만이 이 책의 부족함과 엉성함을 메우는 유일한 길이기 때문이다.

2018년 6월
이규수

차례

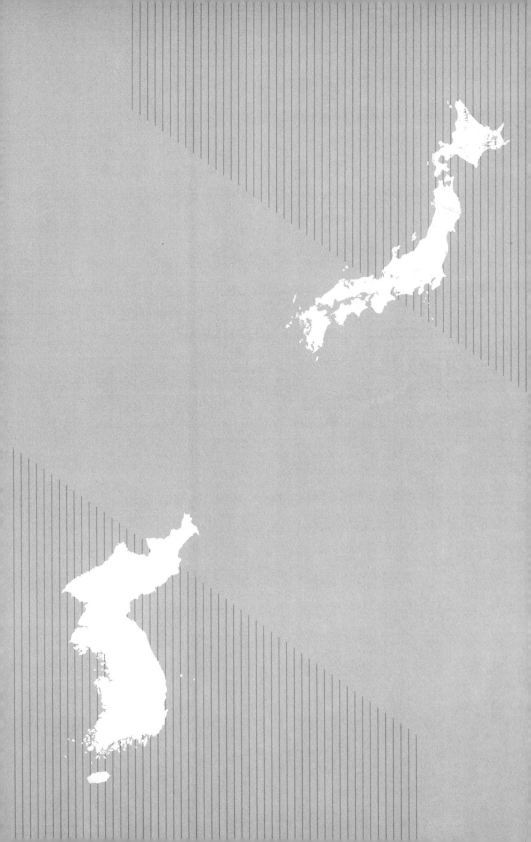

I부 재조일본인 연구와 존재 양태

1. 연구의 현황과 과제

1.1 '제국'과 '식민지'의 연구 지형

'제국'과 '식민지'를 둘러싼 현재까지의 연구를 조망하면, '식민지 근대화론'이나 '식민지 근대성론'의 문제 제기가 영향력을 떨치는 가운데 일제강점기를 이민족에 의한 민족 수탈의 암흑기로만 이해하기보다, 20세기 한국 근대의 한 과정이나 형태로 이해하자는 주장이 세력을 확보해 가는 형세였다. 물론 '문화연구'나 '담론연구'와 같은 새로운 연구 시각은 일제강점기의 모습을 새롭고, 또 다양하게 보여줄 수 있을 것이라는 점에서 환영받을 만하다. 하지만 식민지 사회에서 '민족' 문제와 '개인' 또는 '사회'의 문제 가운데 어느 쪽이 더 큰 비중을 차지하고 있었는지에 대해서는 연구자들의 실천적 고민이 필요하다. 또 일제강점기를 '식민지 근대'로 개념화한다고 할 때, 당시 역사의 당면 과제를 가장 충실히 이행한 민족독립운동과 그 근저에서 작동한 '민족주의'를 등한시하거나 배제시켜서는 역사적 실체에 접근할 수 없다.

해방 이후 한국 역사학계의 과제는 '식민지 수탈론'에 기초한 식민사학 비판이었다. 정체성론과 타율성론에 입각한 식민사학 비판은 민족주의 사학의 계승과 내재적 발전론의 정착 과정이었다. 이 시각에 따르면, 일제강점기 이전 시기는 자본주의의 맹아가 근대로의 자생적 이행을 준비하는 시기로, 일제강점기는 일본제국주의의 민족 차별과 수탈로 자생적 이행 가능성이 압살된 민족사의 암흑기로 인식되었다. 조선 후기 이래 내재적으로 성장해온 근대화의 싹이 일본의 침략에 의해 짓밟히면서도 그것이 어떻게 발전해 왔는가를 밝히는 데 집중한 일련의 노력들은 식민사학을 불식하는 데 크게 공헌했다. 이런 역사 인식은 일본제국주의의 부당한 지배에 저항한 민족해방운동 세력에게 역사적 정당성을 부여했다. 1960년대 이후 '식민지 수탈론'은 한국 사학계의 통설로 자리매김했다.[1]

그런데 사회주의 체제의 동요는 역사학의 연구 지형에도 커다란 변화를 불러일으켰다. 1980년대 중반 이후에는 일본의 식민지 지배를 어떻게 바라볼 것인가를 둘러싸고 '식민지 근대화론'이 민족주의 역사학에 기초한 '식민지 수탈론'을 비판하는 양상으로 진행되었다. 일제강점기를 '수탈과 저항'의 역사가 아닌 '수탈과 개발'의 역사로 바라보자는 '식민지 개발론'의 등장이었다. '식민지 근대화론' 논쟁은 경제사학계의 일부 연구자들이 역사학계의 역사 인식을 '식민지 수탈론'이라고 비판하면서 수정을 요구했고, 역사학계는 이들의 수정사론을 '식민지 근대화론'이라고 역비판하면서 '격투'가 전개되었다.[2]

1990년대 중반 이후 탈민족주의, 탈식민주의 등을 내건 '탈근대주의'의 입장에서 '식민지 수탈론'과 '식민지 근대화론' 양자를 모두 비판하는 '식민지 근대성론'이 대두되었다. '근대성'과 '수탈'이 어떻게 상호 작용하여 변증적으로 통합되어 있는지를 밝혀야 한다는 것이다. 이들은 기존의 민족주의 담론은 식민주의, 근대성, 민족주의를 서로 분리하여 고립된 변수로 다루고 있다는 인식 위에서, 일본의 억압과 착취만을 강조하는 역사 서술 대신, 헤게모니 개념을 차용하여 식민지 사회를 '근대적 지배—종속의 관계'로 파악할 것을 제안한다. 국가 권력이나 특정한 지배계급이 다양한 제도를 동원하여 사회 계층의 자발적 동의를 창출하고 유지하는 메커니즘에 주목해야 한다는 것이다. 이들은 일제강점기의 '근대성'과 '문화적 헤게모니' 사이의 관계를 중시한다. 즉 식민지에서의 근대성은 한국인들이 수동적으로 받아들인 결과가 아니라, 직간접적으로 참여함으로써 구축된 것으로 바라본다. 또 '식민지 근대성론'은 식민지 사회 주민의 정체성은 단순히 '민족'만이 있었던 것이 아니라 계급, 젠더, 지역, 신분 등 다양한 차원에서 주어지고 있었다는 것을 강조한다.[3]

　'식민지 근대화론'과 '식민지 근대성론'이 제기한 비판의 요점은 일제강점기를 '지배와 저항'의 틀로만 해석하면, 이 시기의 근대적 변화 양상을 구체적으로 파악할 수 없다는 것인데, 이 두 견해가 '근대적 변화 양상'을 이해하는 방식과 목적에는 차이가 있다. '식민지 근대화론'은 일제강점기의 근대적 변화에 대해 '변화의 주체' 문제를 등한시한 채 경제적 측면에서 해방 이후 한국자본주의 고도성장과 연관시킨다. 반면, '식민지 근대성론'은 사회문화적 측면에서 민족주의의 차별과 배제 논리, 규율 권력의 개인적 내

면화 같은 근대성 일반이 이미 일제강점기에 형성되었음에 주목하고, 이를 탈근대의 문제의식과 연관시킨다. 요컨대 '식민지 근대화론'이나 '식민지근 대성론' 모두 '식민지 수탈론'에 내포된 민족주의를 비판하지만, '식민지 근대화론'은 선진 근대국가의 완성을 지향하는 근대지상주의인 반면, '식민지 근대성론'은 민족주의에 기초한 근대국가로부터의 '벗어남'(脫)을 지향하는 탈근대주의라고 할 수 있다.

이런 담론은 일제강점기를 대상으로 삼았지만, 내용상으로는 20세기의 역사 경험을 총괄적으로 평가한 것이다. 한국 사회는 자주적으로 근대화할 능력이 있었는가, 일본은 한국 사회와 한국인을 어떻게 변모시켰는가, 식민지의 유산은 해방 이후 고도 성장에 어떠한 영향을 미쳤는가, 한국 근대의 고유한 특징은 무엇인가, 오늘날 한국 사회의 시대적 과제는 무엇인가 등 논쟁 과정에서 제기된 여러 질문들은 한국의 지난한 근대의 흐름을 이해하는 데 중요한 시사점을 제기한다.

그러나 이들 '식민지 근대화론'과 '식민지 근대성론'이 지닌 최대 결함은 일제강점기의 '근대성'에 주목하면서 '식민성'에는 관심을 갖지 않는다는 점이다. 이들 담론은 식민지 공간에 나타나는 근대성, 특히 일상생활에서 나타나는 근대적인 규율 체계에 대해 관심을 갖고 이를 비판적으로 분석했다는 점에서는 나름대로 의의를 찾을 수 있지만, 일제강점기가 지니는 '식민지 근대성'의 특수성이 구체적으로 무엇인지 제대로 설명하지 못한다. 근대성에 대한 분석과 비판에 치중한 나머지, 식민성에 대해서는 부차적으로 다루는 데 그치고 있기 때문이다.

최근에는 '탈근대주의' 입장에서 일제강점기를 바라보는 시각 역시 대두되고 있다. 이들은 20세기 한국의 근대는 크게 보면, 식민지 경험과 국민 국가의 형성 과정으로 구성된다며 식민지 경험을 해석하는 새로운 시선으로 '식민지 근대'라는 개념과 제국 일본에 대한 '협력'을 재해석한다. 이들에게 식민지는 근대 세계 체제의 가장 중요한 축이었으며, '근대'의 고유하고 중요한 현상의 일부로 받아들여진다. 서구와 식민지는 동시적으로 발현한 근대성의 다양한 '굴절'을 표현하고 있을 뿐이며, '서구 = 보편'이나 '식민지 = 특수'라는 도식은 성립되지 않는다며 처음부터 모든 근대는 당연히 '식민지 근대'라고 주장한다.[4]

이들의 문제 제기는 포스트모더니즘의 방법론으로 일제강점기를 재해석하고, 궁극적으로 일제강점기를 '민족'이 아닌 '개인'과 '사회'를 중심으로 다시 읽자는 것이다. 그러나 이런 문제 제기에는 심각한 오해가 작동한다. 역사학계에서의 일제강점기 연구가 단지 '민족'이라는 분석 틀에만 갇혀 있었던 것은 아니다. 오히려 '계급' '사회' '여성' '신분' 등 다양한 개념 틀이 이미 동원된다. 일제강점기의 노동운동사, 농민운동사, 여성운동사, 형평운동사, 청년운동 등 사회운동사 연구가 바로 그렇다. 다만 이들 '사회운동'이 식민지라는 특수상황에서 전개되었기 때문에 '민족해방운동'으로서의 성격을 동시에 지닐 수밖에 없다는 것을 강조했을 뿐이다.

식민성에 대한 불분명한 또는 왜곡을 조장할 수 있는 이런 인식은 식민지기 전체에 대한 평가에서는 말할 것도 없고, 재조일본인에 대한 평가에서도 드러나는 경우마저 생긴다. 재조일본인은 식민지 지배 체재를 근저에서 지탱한 '침략의 선봉'이 아니라, 식민지 개발과 발전에 기여한 '고마운 은인'으로 바라볼 수 있다는 시각이 가장 대표적인 예이다.[5]

이런 논의는 단적으로 말해서 '식민지 근대화론'이나 '식민지 근대성론'이라는 시류에 편승하여 식민지 지배의 '긍정적 역할론' 또는 '식민지 시혜론'을 강변하는 것에 불과하다. 일제강점기 한일 관계를 조명할 때, 일본의 침략에 반대하고 조선인들과 연대하여 투쟁한 일본인들이 분명 존재했고, 그들의 구체적인 활동을 밝혀내는 작업 역시 중요하다. 당시의 구체적인 역사 속에서 '악의의 일본인' 모습만이 아니라, '선의의 일본인' 모습도 우리는 어떠한 선입견 없이 마주 대할 수 있어야 한다.[6] 그러나 일부 '선의의 일본인'이 재조일본인 전체를 대신하여 풀뿌리 수탈 과정 전체를 합리화할 수 있는 것은 아니다. 재조일본인에 대한 보다 구체적인 연구가 필요한 이유도 여기에 있다. 일본 사회 내부에 '식민지 시혜론'이라는 비정상적인 역사 인식이 여전히 존재하는 한, 지배와 피지배의 역사적 경험의 극복과 식민 지배의 비판이라는 '식민지 수탈론'에 기초한 역사 인식은 여전히 시의성을 지닌다고 말할 수 있다. 문제는 어떤 측면에서 '수탈'인지를 밝혀내는 작업이다.[7]

1.2 접점으로서의 재조일본인

재조일본인 연구는 가지무라 히데키(梶村秀樹)가 '침략의 선봉'
이라는 문제를 제기한 이후,[8] 기무라 겐지(木村健二)를 중심으로 사
회경제사 연구가 선구적으로 진행되었다.[9] 가지무라는 근대 일본
서민의 생활사에서 조선을 비롯한 식민지의 생활사는 연구자가 피
해 왔던 영역이었다며 재조일본인의 존재를 주목하면서 그들의 존
재 양태, 의식과 행동을 선구적으로 분석했다. 가지무라는 재조일
본인을 '침략의 첨병'으로 규정하면서, 그들의 착종된 심층 의식을
전후 일본인들이 무자각적으로 계승했다는 점을 비판했다. 가지무
라의 연구는 재조일본인에 관한 최초의 연구 성과로 이후 연구에
기본적인 인식의 틀을 제공했다.

가지무라의 '침략의 첨병'이라는 문제의식은 다카사키 소지(高
崎宗司)에게도 계승되었다. 다카사키는 식민지 지배가 일부 정치가
나 군인만이 아니라 일본 서민의 '풀뿌리 침략' '풀뿌리 식민지 지
배'에 의해서 지탱되었다고 규정하면서, 1876년 부산 개항부터 패
전에 의한 귀환까지 재조일본인의 역사를 개괄적으로 서술했다.[10]
다카사키가 제기한 '풀뿌리 침략'이라는 범주는 요시미 요시아키
(吉見義明)의 '풀뿌리 파시즘론'에 영향을 받은 것으로 보이는데,
우치다 준(内田じゅん)도 지적했듯이 재조일본인을 '풀뿌리 침략
자'라는 하나의 이미지로만 규정한 나머지 제조일본인의 다양성과
다면성을 간과했다.[11] 요컨대 '침략자'라는 동일성 아래에서 계층,

지역, 젠더, 세대의 차이가 경시되고 있을 뿐 아니라, 지배 세력의 일부를 구성하면서도 사안에 따라 총독부 권력과 끊임없는 마찰을 일으키면서 긴장 관계를 유지한 재조일본인의 이중적 성격도 간과하고 있다는 것이다.

다카사키의 연구 이후 거류지의 형성, 경제 활동, 지역 사회 등 다양한 분야에서 연구가 진행되는 가운데, 정치사 분야에서는 먼저 거류민단의 성립과 해체, 그리고 한국강점 전후 식민 권력과 재조일본인 사회의 갈등을 밝힌 연구들이 잇따라 발표되었다.[12] 먼저 전성현은 1910년대 중반부터 1920년대까지 상업회의소의 조직과 활동을 산업·경제 정책과 관련지어 분석했다. 재조일본인이 "일제의 직접적인 통치 대상인 동시에 지배 권력의 일환"이라는 '이중적 성격'을 가지고 있다는 점을 지적하면서, 그들은 식민 권력의 하수인이라는 수동적 존재가 아니었으며 상업회의소를 통해 조선 철도망의 건설 완비, 이입세 철폐 등 식민지 산업과 경제 정책에 개입하여 자신들의 이해를 관철시켰다고 주장했다.[13]

기유정은 본국 정부의 조선 경제 정책에 대해서 재조일본인이 조선 거주자이자 조선의 식민자 세력으로서 지역적 일체감, 요컨대 '조선주의'를 지니고 1920~30년대 식민지 안팎에서 전개했던 정치 활동을 '조선산업개발보급금 청원운동'과 '조선쌀 옹호운동' (鮮米擁護運動)의 사례로 분석했다. 기유정은 재조일본인의 '조선의식'을 강조하면서 재조일본인 사회의 조선의식이 어떤 이념과 논리로 본국과의 정치 관계에서 쟁점을 만들었고, 결과적으로 식민

정책 결정에 어떠한 영향을 미쳤는지 고찰했다.[14]

이승엽은 1910년부터 1930년 초반까지의 재조일본인의 동향을 식민지 통치 권력과 조선인 사회의 관계와 그 변화상을 규명했다. 구체적으로는 지역 엘리트, 거류민단, 공직자, 변호사회를 중심으로 한 재조일본인 유력자들의 정치운동을 거류민단 폐지에 따른 자치권 옹호운동, 3·1운동에 대한 재조일본인의 대응과 동향, 3·1운동 이후 새롭게 재편된 정치 공간에서 통치 권력과 민간, 일본인과 조선인, 지배 블록 내부의 대립과 권력 관계를 조망했다.[15]

또 우치다는 개항부터 패전 후 귀환에 이르는 시기까지 재조일본인의 통사를 정치사적으로 접근했다. 우치다는 상공업자를 중심으로 하는 재조일본인 주류 계층을 '제국의 브로커'라고 명명하고 이들이 식민 권력과 마찰을 빚으며 긴장 관계를 유지하는 한편, 자신들의 이익을 추구하기 위해 조선인 상층부와 협력하면서 정치활동을 전개했다고 평가했다.[16] 특히 3·1운동 이후 식민지 산업화를 위해 재정 확보가 필요해지자 재조일본인들은 일본제국의회를 상대로 공식적인 청원·비공식적인 로비 등을 전개하고, 다른 한편으로는 내선융화를 기치로 조선인 협력자들과 동민회를 조직하는, 말하자면 식민지 통치를 안정화하려는 적극적인 모습을 보였음을 밝혀냈다. 식민 권력, 재조일본인, 조선인 상층부 사이의 대립과 협력을 포함한 다양한 방식의 상호 작용을 분석함으로써, 권력의 작동 방식과 지배의 메커니즘을 보다 복합적으로 파악했다는 점에서 높이 평가할 수 있다.

한편 최근에는 '식민지 공공성론' '관료 유지 지배 체재론' '농촌 엘리트론' 등이 제기되면서 '식민지 지역 정치' '식민지 지역 사회'에 대한 관심이 높아져 지역 사회의 정치 구조, 식민지 권력과 지역 사회와의 연관 구조에 관한 연구가 발표되고 있다.[17] 이들 연구에 따르면 3·1운동 이후 지방 제도 개정에 따라 지방 자치제가 실시되면서 매우 제한적이긴 하지만 '공론의 장'이 열리게 되었다는 점이 주목을 받았다. 지방 제도 개정으로 재조일본인이 많이 거주하는 부(府)에는 부제가 시행되면서 부협의회가 설치되었고, 제한 선거지만 선거를 통해 협의원이 선출되면서 지방 정치, 도시 정치, 지역 정치가 활성화되었다. '지역 개발' '지역 발전'이 표방되면서 일본인과 조선인은 지역민 다수의 이해관계가 걸려 있는 현안을 둘러싸고 갈등과 대립했을 뿐 아니라 협력·경합·타협 등 다양한 방법으로 지방 정치, 도시 정치를 전개했다.

이와 관련하여 홍순권은 최초의 개항장이자 재조일본인의 비율이 높은 부산에 거주하는 일본인들의 인구 변화, 사회 계층 문제, 부면협의회, 부회, 읍회 선거를 중심으로 지방 선거, 부협의회, 부회의 운영, 지역 개발 사업의 내용과 이를 둘러싼 지방 정치 세력의 동향을 분석해서 지방 사회의 권력 구조와 식민 통치의 메커니즘을 밝혔다.[18]

이준식은 군산의 일본인 유력자 집단의 형성 과정, 식민 권력, 조선인 유력자 집단의 동향을 다뤘다. 일본영사관과 통감부의 비호 아래 군산의 일본인들이 이익 독점 체제를 확립했고, 자신들의 이해관계를 관철하기 위해 진정이나 청원의 명목으로 다양한 로비 활동, 예를 들어 군산항 축항, 호남철도 유치, 중학교 설립 운동 등을 전개했다는 점, 군산부로 전환하면서 부회의 일본인과 조선인 비율에 변화가 생겨 조선인은 숫자나 비율 두 측면에서 모두 증가하여 조선인과 일본인 사이의 의견 대립이 존재했다는 점을 지적했다.[19]

가토 게이키(加藤圭木)는 1930년대 항만도시 나진에 주목했다. 길회선 종단항이 나진항으로 결정되는 과정에서 지역 유력자들의 동향이 어떻게 바뀌었는지, 또 그에 따른 나진의 면협의회, 읍회, 부회의 구성원은 어떻게 달라졌는지를 살피는 한편, 지방 재정의 재원 부담을 둘러싼 행정 당국과 유력자 조선인 유력자와 일본인 유력자 간의 대립상을 분석했다.[20] 또 송규진은 1910년대를 중심으로 교통의 요충인 '식민 도시' 대전을 건설하는 과정에서 일본인의 로비 활동, 구체적으로는 호남선 철도 분기점 유치, 보병 80연대 유치, 교육 시설 확충 등을 실증적으로 밝혔다.[21]

또 헨리 토드(Henry Todd)와 염복규는 일본인이 가장 많이 거주하고 있는 경성을 사례로 삼았다. 헨리 토드는 식민지 수도 경성을 중심으로 위생, 박람회, 식민지 신사를 둘러싼 총독부와 조선인, 재조일본인과 조선인, 조선인 지식인과 민중 사이에 전개된 다양한 관계에 주목했다.[22] 염복규는 1920년대 경성 시구 개수(市區改修) 이관과 수익세 제정 논란, 1920~30년대 경성부협의회의 '청계천 문제' 논의를 사례로 도시 문제를 둘러싼 재조일본인과 조선인 간

의 민족적 대립을 분석하고 이를 통해 식민지 지역 정치의 추이를 살폈다.[23]

한편 사회경제사 분야에서도 많은 연구가 이루어졌다. 앞서 소개했듯이, 가지무라 히데키가 '아래로부터의 식민주의'라는 문제를 제기한 이후 기무라 겐지는 국제 인구 이동, 또는 노동력 이동의 관점에서 일본제국주의 해명의 일환으로 재조일본인을 연구했다. 특히 기무라 겐지는 재조일본인에 대한 다수의 논문을 통해 재조일본인의 존재를 일본인의 해외 진출 과정, 그리고 일본 국내의 근대화와 관련한 국제 인구 이동 현상으로 파악하려는 사회학적 접근을 시도했다. 즉 일본의 근대의 과정에서 해외로 진출한 일본인들 특히 청일, 러일전쟁을 계기로 활발하게 조선에 진출한 재조일본인들의 사회경제적 배경, 거류민단, 상업회의소, 재조일본인 저널리즘의 활동을 면밀하게 분석했다.[24]

이후 개항장과 거류지를 중심으로 형성된 식민도시에 초점을 맞추어 재조일본인들을 재조명한 연구들이 잇따랐다.[25] 인천[26], 군산[27], 부산[28], 목포[29] 등 거류지별 재조일본인 사회의 형성과 인구 변동, 거류민단, 상업회의소의 현황 등 각 지역의 재조일본인에 대한 연구가 축적되고 있다. 영어권에서는 피터 두스(Peter Duus)가 개항기부터 한국강점까지의 재조일본인 사회를 개괄했다.[30] 또한 재조일본인의 인구 변화 양상을 연도별·출신지별·산업별로 추적한 거시적인 연구도 발표되었다.[31]

한편 경제사 분야에서는 일본제국주의의 조선 지배 성격을 해명하기 위해 일찍부터 연구자들이 주목해 왔다. 안병태는 일본의 군국주의적 진출, 자본주의적 진출, 제국주의적 진출이 육해군, 공관, 금융 기관과 함께 상업회의소, 거류민의 활동과 상호 관계 속에서 그 특질이 현저하게 드러난다고 문제를 제기하면서 재조일본인의 경제 활동에 주목했다.[32] 이후 조선에 진출한 기업에 대한 연구는 농업[33], 수산업[34], 금융[35], 상업[36] 등 다양한 분야에서 이루어졌다.

재조일본인 개별 자본가와 기업 활동에 대한 실증 연구는 기무라 겐지 이후 김명수, 배석만, 고노 노부카즈 등이 재조일본인 기업가에 관한 구체적인 사례 연구가 진행되었다. 기무라는 조선의 과학적 경영 관리의 선구자로서 경성상공회의소 회장 가다 나오지(賀田直治)를 다뤘고[37], 이후 재조일본인 실업가의 전기를 검토하여 그들의 경력, 경영 수법, 단체, 공공 사업을 포함한 공직 관계, 조선인과의 교류, 고향과의 관계를 규명했다.[38]

김명수는 토목 청부업자인 아라이 하쓰타로(荒井初太郎)와 대만 개발에 종사하다가 조선으로 건너와 큰 부를 축적한 가다집안(賀田家) 가다 가네사부로(賀田金三郎), 가다 나오지(賀田直治)의 사례를 연구했다. 아라이 하쓰타로의 사례 연구를 통해서 김명수는 일본인 토목업자의 한국 진출 배경과 과정, 한국 진출 이후의 토목 청부업 활동과 성장뿐 아니라, 재조일본인 토목 청부업자가 일본 경영사에서 차지하는 위치와 특징을 해명했다.[39]

또 고노 노부카즈는 러일전쟁 이후 조선에 진출하여 패전 후에도 일본에서 '수산 재벌'로 살아남은 나카베 이쿠지로(中部幾次郎)

의 하야시카네 상점(林兼商店)의 경영과 자본 축적 과정의 사례를 연구했다. 이를 통해 조선 수산업의 변천 과정에서 일본인의 역할과 식민지를 기반으로 발전한 일본 수산업의 기원을 밝혔다.[40] 배석만은 부산의 대표적인 재조일본인 유력자 가시이 겐타로(香椎源太郎)와 이케다 스케타다(池田佐忠)를 검토했다. 특히 가시이 겐타로의 분석 시점을 일본경질도기를 인수한 이후로 설정함으로써 재조일본인 기업가의 성공 요인과 귀환 후의 기업 활동을 해명했다. 또 부산항 개발의 주역이었던 이케다 스케타다의 기업활동 전반을 밝히면서, 그가 성장할 수 있었던 주요 요인으로서 정치권, 군부, 관료계의 인맥을 분석했다.[41]

이렇게 지금까지 재조일본인에 관한 연구는 다양한 각도에서 이루어졌다. 재조일본인은 '제국'과 '식민지'의 접점에서 그들이 갖는 '근대성'과 '식민성'을 규명할 수 있는 중요한 연구 주제의 하나이자, 제국의 식민지 침략과 수탈이 국가 권력과 그들이 지원하는 민간인이 결합하여 총체적으로 수행되었음을 실증하기 위한 주요 연구대상이었다.

1.3 연구 방향

재조일본인은 한일관계사의 접점을 이루는 공간이다. 재조일본인의 존재 형태를 규명함으로써 일본의 식민지배가 어떤 메커니즘

속에서 기존의 조선 사회를 재편시켰는가에 대해 실증적으로 연구할 수 있다. 그리고 이에 기초하여 제국과 식민지의 사회상을 종합적으로 구축하는 일도 가능하다. 여기서는 먼저 재조일본인에 대한 연구에서 상정되는 과제를 몇 가지 제시한 뒤, 그 과제들을 차례로 분석하기로 한다.

첫째, 근대 일본의 해외 이민에 대한 수량적 파악을 전제로 식민지 조선에서 그들이 차지한 위치와 역할에 대한 규명이다. 최근 일본사 영역에서의 이민 연구는 미국 이민, 브라질 이민, 조선 이민, 대만 이민, 만주 이민과 같이 지역별로 구분하는 경향이 강하다. 분석 주제 또한 주로 이민의 직업, 세대, 여성 문제, 민족 관계, 수용과 보상, 개인사 등으로 개별화·세분화되고 있다. 제국 일본의 해외 이민을 고려할 때, 논의의 전제로 일본의 해외 이민사를 시기적으로 구분하고 이민의 유형화 작업이 요청된다. 즉 이민의 시기 구분을 ① 초기 이민기, ② 이민의 성립기, ③ 이민의 다양화와 사회화 시기, ④ 국책 이민과 전시화의 시기로 구분하여 연대기적인 추이를 개괄한 다음, '식민지 권역'과 '비식민지 권역'이라는 이주 대상지의 특성을 감안하여 일본인의 해외 이민을 유형화할 필요가 있다. 또 조선을 포함한 각 지역 이민의 수, 이민의 출신지 등 일본의 해외 이민의 총체적 파악을 통해 식민지 조선의 이민이 차지하는 위치와 특성을 파악해야 한다. 나아가 이민의 배경을 사회경제적인 관점에서 접근하기 위해 일본 정부의 이민보호정책으로 상징되는 유입 요소(pull factor)와 유출 요소(push factor)를 함께 살펴보아야 한다.

둘째, 근대 일본의 '해외 이주론'과 이민 단체에 대한 해명이다. 초기 일본의 이민 사업은 주지하듯이 정부보다 오히려 민간 지식인에 의한 '해외 이주론'이 적극적으로 주창되었고, 이민의 유치를 위한 다양한 이민 단체가 조직되었다. 이들 초기의 '해외 이주론'과 이민 관련 단체의 현황을 파악함으로써 이민의 사상과 관련 조직의 실체를 규명해야 한다. 이민 관련 단체로는 동방협회(1891), 식민협회(1893), 대만협회(1898), 동아동문회(1898), 조선협회(1902) 등이 알려져 있다. 이들 단체에는 당시 유력한 정치인과 실업가가 깊숙이 관여하여 해외 이민 송출을 위한 여론을 주도했고, 이민을 적극적으로 유치하기 위해 각종 현지 조사를 실시했다. 이들 저작물과 단체의 목적을 구체적으로 살펴봄으로써 근대 일본 이민의 '해외 이주론'의 연원과 그 실행 체계를 밝혀야 한다.

셋째, 조선의 개항과 일본인 이민의 메커니즘에 대한 규명이다. 개항 이후 일본인이 한국에 정착하는 사회경제적 배경, 재조일본인 사회의 형성 과정, 제국의 첨병으로서의 역할, 조선의 전통과 사회에 미친 영향 등을 밝혀야 한다. 이를 위해 각 개항장의 일본인 동향과 무역상과 부동산업자, 전쟁에 협력한 일본 상인들, 종군기자 등이 주요 연구대상이다. 구체적으로는 청일전쟁 이후 전선을 따라 북상한 일본 상인들, 일본의 이민 장려 정책에 따라 조선으로 건너온 이주민들을 비롯해 유곽을 무대로 한 일본인 작부, 예기, 창기 등 다양한 군상의 일본인을 들 수 있다. 한편 제국의 첨병으로 활동한 개항장 재조일본인들은 동시에 조선의 전통과 문화에 큰 충격을 준 이질적인 존재들이다. 이들은 조선 내에서 자신들의 기득권을 확보하기 위해 거류민단, 민회, 상업회의소 등과 같은 정치 경제적 자치조직을 형성하면서 식민지 사회에 정착했다. 이들 단체의 성격과 조선인과의 관계를 규명함으로써 근대 초기 한일 양국 교류사의 성격을 고찰해야 한다.

넷째, 지배 민족·피지배 '국민'과 식민 사회의 관련성에 대한 규명이다. 1905년 이후 식민지에서 성장한 재조일본인 사회를 ① 지배 민족으로서의 우월성에 근거한 식민주의의 창출, ② 조선총독부의 통치 대상으로 조선인과 더불어 식민지 사회의 한 구성원이었다는 측면에서 분석할 필요가 있다. 한국강점 초기 일본인의 직업 분포를 비롯해 조선에 거주한 일본인 관리와 경찰관, 일본인 교사, '신천지 조선'에 운명을 건 일본의 하층민 등 다양한 계층에 대한 분석이 필요하다. 향후 연구에서는 구체적인 실증에 기초하여 조선총독부-재조일본인-조선인이라는 분석 틀에서 조선총독부와 식민 정책에 대한 재조일본인들의 인식, 조선총독부와 재조일본인 유지 집단의 이해관계 등도 검토되어야 한다. 이런 방법론적인 틀의 재고는 식민지 사회 심층에서 다양하게 진행되는 조선인과 일본인의 대립, 갈등, 제휴, 문화적 상호 침투 등의 내용과 성격을 규명하는 데 도움이 될 것이다.

다섯째, 일본인 이민의 식민지 조선에 대한 표상 분석이다. 식민지기 일본인 이민의 존재 형태와 조선에 대한 표상을 파악하기 위해 일본의 패전 이후에 작성된 '식민지 체험기'를 활용해 이민의 실상을 재조명할 필요가 있다. 특히 식민지 기억에 관한 검토는 해방 전후 연속과 단절의 문제와 관련하여 한국인의 식민지 기억과 비교 작업을 바탕으로 이루어져야 한다. 해방 이후 '왜정시대'에 대한 한국인의 기억은 일본인 개인에 대한 호감과 일본 국가에 대한 분노라는 양면적인 것이기 때문이다. 따라서 이 문제는 해방 이후 한국민족주의의 국민 통합 과정을 고려하면서, 일본으로 귀국한 일본인의 조선과 조선인, 한국과 한국인에 대한 기억과 연관하여 고찰해야 한다.

2. 재조일본인의 존재 양태

2.1 인구

일본은 1876년 2월 운양호 사건을 계기로 조선 진출의 첫걸음을 내디뎠다. '조일수호조규' 제4관과 제5관에서는 부산 이외의 두 항구를 개항하기로 규정하고, 개항장에서는 일본에 의한 토지와 가옥의 임차 권리 등을 삽입했다. 일본은 부산과 원산에 이어 세 번째 개항지로 조선의 심장부인 서울에 접근하기 용이한 인천을 선택함으로써 침략을 위한 전략적 근거지를 확보했다. 일본 정부는 1876년 9월 나가사키(長崎), 고토(五島), 쓰시마(對馬), 부산을 잇는 항로 개설에 5,000원의 조성금 지급을 결정함으로써 도항과 무역을 장려했다.[1] 이후 상선은 1개월에 1회씩 정기적으로 나가사키와 부산을 왕복했다.[2] 10월에 들어와서는 조선과 특수한 관계를 맺었던 쓰시마 출신자에게만 한정되던 '조선 도항 규칙'을 철폐함으로써 일본인은 누구라도 자유롭게 조선에 건너가 무역활동을 펼칠 수 있었다. 1878년에는 조선 이주를 장려하기 위해 여권 발행지를 히로시마(廣島), 야마구치(山口), 시마네(島根), 후쿠오카(福岡), 가고시마(鹿兒), 나가사키(長崎)현의 이즈하라(嚴原)로 확대했다. 이후 일본 이주민의 상업활동이 활발해졌다. 일본은 1881년에 '거류인민 영업 규칙'을 제정하여 일본인의 상업활동을 적극 지원하고,

1883년에는 조선과 '재조선국 일본인민 통상 장정'을 체결하여 일본 선박의 개항장으로의 자유 왕래를 관철시키는 등 일본 상인의 내지 침투와 영업활동을 적극 보호했다. 또 해외 도항 허가를 엄격히 규정한 '이민보호법'과 '여권 발급 규정'을 완화하여 결국 1904년 여권 휴대 의무 사항을 폐지했다. 중앙정부 차원의 조선 도항 편의 정책의 실시로 일본인의 이주가 본격적으로 이루어졌다.[3] 이런 보호와 보조 정책 아래 상인층을 중심으로 한 도항이 본격적으로 진행되었다. 이들 가운데에는 후술하듯이 모험 상인으로 일확천금을 꿈꾸던 자들도 포함되었다. 그들은 공동으로 상점을 세우거나 거류민회나 상업회의소를 조직하여 자신들의 요구를 반영시키고, 또 한편으로는 무기를 휴대하고 내륙부로 행상하는 단체를 조직했다. 공갈과 사기로 조선인과 거래하여 막대한 이익을 올리는 자들도 출현했다.

표1-1 조선 도항 일본인 수

	해외 도항자 수	조선 도항자 수	비율(%)
1880년	1,510	934	61.9
1885년	3,461	407	11.8
1890년	8,166	1,791	21.9
1895년	22,411	10,391	46.4
1900년	44,222	4,327	9.8
1905년	35,132	11,367	32.4
1910년	68,870	25,396	36.9

출처_『日本帝國統計年鑑』, 『朝鮮總督府統計年報』 각 연도판.
비고_ 1905년 및 1910년의 해외 도항자 수에는 대만과 조선도 포함.

〈표 1-1〉은 1910년 한국강점까지의 해외 도항자 수에서 조선 도항자 수가 차지한 비율을 나타낸다. 이에 따르면 조선 도항자 수는 1880년 934명에서 청일전쟁 직후에는 1만 명을 넘어섰고, 한국 강점 전후로는 2만5,000명에 이르렀다. 하와이와 미국으로의 이민이 많았던 1900년을 제외하고 일본인의 해외 도항자 수에서 조선이 차지하는 비율이 가장 높았다. 특히 임오군란과 갑신정변 등 조선 국내의 정치적 변동을 반영하여 도항자의 증감이 격심한 시기도 있었지만, 청일·러일전쟁의 승리를 계기로 거류민이 꾸준히 증가했음을 확인할 수 있다. 조선은 근대 일본의 최대 이주식민지로 자리매김했다.[4]

특히 청일전쟁 전후에는 전쟁 특수와 일확천금을 노리는 모험상인들이 각지에서 활약했다. 개항장 인천의 경우, 전쟁 발발 당시 1894년에는 거류민이 3,201명이었지만, 1년 후인 1895년에는 4,148명으로 약 1.3배 증가했다. 어용 상인들은 전선이 북상함에 따라 일본군을 상대로 부를 축적하고자 군과 더불어 개항장을 떠나 북부 지역인 평양, 개성, 진남포, 의주 등지로 진출했다. 1894년 9월 일본군이 평양에 입성하자 불과 1개월 사이에 400~500명의 일본인이 평양에 모여들었다.[5]

모험상인의 대표적 단체는 계림장업단(鷄林奬業團)이다. 계림장업단은 1896년 5월 인천에서 결성되었는데, 농상무성 관료였던 후쿠이 사부로(福井三郎)가 단장을 맡았다. 본부는 인천, 지부는 한성·부산·원산·대구에 각각 설치했고, 대구(大區)는 평양·개성·강경·목포, 소구(小區)는 진남포에 두었다. 이들은 개항지를 나가 내지로 들어가 행상하며 돌아다녔다. 내지를 여행하려면 여행권을 휴대해야 했는데, 일본 정부는 이들 단원에 한해 여행권 취득 수속을 간소화했다. 또 일본 정부는 이들을 지원하기 위해 1만 원을 대부해주었다. 이 결과 1898년 1월에는 회원이 1,380명에 달했다. 그러나 계림장업단은 "사기와 같은 방법으로 빈민의 돈과 물건을 탐하는 무리가 절반을 차지"[6]해서 얼마가지 않아 해산되었다.[7]

1904년 2월 러일전쟁이 발발하자 거류민은 재차 군에 협력했다. 개항장은 일본군의 병참 기지로 제공되었고, 거류민은 일본군의 통역은 물론 군수물자의 하역과 운반에 가담했다. 재조일본인은 일본군의 '첨병'으로 활약한 것이다. 러일전쟁의 승리는 일본의 조선에 대한 기득권을 확립시켰다. 청일전쟁으로 청국의 세력을 잠재우고, 러일전쟁을 통해 한반도를 둘러싼 패권 경쟁에서 승리했다. 개항 초기 거류민들이 직면한 불확실한 상황은 완전히 제거되었다. 이로써 조선은 사실상 일본의 식민지로 전락되었다. 재조일본인은 일본의 침략 전쟁 수행 과정에서 유감없이 그 존재 가치를 발휘했다.

러일전쟁 와중에 전쟁 상황을 관망하면서 조선 진출을 타진하는 사람들도 많았다. 식민지 이전의 조선 상황을 직접 체험하면서 자본 진출 여부를 가늠하기 위해서였다. 예를 들면, 조선의 대표적 지주로 성장한 후지이 간타로(藤井寬太郎)의 사례는 일본인 상업자본가의 조선 진출 과정과 식민지 지주로의 전환 과정을 잘 보여준다.[8] 그는 러일전쟁과 더불어 인천에 진출하여 황해도 방면의 미곡, 잡곡, 우피의 반출과 전쟁 수행에 필요한 잡화 용달 업무를 수행하다가 식민지 지주로 변신한 대표적 인물이다. 그는 조사 여행을 마친 뒤, "우리 실업가의 임무는 군대보다 오히려 중요하다"[9]는 인식을 갖고 오사카의 후지모토합자회사(藤本合資會社)의 인천 진출 방침을 굳히기에 이른다. 그는 러일전쟁 이후 인천을 기반으로 삼아 타 지역으로까지 진출한 식민지 지주의 전형적인 인물이었다.

조선으로의 일본인 이주를 장려하기 위해 인천에 입항한 사람들도 많았다. 러일전쟁의 승리에 '무한의 감격'을 느끼고 인천에 입항한 국수주의자 시가 시게타카(志賀重昴)와 같은 인물이 이에 해당한다.[10] 그는 개항장 인천의 정황에 대해 "인천의 인구 1만 5,000명인데, 그 가운데 일본인은 8,000명(개전 이후 유동 인구를 포함하면 1만 명)이다. 큰 도로에는 거의 일본인 상점들이 즐비하다. 일본의 작은 지방 도읍을 유람하고 있는 느낌이다. 그 가운데에는 '규신류 유술 안내소'(扱心流柔術指南所, 규신류: 일본 유도의 일종)라는 간판조차 보인다. 정말로 일본적이라고 말해야 할 것이다. 일본인은 이처럼 팽창력이 있다. 일본인은 식민적 국민이 아니라고 누가 말하는가!"[11]라며 일본인의 조선 이주는 '일본인의 실력'이라고 자부한다. 그는 러일전쟁의 승리는 단순한 전쟁에서의 승리에 머물지 않는다고 지적하면서, 무궁무진한 경제적 가치를 지닌 조선으로의 진출을 선동했다. 러일전쟁은 궁극적으로 '조선에 대한 일본의 종주권'을 현실화함으로써 완결된다는 점을 강조한 것이다.

이처럼 재조일본인은 개항과 더불어 다양한 이유와 목적을 갖고 조선에 건너왔다. 특히 청일·러일전쟁을 전후하여 각 개항장에는 '일확천금'과 '입신출세'를 노린 일본인이 대거 진출하여 일본인 사회를 형성했다. 재조일본인들은 각지의 영사관, 거류민회, 상업회의소, 금융기관 등의 후원을 받으면서 조선에서의 확고한 위치를 보장받고자 전쟁에 적극 협력했다. 전쟁의 승리는 조선의 경제권을 장악하는 지름길이고, 전쟁의 패배는 일본군만이 아니라 거류민 자신에게도 조선으로부터의 철퇴를 의미하는 것이었기 때문이다.

2.2 직업 구성

러일전쟁의 승리와 통감부의 설치로 식민지 지배 체재가 확고해지자, 재조일본인들은 식민통치의 중추세력으로 성장해 나갔다. 이는 당시의 '식민열'(植民熱)을 반영하는 것으로서 다양한 식민지 공간에서 지속적인 증가 추세를 보여준다. 거주지인 조계에는 제한과 권리가 동시에 적용되었다. 조계에 거주하는 외국인은 조계의 일정구역 밖으로의 내지 여행은 금지되었다. 조선정부가 외국인의 자유여행을 원칙적으로 금지했기 때문이다. 그러나 조계 안에서는 조선 법률의 적용을 받지 않는 '치외법권' 지역이었다. 이른바 영사재판권이 인정되었다. 또 자유로운 무역도 보장되었다. 일본은 '조일수호조규' 제9관에 "인민은 각자 임의로 무역하되 양국 관리는 이에 관여하지 않으며 또한 제한하거나 방해할 수 없다"고 규정함으로써 자유로운 통상 활동을 보장했다. 더구나 수입제품에 대한 관세부과권도 조약에 의해 제한되었다. 일본인에게 조계는 일확천금을 얻을 수 있는 황금어장과도 같은 곳이었다.[12]

표 1-2 재조일본인 수의 추이

	남	여	계	여성비율	출생수	사망수	자연증가	사회증가
1880년	550	285	835	51.8				
1890년	4,564	2,681	7,245	58.7				
1900년	8,768	7,061	15,829	80.5				
1910년	92,751	78,792	171,543	84.9				
1920년	185,560	161,059	347,850	87.8	76,475	64,101	12,374	114,787
1930년	260,391	241,476	501,867	92.7	102,296	79,010	23,286	110,963
1940년	356,226	333,564	689,790	93.6	*71,087	*41,243	*77,411
1944년	345,561	567,022	912,583	164.1				

출처_ 丹下郁太郎編, 『朝鮮に於ける人口に關する諸統計』 1943, 3~4쪽: 朝鮮總督府, 『人口調査結果 報告』其ノ一, 1944, 1쪽.
비고_ 출생 수는 10년간이며, *는 1931~38년까지를 나타냄.

〈표 1-2〉는 시기별 재조일본인의 추이를 나타낸다. 1880년 835명에 불과한 재조일본인은 1910년에는 17만 명에 이르렀고, 1920

년에는 24만 명, 1930년에는 50만 명, 1940년에는 68만 명을 넘었다. 일본인의 조선 이주는 식민지 지배 체재의 구축 과정과 더불어 1900년부터 1910년에 걸쳐 10배 이상 급증했음을 알 수 있다.

한편 재조일본인의 인구 구성을 살펴보면 특히 초기에는 남녀 차가 현저했다. 남녀 비율은 1900년에 남성 100명에 대해 여성 80명 수준이었는데, 이 시기에는 아직 가족의 동행이라기보다 작부, 예기, 창기의 증가에 따른 것이다. 원산의 경우, 1880년 말 거류민 수는 남성 210명, 여성 25명, 총 235명이었다. 여성이 차지하는 비율은 약 11퍼센트로 아주 적은 편이었다. 1881년 말의 인구는 남성 192명, 여성 89명, 총 281명으로 여성이 증가하여 약 32퍼센트를 차지했다. 여성 가운데에는 같은 해 12월에 영업이 허가된 유곽에 일하는 매춘부가 많았다.[13]

1896년 말 서울 거류민의 직업에서 가장 많이 차지한 것도 작부 140명이다. 당시 여성 총수는 730명이었기 때문에 여성 5명 가운데 1명이 작부였음을 알 수 있다. 예기는 10명이었다.[14] 또 다른 통계에 따르면 1897년 2월 서울에는 잡상 90명, 아침시장 상인 77명, 행상 54명, 목수 46명, 음식점 34명, 작부 32명 등이었다.[15] 앞의 통계와는 상당한 차이를 보이지만, 아무튼 작부 수가 높은 비중을 차지했다. 이런 현실에 대해 영사관은 보고서를 통해 "일본인의 증가 상태를 유심히 살피면, 생산자의 증가와 함께 비생산자도 같은 비율로 늘고 있다. 1897년 12월 말 현재 인구는 1,580명인데, 그중 예기, 작부 그리고 유예(遊藝), 그리고 이들을 가르치던 사장(師匠)의 수는 실제로 61명에 달한다. 청국인의 증가 상태는 이와 완전히 달라서, 상공업자가 아니면 대개 노동자이다. 모두 생산업에 종사하는 자들이다"[16]라고 개탄할 정도였다.

서울에서의 '성공' 소식을 듣고 각지의 민단도 유곽 설치에 나섰다. 1904년 진남포, 1906년 용산, 1907년 군산, 1908년 대구, 1909년 청진 나남, 1910년 목포 신의주 대전에 각각 유곽이 세워졌다. 창기는 1908년 말, 서울 244명, 부산 141명, 인천 141명, 평양 103명에 달했다. 또 작부는 서울 727명, 부산 350명, 인천 84명, 평양에서는 87명이 일했다.[17]

〈표 1-3〉은 초기 도항자의 사유별 인수를 여권 발급 신청 사유에 따라 작성한 것이다.[18] 1895년의 경우 상용 3,665명, 품팔이 2,919명, 여러 업무 1,787명, 어업 1,265명 순으로 모든 연도에서 '상용'이 가장 많았고, 이어서 여러 업무와 품팔이, 어업 등의 순이었다. 초기의 재조일본인은 이른바 소규모 '생계형 생업자'가 많았음을 알 수 있다.

표 1-3 사유별 조선 도항자 수

	공용	유학	상용	여러 업무	직공	품팔이	어업	여행	계
1880년	174	5	350	332	73	—	—	—	934
1885년	30	6	186	142	17	24	—	2	407
1890년	24	10	970	450	85	219	33	2	1,791
1895년	144	90	3,665	1,787	517	2,919	1,265	4	10,391

출처_『帝國統計年鑑』 각 연도판.

개항 초기의 일본인 직업은 다양했다. 거류민들은 고리대업, 선박운송업, 무역업, 미곡상, 정미업, 잡화상, 요리업, 주류상, 목재상, 과일상 등 다양한 직종에 종사했다. 원산의 경우, 1880년 말 직업별 통계를 보면 총계 235명 가운데 직인 100명, 영사관 관계자 75명, 상인 60명이었다. 직인이 약 43퍼센트를 차지한 것은 개항 이후의 건축 붐이 반영된 것이다. 영사관 관계자도 약 32퍼센트로 많은 편이었다.

그 가운데 관원은 5명이고, 경찰관이 32명이었다.[19] 경찰관이 상대적으로 많은 것은 조선인의 습격을 두려워했기 때문일 것이다. 이후 1887년 말 직업별 통계를 살펴보면 하역날품팔이 28호, 도매상 24호, 목수 19호의 순이고, 이어 무역상 11호, 페인트칠공 5호, 소매 겸 도매상 4호, 일시 체제 무역상·소매 겸 도매상·하역날품팔이 관리책임자 각 3호, 기타 39호였다.[20]

1910년 8월 한국강점과 함께 조선총독부가 설치되어 일본인 관리와 임시직원이 대폭 증원되었다. 1911년 6월 말 현재 서울 거주 일본인의 직업별 통계를 보면 1위 관리 2,134명, 2위 상점원 1,478명, 3위 임시 직원 1,269명, 4위 하녀 993명, 5위 목수 961명이었다.[21] 이런 경향은 부산에서도 거의 비슷했다. 1912년 8월 당시 직업별 통계를 보면 1위 관공리 467명, 2위 소매상과 잡화상 274명, 3위 고물상 129명, 4위 백미소매상과 음식점 각각 115명이었다.[22]

표 1-4 직업별 구성

(단위: 명)

구분	1911년	1922년	1933년	1939년	1942년
농림 목축업	20,623	38,573	39,031	33,257	29,216
어업과 제염업		10,775	10,208	9,540	9,093
광업	26,811	63,999	68,888	18,604	23,265
공업				111,808	141,063
상업	67,625	126,893	151,787	144,647	136,801
교통업				37,705	53,874
공무와 자유업	41,269	117,080	230,135	246,967	297,236
기타	444,475	20,642	21,746	24,932	32,651
무직 및 무신고	9,886	8,531	21,309	22,644	29,661
계	210,989	386,493	543,104	650,104	752,860

출처_ 『朝鮮總督府統計年報』 각 연도판 및 朝鮮總督府, 『朝鮮ニ於ケル內地人』 1923.

〈표 1-4〉는 한국강점 이후 재조일본인의 직업별 구성의 추이를 나타낸다. 공무와 자유업이 비중이 높아 각 시기를 통해 20~40퍼센트에 이른다. 농림과 축산업은 10퍼센트 이하이며, 1930년대 이후는 어업, 제염업과 더불어 절대적으로 감소하고 있다. 물론 여기에는 지주와 그 사용인도 다수 포함되어 있다.

한편 〈표 1-4〉에 따르면 광공업 종사자는 중일전쟁 이후 급증하고 있는데, 이는 대륙 병참 기지화 정책 때문이다. 상업과 교통업은 각 시기를 통해 광공업보다 많다. 또 기타, 무직, 무신고 등 정체가 불명한 계층이 많은데, 이는 일본인 사회가 조선총독부를 정점으로 전체적으로 조선인 사회에 군림하는 이른바 '식민자 사회'였음을 반증한다.

표 1-5 직업별 본업 인구 구성(1930년)

	일본인	조선인
농업	8.7	80.6
수산업	3.1	1.2
광업	0.4	0.3
공업	17.6	5.6
상업	25.7	5.1
교통업	9.0	0.9
공무 및 자유업	31.8	1.2
가사 사용인	1.6	1.2
기타	2.0	4.0

출처_ 朝鮮總督府, 『昭和五年朝鮮國勢調査報告』, 247쪽.

〈표 1-5〉는 1930년의 국세 조사에 의한 직업별 본업 인구 구성을 나타낸 것이다. 이에 따르면 인구 구성은 공무 자유업, 상업, 공업의 순이다. 공무와 자유업, 공업의 증가가 현저해졌는데, 이는 식민지 지배를 추진하면서 총독부와 지방관청의 관리가 다수 재류한 것과 공업화도 추진되었음을 반영한 것이다. 이들 구성은 농업 중심의 조선인과는 크게 다르다.

이처럼 재조일본인은 한국강점 이후 공무와 자유업이 두드러진 성장을 보이고, 이어서 상대적으로 공업이 성장하고 있다. 상업은 한국강점 이전부터 일정 비율을 계속 유지하고 있는데, 여기에는 중소 독립 영업자와 함께 상업 사용인도 포함되어 있다. 요컨대 일본인의 조선 진출의 특징은 자영 중소 상공업자를 중심으로 전 계층적 진출이었다고 말할 수 있다.

2.3 출신지와 지역적 분포

조선의 개항 이후 서일본(西日本) 각지로부터 많은 일본인이 도항하여 일본인 사회를 형성했다. 〈표 1-6〉은 재조일본인의 출신지와 출생지를 나타낸 것이다. 1910년 이전에는 나가사키현, 특히 쓰시마 출신자가 많았고, 그 뒤를 이어 야마구치현이 많았다. 두 현은 전체의 58.1퍼센트(1896년)를 차지했다.

표 1-6 출신별 구성

(단위: 명)

	1912년		1925년		1933년		1939년	
	인원	순위	인원	순위	인원	순위	인원	순위
山口	26,026	1	40,073	1	51,019	1	53,498	1
福岡	20,469	2	31,199	2	43,606	2	50,036	2
長崎	18,909	3	25,306	4	34,345	4	35,560	4

廣島	16,177	4	25,760	3	32,268	5	35,237	5
大分	12,176	5	18,853	6	25,405	6	29,449	7
熊本	11,927	6	21,895	5	34,451	3	44,627	3
佐賀	10,141	7	17,152	7	25,869	8	28,563	8
岡山	9,050	8	16,497	8	21,872	9	24,615	9
愛媛	8,046	9	12,167	10	15,800	10	19,166	10
大阪	7,606	10	9,865	15	9,399	16	12,320	16
鹿児島	6,701	13	14,119	9	24,127	7	32,423	6

출처_『朝鮮總督府統計年報』, 각 연도판.

초기 재조일본인의 출신 구성에서 서일본 출신자가 많은 이유에 대해 기무라 겐지는 야마구치현의 옛 마리후손(麻里府村)을 사례로 설명했다.

그에 따르면 야마구치현은 에도시대에는 세토나이카이(瀬戸內海) 항로의 중계지로서 번창했지만, 메이지시대에 들어 쇠퇴하여 새로운 활로를 조선 무역에서 찾았다. 이런 배경 아래 1890년을 전후하여 예를 들면 마리후손 우마시마(馬島)의 유력한 선주와 벳푸(別府)의 토호들은 서양 범선을 구입한 다음, 오사카의 잡화와 면포를 구입하여 조선에 판매하고 미곡과 대두를 오사카로 반출했다.

하지만 이런 무역도 1890년대 후반에 들어서는 기선에 밀려 거래가 줄어들었다. 선장과 선원을 비롯하여 다수의 날품팔이 계층은 조선에 정주하게 되었다.[23]

이후 서일본을 중심으로 그 밖의 부현의 비율도 차츰 높아갔다. 1910년에 상위 두 현은 야마구치와 나가사키로 변함이 없지만, 그 비율은 20.4퍼센트로 감소한 반면 후쿠오카, 히로시마, 오이타(大分), 구마모토 등 1만 명을 상회하는 현도 증가했다.

더욱이 1930년에는 본국 출생이 70.4퍼센트에 비해 조선 출생이 29.6퍼센트, 즉 약 3할에 달했다. 일본 본국의 출생지는 여전히 서일본 중심이었지만 점차 동일본 지역과 일본 전역으로 확대되었음을 확인할 수 있다.

표 1-7 도시별 일본인 인구

(단위: 명)

도시	1890년	1900년	1910년	1930년	1940년
부산	4,344	5,758	24,936	47,761	52,003
원산	680	1,578	4,636	9,260	11,121
서울	609	2,115	38,397	105,639	124,155
인천	1,612	4,208	11,126	11,758	13,359
목포	-	894	3,612	7,922	9,174
진남포	-	339	4,199	5,333	5,967
군산	-	488	3,737	8,707	9,400
마산	-	252	7,081	5,587	5,966
평양	-	159	6,917	20,073	25,115
대구	-		6,492	19,426	21,455
신의주	-		2,742	7,526	8,916
개성	-		(1,470)	1,531	1,612
청진	-		(2,182)	8,873	12,411
함흥	-		(1,383)	8,984	10,594
대전	-				9,576

전주	-		(1,541)		5,494
광주	-		(1,326)		8,085
비율	100.0%	99.8%	66.4%	53.5%	48.5%

출처_ 『日本帝國統計年鑑』, 『韓國統監府統計年報』, 『朝鮮總督府統計年報』, 『朝鮮
國勢調査結果報告』 각 연도판.
비고_ 1910년까지는 개항장. 1930~40년은 부를 게재(1910년의 괄호는 군).

철도 개통에 따라 철도 주변에 새로운 일본인 도시가 형성되었다. 조치원과 대전 등이 대표적인 예이다. 기쿠치 겐조(菊池謙讓)는 조치원을 '경부철도가 낳은 신일본촌'이라 평가했다.[24] 이들 도시에서는 일시적으로 조선인보다 일본인이 많았다. 〈표 1-7〉은 도시별 일본인 재주자 수를 나타낸 것이다. 일본인은 경부선과 경의선 등 철도 부설이 예정된 지역을 중심으로 집중되었다. 예를 들어 대구의 경우, 거류민은 청일전쟁 당시 병참기지로 지정되었을 때만 해도 약 10호에 불과했다. 1900년 11월 일본인회가 결성되었을 때도 회원은 10여 명이었다. 대구에는 경부철도 건축사무소가 설치된 이후 거류민이 증가하여 1904년 2월 말에는 약 200명으로 늘어났고, 6월 말에 이르러는 1,000명을 넘어섰다.[25]

이처럼 러일전쟁 이전에는 당연한 현상이지만 거주가 허가된 개항장이 100퍼센트 또는 그에 가까운 비율을 나타내는데, 한국강점 이후는 점차 그 비율이 저하하여 1940년에는 50퍼센트를 밑도는 수준이 되었다. 농촌부와 지방 중소 도시에도 일본인이 거주하게 된 것이다. 한국강점 이후 최다의 일본인 거주지는 서울이고, 부

52 제국과 식민지 사이

산과 평양이 뒤를 이었다. 차츰 내륙의 지방 도시 등에도 확대되었
는데, 특히 미곡의 수출항(군산, 목포)과 공업화가 추진된 지역(대구,
청진, 함흥, 신의주) 등지에서의 증가가 눈에 띈다.

표 1-8 지역별 분포

	1912년			1925년			1942년		
	인원	A	B	인원	A	B	인원	A	B
경기	70,336	28.9	4.4	104,479	24.6	5.4	206,627	27.5	6.4
충북	4,003	1.6	0.6	7,317	1.7	0.9	9,417	1.3	0.6
충남	12,532	5.1	1.2	19,566	4.6	1.6	28,228	3.8	1.7
전북	13,594	5.6	1.4	27,167	6.4	2.0	35,363	4.7	2.1
전남	16,210	6.7	1.0	31,628	7.4	1.5	45,250	6.0	1.6
경북	14,959	6.1	0.9	41,672	9.8	1.8	45,244	6.0	1.7
경남	58,507	24.0	3.8	77,548	18.3	4.0	98,974	13.2	4.0
황해	5,800	2.4	0.5	14,696	3.5	1.0	26,189	3.5	1.3
평남	16,219	6.7	1.7	34,530	8.1	2.8	51,263	6.8	2.8
평북	7,623	3.1	0.7	16,239	3.8	1.2	32,252	4.3	1.7
강원	4,516	1.8	0.5	8,632	2.0	0.7	21,101	2.8	1.1
함남	11,708	4.8	1.1	20,339	4.8	1.5	73,990	9.8	3.6
함북	7,722	3.2	1.6	20,927	4.9	3.4	78,925	10.5	6.4

출처_ 『朝鮮總督府統計年報』 각 연도판.
비고_ A=전 재조일본인에 대한 비율, B=해당 도의 총인구에 대한 비율.

〈표 1-8〉은 재조일본인의 지역별 분포를 나타낸다. 초기에는
경기와 경남이 전체의 50퍼센트를 넘었고, 말기에도 40퍼센트를
넘었다. 이는 서울과 부산에 일본인이 집중하고 있음을 말한다. 말

기에는 함남과 함북을 비롯한 북부 지역의 일본인 수가 급증한 것은 군사 공업화정책과 만주 침략정책과 관련된다. 역으로 순농촌 지역인 남부에서는 일본인이 점하는 비중은 그다지 높지 않다. 이는 조선 거주 일본인의 대다수가 기본적으로 도시생활자였음을 말하고 있다.

2.4 일본인 지주와 '식민지 수탈론'

'식민지 수탈론'은 일본이 조선을 식민지로 지배하면서 토지를 약탈하고, 미곡과 면화, 기타 여러 산업자원을 수탈했으며, 전시체제 하에서는 인적 수탈, 즉 노동력까지 수탈했다는 주장이다. 특히 토지수탈 부분은 조선총독부가 토지조사사업 과정에서 대규모 면적의 민유지를 약탈하여 이를 국유지의 명목으로 총독부가 소유했다고 서술한다. 즉 토지조사사업은 당시 신고주의를 채택하고 있었는데, 여러 이유로 미신고지가 많았고, 이런 토지들은 총독부가 모두 국유화했다는 것이다.[26]

토지조사사업에 대한 실증적인 연구들은 이런 주장이 역사적 사실이 아님을 밝혀냈다. 즉 사업의 실시과정에서 조선총독부는 비록 신고주의를 채택했지만, 실제로 각 마을에서는 이장 등을 중심으로 마을 단위로 신고했기 때문에 미신고지는 거의 없었다는 것이다. 따라서 미신고 토지를 국유화한 사례는 극히 일부에 지나지 않았으며, 토지조사사업 과정에서 일부 분쟁지가 발생했지만, 이는 대부분 궁방전과 같이 소유권의 소재가 불확실한 토지에 지나지 않았다고 말한다.[27]

이런 연구 결과에 따르면 일제강점기 조선총독부에 의한 토지 수탈은 거의 존재하지 않았다는 역사상이 그려진다. 한국사학계의 통설로 자리 잡았던 '식민지 수탈론'의 입지는 크게 흔들릴 수밖에 없었고, 나아가 '식민지 근대화론'을 주장하는 그룹에 의해 '식민지 수탈론'은 비역사적인 역사 인식이라는 공격을 받을 빌미를 제공했다.

그렇다면 과연 일본의 토지 수탈은 없었다고 말할 수 있을까? 일본의 토지 수탈을 논할 때 주목해야 할 것은 토지 조사사업이 아니라 오히려 일본인 농업 회사와 민간 지주들의 토지 수탈이다. 즉 1905년 러일전쟁의 승리를 계기로 조선에 대거 진출한 일본인 농장과 고리대업자, 상인들은 각지에 토지를 점유했는데, 그 주된 방법은 총독부로부터의 개간 허가, 고리대 담보를 통한 토지의 탈취, 헐값 매입 등이었다. 중요한 것은 한국강점 이전에는 법적으로 인정받지 못하던 일본인의 토지 소유권이 한국강점 이후 외국인의 토지 소유 허가 문제와 무관하게 토지 조사사업을 통해 최종적으로 그 법적 소유권을 인정받았다는 점이다. 이런 측면을 '광의의 수탈'이라고 인정한다면 일본의 토지 수탈이 존재하지 않았다고 말할 수 없다. 이 문제에 접근하기 위해 러일전쟁 이후 조선에 진출한 일본인 지주의 토지 확보 과정의 특징과 1920년대 식민지 지주제의 전개 양상을 수량적으로 살펴봄으로써 일본인 지주가 지니는 '수탈성'을 분석해 보겠다.

한국강점 이전의 일본인 지주

일본 자본주의에서 조선 농업의 중요성은 청일전쟁 이후 급속히 전개된 조선 쌀·대두의 수입과 한국에 대한 일본 면제품 수출의 전개에 따라 급속히 높아졌다. 따라서 1897년과 1899년에 목포와 군산 등에 개항장이 추가로 설치되면서 이들 조선의 곡창 지대를 배경으로 일본인의 진출과 대지주로의 형성이 급속히 진행되었다. 특히 만경강과 동진강 유역의 호남평야를 배후지로 두고 있는 군산 지방은 조선시대 이래 최대의 곡창 지대로서 가장 큰 주목을 끌었다.[28]

1876년 개항 이후 한국의 내륙지방을 개방해 농업 식민을 추진하려던 일본의 의도는 외국인의 토지 소유 자체를 제한한 구한국 정부의 조약과 여러 법령에 의해 제한받았다. 외국인에게 토지 소유가 처음으로 허용된 것은 1883년의 '한영수호통상조약'에 이르러서였다. 이 조약은 '최혜국 대우규정'에 따라 모든 외국인에게도 적용되었다. 그러나 외국인의 토지 소유는 어디까지나 개항장 밖 10리(4킬로미터) 범위 내에서 제한적으로 인정한 데 불과했다. 조선 정부는 통상조약과 관계없이 외국인에의 토지 매도를 엄격히 금지했다. 요컨대 개항장 밖 10리 이외의 토지소유는 불법이었다.[29]

그러나 외국인의 토지 소유를 제한한 조약과 법령은 제국주의의 침략으로 국권이 약화됨에 따라 제대로 준수되지 못했다. 특히 외국인의 대다수를 차지하는 일본인의 토지 소유에 대해서는 거의 무방비 상태였다. 일본인의 토지 소유는 외국인의 토지 소유가 합법화되기 이전인 청일전쟁 직후부터 시작되었으며, 러일전쟁을 전후한 시기부터 급속히 확대되었다. 그러나 일본인들이 토지를 소유하는 데 별지장을 받지 않는다고 해도 그것은 어디까지나 불법적 수단과 편법에 의존한 것이었다.[30]

토지 매수 금지 규정에도 불구하고 일본인의 토지 집적은 수확물 입도 선매나 사용권 매수의 방법 등 교묘한 방법이 동원되었다. 일본인은 토지 매수 금지 조항에 대해 "거류지 10리 밖의 토지라 하더라도 그 수확물을 미리 매수하거나 토지 사용권의 매수를 금지하는 조항은 없다. 따라서 한인을 납세자로 내세워 그 토지에 대한 모든 증권과 수확물을 함께 매수할 경우, 그 결과는 토지를 매입한 것과 동일하고 또한 조금도 위험하지 않다"[31]고 주장했다. 일본인의 토지 매수는 토지 매수를 금지하는 조항을 무시한 채 자유로이 이루어졌다.

1905년 러일전쟁 이후 일본인이 가장 집중적으로 진출했던 전라도 지역의 예를 들면, 군산 지방에 진출한 일본인들은 군산농사조합(群山農事組合)이라는 단체를 설립하고 토지소유를 효율적으로 확대했다. 군산농사조합의 설립목적 역시 '토지등록제'를 실시해 일본인 조합원의 토지 소유를 보호하기 위함이었다. 군산농사조합은 개인별 투자액을 신고하여 자체적으로 토지 매수 범위를 결정했다. 또 매수 대상지의 지명, 자호, 면적, 지표, 매도자 성명 등을 조합에 비치한 토지 대장에 등록함으로써 소유권, 저당권을 확보하고 이미 구매한 토지에 대해 조합원 간의 분쟁을 방지하도록 만전을 기했다.[32]

일본인의 토지 매수는 1904년부터 10년간 급속히 증대했다. 앞과 동일한 예로서, 1910년경 군산 지방 부근에서 일본인 지주의 소유 면적은 총 경지 면적의 5～10퍼센트에 달했다. 일본인의 소유 면적은 대부분 전답에 집중되어 1909년 현재 전체 지목의 83퍼센트에 이르렀다.

지역별로 보면 익산, 임피, 김제, 옥구, 만경 등에 집중되어, 1910년에는 이 5개 군만으로도 일본인 소유 총면적의 83퍼센트를 상회했다. 호남의 곡창 지대는 토지 개량 투자의 위험성이 낮을 뿐만 아니라, 토지 생산성의 상승이 가장 높을 것으로 예상되는 최고의 투자처였다.[33]

〈표 1-9〉는 1909년 6월 현재의 일본인 지주의 소유 규모별 창업 연도를 나타낸다. 이에 따르면 30정보 이상의 지주 135명 가운데, 13명 = 9.6퍼센트가 1903년 이전에 조선에서 토지를 집적했다. 일본인의 토지 집적은 러일전쟁 이후 적극적으로 이루어졌다. 1904년 '한일의정서'의 체결부터 조선의 식민지 체제가 확립된 1907년 '제3차 한일협약' 체결까지의 시기에 109명 = 80.7퍼센트가 조선에서 지주로 변신했다. 500정보 이상의 지주 21명 가운데, 17명 = 80.9퍼센트도 이 시기에 토지를 집적했음을 알 수 있다.

표 1-9 30정보 이상 일본인 지주의 창업 연도(1909년 6월 현재)

소유 규모	1903년 이전	1904년	1905년	1906년	1907년	1908년	1909년	계
30~50정보	1	4	3	2	3	7	0	20
50~100정보	3	6	7	4	7	3	0	30
100~200정보	2	5	5	12	6	0	1	31
200~300정보	3	5	2	2	0	0	0	12
300~500정보	2	2	5	10	2	0	0	21
500~1,000정보	1	3	1	3	3	1	0	12
1,000~2,000정보	0	1	1	1	2	0	0	5
2,000~5,000정보	1	0	1	0	0	0	0	2
5,000정보 이상	0	1	0	0	0	1	0	2
계	13	27	25	25	23	12	1	135

출처_ 統監府, 『第三次統監府統計年報』 1910, 247~256쪽.
비고_ 1. 소유지는 경지 이외를 포함.
　　 2. 소유규모 불명의 집계는 제외.

이런 특질은 1909년 말 현재의 일본인 농사 경영자 750명(자작농 포함) 가운데, 투자액 1만 엔 이상의 지주 137명의 연도별 토지 투자액의 분포를 통해서도 확인할 수 있다. 〈표 1-10〉에 따르면 투자액 10만 엔 이상 20명 가운데 14명＝70.0퍼센트, 5만 엔 이상 27명 가운데 25명＝92.5퍼센트, 1만 엔 이상 90명 가운데 67명＝54.4퍼센트, 총계 137명 가운데 106명＝77.3퍼센트가 1904년부터 1907년까지의 시기에 토지에 투자했다.

표 1-10 일본인 지주의 연도별 토지 투자액(1909년 말 현재)

(단위: 명)

	10만 엔 이상	5만 엔 이상	1만 엔 이상	계
1903년 이전	4	2	10	16
1904년	3	4	18	25
1905년	1	3	13	17
1906년	3	12	21	36
1907년	7	6	15	28
1908년	1	0	9	10
1909년	1	0	4	5
계	20	27	90	137

출처_ 統監府, 『第四次統監府統計年報』 1911, 507~509쪽.

〈표 1-11〉은 1922년 현재 30정보 이상 지주의 창업 년도를 나타낸다. 이에 따르면 1910년 이전에 토지를 집적한 지주의 비율은 총 129명 가운데 50명 = 38.7퍼센트인데, 1,000정보 이상의 거대지주의 경우는 28명 가운데 18명 = 64.2퍼센트가 이미 1910년 이전에 토지를 집적했다. 일본인은 러일전쟁 직후부터 적극적으로 조선에 진출하여 소유지를 확대해 나갔는데, 특히 대규모 토지 소유자에 의한 토지 투자 현상이 현저했음을 확인할 수 있다.

표 1-11 30정보 이상의 일본인 지주(1922년 현재)

소유 규모	1910년 이전	1911 ~19년	1920 ~22년	불명	계
30~50 정보	6	3	2	0	11
50~100 정보	3	13	0	0	16
100~500 정보	17	26	8	1	52
500~1,000 정보	6	15	1	0	22
1,000~2,000 정보	9	3	2	0	14
2,000~5,000 정보	7	3	2	0	12
5,000 정보 이상	2	0	0	0	2
계	50	63	15	1	129

출처_ 朝鮮總督府殖産局, 『朝鮮の農業』 1924, 133~141쪽.
비고_ 1. 동양척식주식회사는 제외.
     2. 소유지는 경지 이외를 포함.

일본인 지주의 토지 매수는 효율적인 지배 정책의 일환으로 적극적으로 이루어졌다. 일본인 자본가도 조선에 진출할 경우 획득할 수 있는 투자 치에 일찍이 주목했기 때문이다. 그러나 일본인들에게 조선에서의 토지 소유권이 제도적 법적으로 불안정하다는 사실은 자유로운 토지 집적의 장애 요인으로 간주되었다.

가령 대리인 문제와 위조 문건 분쟁은 일본인 지주에게 토지 집적의 위협은 되지 않는다 하더라도 예측하지 못한 손해를 입히는 경우가 종종 발생했다. 현실적인 문제는 조선에서 토지 소유권의 증명이 제도적으로 불완전했다는 점에 있었다. 일본은 일본인의 토지 소유와 그 소유권을 제도적으로 보장하는 것이야말로 조선

농업식민의 기초 작업이라고 간주했다. 일본이 식민지 경영 방침에 따라 토지 소유를 합법화하기 위해 '부동산증명제도'를 마련하기 시작한 것은 1905년 통감부를 설치한 직후부터였다. 당시 구한국 정부는 광무양전의 지계 사업을 통해 충청과 강원도의 일부 지방에서 토지 조사를 실시했지만, 러일전쟁 이후 일본의 침략이 강화되면서 더 이상 시행되지 못했다.[34]

통감부는 1906년 '토지가옥증명규칙'과 '시행규칙'을 제정하고 통감부령 제42호로 이를 공포했다. 증명규칙의 제정과 공포는 일본의 식민 정책에서 중요한 시책이었다.

개항장 거류지로부터 10리 밖의 내륙 지방에서도 외국인, 즉 일본인의 토지 소유는 안정적인 것으로 공증받을 수 있었기 때문이다. 그러나 증명규칙은 당사자 간 계약을 인증하는 데 지나지 않아 법제상 제3자 대항력을 갖지 못했고, 궁극적으로 소유권의 존재 여부를 확인하지 못한다는 점에서 제도적인 한계를 갖고 있었다.

통감부는 이 문제를 해결하기 위해 1908년 1월부터 '토지가옥소유권증명규칙'과 '시행세칙'을 시행했다. 이에 따라 증명규칙의 시행 이전에 획득한 토지와 가옥의 소유권에 대해서도 증명을 받게 되었고, 나아가 이를 통해 구매한 토지에 대해서는 당사자 간 계약의 공증에 그치지 않고 소유권의 존재 자체를 증명해 주었다.[35] 한편 토지조사사업은 1910년부터 1918년에 걸쳐 2,404만 엔의 경비를 들여 토지 소유권, 토지 가격, 지형 지모를 조사함으로써 식민 통치의 기초를 마련하고자 한 전국적 단위의 사업이었다. 토지 소유권 조사는 토지의 필지별 소유권과 경계를 사정하여 토지 등기 제도를 수립하기 위한 기초 장부인 토지 대장을 만드는 작업이었다. 토지 가격 조사는 전국의 지가를 조사해 지세 부과를 위한 표준을 조사하는 것이었으며, 지형 지모 조사는 전국적으로 각 필지에 대해 지적도를 작성하는 작업이었다.

토지조사사업의 역사적 의의 가운데 하나는 동 사업이 식민지 지주제 확립의 기점으로 작용했다는 점이다. 사업에 따라 구래의 수조권적 토지 지배가 해체되었기 때문에 지주적 토지 소유는 비로소 그 자유로운 전개의 계기가 주어졌다.

사업은 외래 권력의 식민지 지배라는 정치적 조건을 배경으로 조선에 진출한 일본인 거대 지주의 버팀목으로 작용했을 뿐만 아니라, 식민 통치에 필수불가결한 일부 조선인 대지주의 성장에 강력한 보호 장치로 기능했다. 이 시기에 지주로 새롭게 등장한 이들은 조선시대와 달리 국가의 보호와 지지를 받고 토지 소유와 농업 경영을 안정적으로 시행할 수 있었다.

이것은 식민지 지주제의 기형적 발전의 단초가 되었다. 이 때문에 사업은 식민 지배라는 통치 체제의 모순을 일거에 드러내는 기점으로 작용했다.[36] 요컨대 토지조사과정에서 확립된 새로운 토지 제도와 지세 제도는 식민 통치의 제도적·물질적 기초를 제공했다. 근대적 등기 제도가 확립됨에 따라 구래의 국가적 토지 소유, 즉 국가와 지주가 공유하던 중층적 토지 지배가 철폐되고, 절대적·배타적 토지 소유권이 마침내 형성되었다. 이런 토지 제도의 변화

속에서 한말 이래 불안정한 일본인 토지 소유는 여타 조선인의 토지와 마찬가지로 합법적이고 절대적인 안정성을 부여받았다. 토지조사사업은 일본인의 불법적인 토지소유권을 법적으로 확인시켰다는 점에 그 수탈적인 측면을 확인할 수 있다.

식민지 지주제의 전개

한국강점 이후 토지 소유권을 법적으로 확보한 일본인 지주는 토지집적을 확대해 나간다. 일본인의 토지 집적은 〈표 1-12〉와 같이 식민지를 계기로 점차 확대되어 1915년에는 총 6,969명이 총계 20만 5,538정보(전답 면적은 83.2퍼센트)를 소유했다.

일본인 지주 1인당 소유 면적이 75.8정보(1909년)에서 29.5정보(1915년)로 감소한 것은 한국강점 이전의 일본인 지주의 대다수는 대규모 경지를 집적했지만, 한국강점 이후의 일본인 지주 중에는 중소 토지 소유자가 적극적으로 토지 집적에 가담했기 때문이다. 또 조선의 경지 면적 가운데 일본인 지주의 소유 면적의 비율은 1.86퍼센트(1909년)에서 5.39퍼센트(1915년)로 증가했다.

표 1-12 연도별 일본인 지주와 소유 면적

	지주 수 (A)	소유 면적(B)	전답 면적(C)	(B)/(A)	(C)/(B)	(B)/ 총경지 면적
1909년	692	52,436	42,880	75.8	81.8	1.86
1910년	2,254	86,952	69,311	38.6	79.7	2.81
1911년	3,839	126,146	93,341	32.9	74.0	3.45
1912년	4,938	130,800	107,981	26.5	82.6	3.79
1913년	5,916	184,245	151,027	31.1	82.0	5.23
1914년	6,049	197,934	159,862	32.7	80.8	5.40
1915년	6,969	205,538	171,053	29.5	83.2	5.39

출처_ 朝鮮農會, 『朝鮮農業發達史』 1943, 591~592쪽.

〈표 1-13〉은 산미 증식 계획 시기에 해당하는 1920년대의 30 정보 이상의 일본인 지주의 소유 규모별 호수와 경지 면적의 추이를 나타낸다(1922년→1925년→1929년→1931년순, 단 1931년도의 100정보 이하는 미집계). 이에 따르면 30정보 이상의 지주 호수는 143명 →478명→470명→(298명)으로 특히 1922년부터 1925년까지의 시기에 약 334퍼센트가 증가했다.

또 소유 규모별 추이를 살펴보면 30~50정보의 경우에는 지주 수가 12명에서 147명으로, 소유 면적은 470.7정보에서 5,665.3 정보로 각각 1,225퍼센트, 1,203퍼센트 증가했다. 50~100정보의 경우는 지주 19명에서 131명으로, 소유 면적은 1,344.7정보에서 10,278.6정보로 각각 689퍼센트, 764퍼센트 증가했다.

표 1-13 30정보 이상 일본인 지주의 소유 규모별 호수와 경지 면적

소유 규모	1922년		1925년		1929년		1931년	
	인수	면적	인수	면적	인수	면적	인수	면적
30~50 정보	12	470.7	147	5,665.3	121	4,661.5		
50~100 정보	19	1,344.7	131	10,278.6	123	8,906.0		
100~200 정보	36	5,065.3	84	11,350.1	96	13,948.5	147	20,265
200~300 정보	12	2,962.8	31	7,527.5	38	9,250.7	49	11,997
300~500 정보	21	8,299.3	34	13,331.8	34	13,211.8	48	18,797
500~700 정보	14	8,427.6	11	6,411.2	21	12,828.3	13	8,057
700~1,000 정보	2	1,486.8	15	11,422.6	9	7,553.0	13	10,219
1,000정보 이상	27	58,723.2	25	51,666.9	28	63,361.9	28	62,691
계	143	86,780.4	478	117,654.0	470	133,721.7	(289)	(132,026)

출처_ 朝鮮總督府殖産局, 「內地人農事經營者調」(名簿), 『朝鮮の農業』 각 연도판.
비고_ 동양척식주식회사는 제외.

〈표 1-14〉는 30정보 이상 지주의 각 도별 호수와 소유 면적의
추이를 나타낸다. 일본인 지주의 지역별 분포는 1922년도는 전북,
전남, 충남의 순이고, 1929년도는 전남, 전북, 황해의 순이다. 또 소
유 면적은 전북, 전남, 황해의 순으로 이 3개도는 소위 일본인 대지
주의 밀집 지대를 형성했다.

표 1-14 30정보 이상 일본인 지주의 지역별 호수와 경지 면적

도명	1922년		1925년		1929년		1931년	
	인수	면적	인수	면적	인수	면적	인수	면적
경기	19	8,107.8	35	7,527.0	33	8,282.8	29	8,368

충북	2	525.3	3	320.2	2	375.9	3	475
충남	23	6,616.2	65	7,909.4	30	5,889.3	24	7,812
전북	30	20,617.9	66	26,566.1	98	32,027.4	64	32,439
전남	24	18,871.0	182	33,308.7	158	34,967.4	73	30,560
경북	4	1,698.6	30	3,896.2	4	1,887.8	11	2,747
경남	11	4,212.9	34	9,207.1	33	5,669.3	27	9,463
황해	12	17,434.7	41	19,432.7	48	29,111.0	30	23,613
평남	7	29,73.2	5	1,255.9	15	1,744.9	8	1,962
평북	3	1,507.9	6	5,692.1	6	5,140.7	10	6,420
강원	6	3,912.0	8	2,432.0	27	7,804.8	10	6,903
함남	1	32.9	3	106.6	15	762.1	5	622
함북	1	270.0	0	0.0	1	58.3	4	642
계	143	89,780.4	478	117,654.0	470	133,721.7	298	132,026

출처_ 朝鮮總督府殖産局,「內地人農事經營者調」(名簿),『朝鮮の農業』각 연도판.
비고_ 1. 동양척식주식회사는 제외.
　　　2. 1931년은 100정보 이상의 일본인 지주.

〈표 1-15〉는 30정보 이상의 일본인 지주의 지역별·소유 규모별 호수의 추이를 나타낸다. 이에 따르면 전북·전남·황해의 30～50정보와 50～100정보 지주의 증가율이 현저히 높고, 1,000정보 이상의 거대지주도 이 3개도에 집중적으로 분포되어 있다. 더욱이 30정보 이상의 일본인 지주의 지역별·전답별 소유의 비율을 살펴보면, 논이 총 소유 면적의 약 70퍼센트 전후를 차지하고 있는데, 이는 조선의 논의 비율인 약 35퍼센트에 비하면 2배 정도 높다. 이처럼 일본인 지주의 토지집적은 전남, 전북, 경기, 충남, 황해, 경남 등을 중심으로 이루어졌는데, 이 가운데에서도 대지주는 전북과

전남의 수도작 중핵지대와 황해의 전작 중핵지대를 중심으로 소유 면적을 확대했다고 말할 수 있다.

표 1-15 30정보 이상 일본인 지주의 지역별 / 전답별 소유 면적

도명	1922년		1925년		1929년		1931년	
	논	밭	논	밭	논	밭	논	밭
경기	76.5	23.5	73.9	26.1	79.4	20.6	68.5	31.5
충북	44.1	55.9	68.9	31.1	37.1	62.9	62.5	37.5
충남	78.4	21.6	76.5	23.5	79.5	20.5	70.8	29.2
전북	89.7	10.2	89.9	10.1	87.0	13.0	87.7	12.3
전남	54.6	45.4	69.1	30.9	72.8	27.2	71.2	28.8
경북	57.6	42.4	53.9	46.1	57.2	42.8	58.2	41.8
경남	69.5	30.5	79.8	20.2	74.3	25.7	77.2	22.8
황해	28.8	71.2	41.7	58.3	34.9	62.1	48.8	51.2
평남	41.6	58.4	44.4	55.6	47.5	52.5	37.6	62.4
평북	100	0	100	0	99.4	0.6	84.0	16.0
강원	9.7	90.3	20.4	79.6	65.8	34.2	35.1	64.9
함남	36.5	63.5	67.5	32.5	23.7	76.3	19.6	80.4
함북	7.4	92.6	0	0	100	0	12.0	88.0
계	60.5	39.5	70.6	29.4	68.4	31.6	68.9	31.1

출처_ 朝鮮總督府殖産局, 「內地人農事經營者調」(名簿), 『朝鮮の農業』 각 연도판.
비고_ 1. 동양척식주식회사는 제외.
  2. 1931년은 100정보 이상의 일본인 지주.

다음으로 1930년 현재 30정보 이상의 일본인 지주의 호수와 소유 면적을 조선인 지주와 비교하면, 〈표 1-16〉과 같이 지주 수는

조선인 지주가 절대적으로 많다. 하지만 소유 규모별 추이를 살펴보면 1,000정보 이상의 지주는 일본인 지주 37명에 대해 조선인 지주는 10명으로 일본인 거대 지주가 많다.

그리고 500~1,000정보의 지주는 전북, 황해에서는 일본인 지주가 많고, 전남에서는 거의 비슷하다. 또 30정보 이상의 일본인 지주의 소유 면적이 총 경지 면적에서 차지하는 비율은 전체적으로는 조선의 총 경지 면적의 약 4퍼센트를 차지하고 있는데, 일본인 지주의 밀집 지대에서는 전북=18.3퍼센트, 전남=11.2퍼센트, 황해=7.5퍼센트, 경남=7.0퍼센트이다. 소작 면적에서 차지하는 비율은 전북=24.2퍼센트, 전남=21.1퍼센트, 황해=11.5퍼센트, 경남=11.3퍼센트에 달하고 있다.

표 1-16 30정보 이상 일본인 지주의 소유지 비중(1930년 말 현재)

도명	일본인 소유 면적(A)	조선인 소유 면적(B)	총경지 면적(C)	총소작 면적(D)	(A)/ (C)	(B)/ (C)	(A)/ (D)	(B)/ (D)
경기	16,014	53,786	386,632	273,174	4.1	13.9	5.9	19.7
충북	1,617	8,678	158,770	102,048	1.0	5.5	1.6	8.5
충남	15,080	31,754	243,528	167,688	6.2	13.0	9.0	18.9
전북	43,154	29,482	235,345	177,989	18.3	12.5	24.2	16.6
전남	45,545	43,753	405,454	216,349	11.2	10.8	21.1	20.2
경북	9,185	16,130	389,678	210,480	2.4	4.1	4.4	7.7
경남	19,600	34,055	278,911	173,532	7.0	12.2	11.3	19.6
황해	40,476	42,634	542,438	353,281	7.5	7.9	11.5	12.1
평남	4,982	34,107	396,251	217,991	1.3	8.6	2.3	15.6

평북	7,695	22,610	409,045	231,452	1.9	5.5	3.3	9.8
강원	8,666	12,184	340,831	156,468	2.5	3.6	5.5	7.8
함남	3,187	9,473	390,629	121,573	0.8	2.4	2.6	7.8
함북	1,503	2,324	211,151	37,715	0.7	1.1	4.0	6.2

출처_ 1. (A)와 (B)는 白頭山人, 「統治25年朝鮮經濟の問答」, 『改造』1935년 1월호, 246~247쪽.

　　　2. (C)와 (D)는 朝鮮總督府殖産局, 『朝鮮の農業(1930年版)』, 부표 제4표.

이상과 같이 일본인 지주는 수량적으로 한국강점에 따른 정치적인 권력의 장악을 계기로 더욱 토지집적을 확대했다. 하지만 대규모 토지소유자는 이미 한국강점 이전인 러일전쟁 직후부터 적극적으로 토지를 집적했다.

지역적으로 보면 한국강점 이전에 조선에 진출한 자작농을 포함한 일본인 농사 경영자는 경남, 경기, 전남에 다수 분포했고, 그 가운데 30정보 이상 지주의 진출지대는 경남, 전북, 전남의 순이었다. 또 한국강점 이후는 이들 지역 이외에 충남, 황해에도 대규모 토지소유자가 적극적으로 진출했다.

1,000정보 이상의 거대지주는 전북, 전남의 수도작 중핵 지대와 황해의 전작 중핵 지대를 중심으로 소유 면적을 확대해 나갔다. 식민지 지주제는 토지조사사업과 통감부 시대 이래의 지주적 농정에 의해 대체로 1910년대에 체제적으로 확립되었다. 이 과정에서 일본에 대한 미곡의 이출이 급증하고, 일본인 지주를 중핵으로 하는 대지주의 토지지배가 강화되었다. 식민지 지주제가 심화되면서 미곡 생산성의 급상승과 농민 궁핍화의 동시 진행이라는 조선농업

의 특징이 고착화되었다. 이처럼 일본인 지주의 토지 집적 과정과 1920년대까지의 수량적 추이를 살펴보면 '식민지 수탈론'에는 충분한 논리적 설득력이 존재한다.

특히 러일 전쟁 이후 조선 각지에 대규모 토지를 집적한 일본인 지주는 토지조사업을 통해 법적 소유권을 최종적으로 확인 받았다.

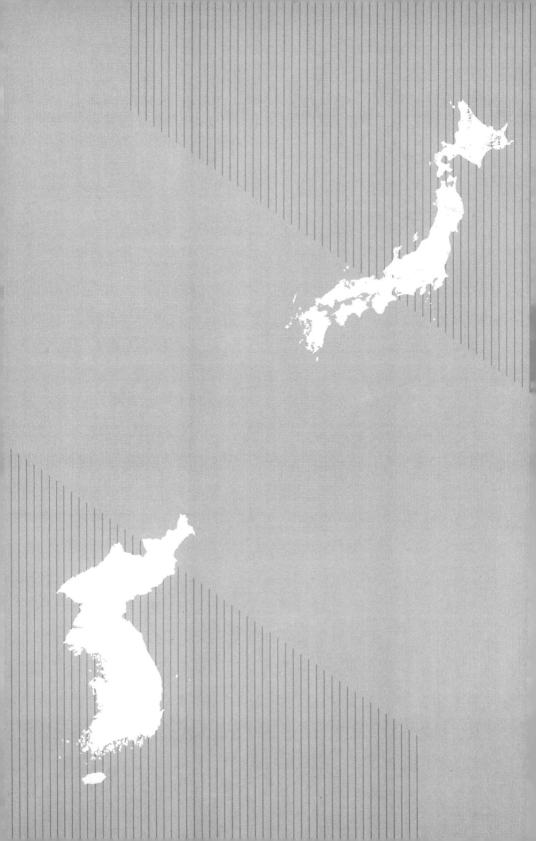

II부 식민정책론과 재조일본인 사회

1. 일본의 해외 식민 정책론과 이민 사업

1.1 식민 정책과 농업이민

식민 정책의 배경

일본은 메이지유신(明治維新)을 계기로 세계 자본주의 체제에 종속적으로 편입되었다. 국가 주도의 급격한 부국 강병 정책의 강행으로 농촌 사회는 소작지와 소작농을 기반으로 한 영세농 경영이 확대되는 등 사회 모순이 첨예화되었다. 하지만 일본은 사회적 모순을 국내 체제 개편을 통해 해결하지 않았다. 청일전쟁과 러일전쟁 등 침략을 통해 식민지를 확보함으로써 후발 제국주의 국가로 국제 사회에 등장했다. 일본의 식민지 지배 정책은 식량과 원료 공급지, 그리고 상품 판매 시장으로서 한국의 산업 구조를 재편성하는 것이었다. 이런 식민지적 산업 구조로 재편되는 과정에서 농업 이민정책이 추진되었다. 한국에 막대한 농촌 인구를 이주시켜 소작 빈농층은 토지를 소유한 자영농 나아가서는 지주층으로 육성하고, 거대 자본은 대농장을 설치하고 일본 자본주의의 한 기구로서의 지주 경영을 수행함으로써 현지 농민을 경제적으로 예속 지배하면서 수탈을 위한 농업 기반을 확고히 다졌다.

일본인의 이주는 1876년에 체결된 '조일수호조규 부록'(朝日修好條規附錄)과 '무역규칙'(貿易規則)에 의해 자유롭게 이루어졌다.

미쓰이(三井), 미쓰비시(三菱), 아사노(淺野)와 같은 거대 자본은 일본 정부의 적극적인 보호 아래 광산 채굴권, 인삼 전매권 등 각종 특권을 부여받았다. 일본이 다른 외국에 앞서 한국에 대한 지배권을 확보하고, 대륙 침략의 교두보를 확보하기 위해서였다. 이후 일본 이주민의 상업 활동이 활발해지자, 일본은 1881년에 '거류인민영업규칙'(居留人民 營業規則)을 제정하여 일본인의 상업 활동을 적극 지원하고, 또 1883년에는 한국 정부와 '재조선국일본인민통상장정'(在朝鮮國日本人民通商章程)을 체결하여 일본 선박의 개항장으로의 자유 왕래를 관철시키는 등 일본 상인의 내지 침투와 영업 활동을 적극 보호했다. 일본인의 한국 이주자는 1880년 934명, 1885년 407명, 1890년 1,791명, 1895년 10,391명이었다. 1885년에는 일본인의 미주 이민이 증가하고 갑신정변의 영향으로 약간 주춤했으나, 이후 여권 제도의 개선 등 이주에 대한 편의 정책이 실시되어 다시 증가 추세를 보였다. 출신지는 주로 야마구치와 히로시마를 중심으로 한 서일본 지역이 압도적으로 많았다.[1]

농업 이민은 러일전쟁을 계기로 더 적극적으로 추진되었다. 일본은 러일전쟁 직후 1904년 5월 말 원로 회의와 각의에서의 논의를 바탕으로 '대한방침 및 대한시설강령'(對韓方針竝＝對韓施設綱領決定ノ件)을 결정했다. 구체적인 '한국 경영' 방침으로 군사·외교·재정·교통·통신·척식 등 6항목에 걸친 구체적 침략 방안을 수립했다. '척식' 항목에서는 농업 식민 정책의 기조를 이렇게 설정했다.

한국에서 일본인 기업 중 가장 유망한 것은 농사이다. 본래 한국은 농업국으로 식량과 원료품을 일본에 공급했고, 일본은 공예품을 공급했다. 생각건대 앞으로도 양국의 경제 관계는 이 원칙 위에서 발달해야 한다. 또 한국은 토지 면적에 비해 인구가 적어서 많은 일본인 이민을 충분히 받아들일 수 있을 것이다. 따라서 만약 우리 농민을 한국 내지에 많이 들여보낼 수 있다면 한편으로는 우리의 초과 인구를 위한 이식지(移植地)를 얻고, 다른 한편으로는 우리의 부족한 식량 공급을 증가시켜 소위 일거양득이 될 것이다.[2]

일본은 한국을 식량과 원료 공급지라는 식민지 본래의 기능을 강화시키고, 또 한편으로는 과잉 인구의 배출지로서 한국을 주목하여 일본 농민의 이주 식민 정책을 병행한다는 것이었다. 일본은 메이지유신 이후 인구와 식량 문제가 새로운 사회 문제로 부각되었다. 급격한 산업화로 인한 도시 노동자 증가로 식량 부족 현상이 만성화되었고, 면방직업에 필요한 원면과 제사업의 원료인 누에고치의 원활한 공급이 무엇보다도 절실했다. 또한 각종 '조사보고서'를 통해 한국은 단위 면적당 인구가 적기 때문에 농업 이민의 수용이 가능하고, 일본의 과잉 인구를 한국에 이주시키면 농산물 생산도 증가될 것이라고 강조했다.

일본의 대다수 식민론자와 언론 그리고 정부 당국자는 식량 문제와 과잉 인구 문제의 심각성을 실제 이상으로 강조하고, 그 해결책으로 식민지 개척을 내세웠다. 이들은 당시 일본이 보유했던 대만과 홋카이도(北海道)만으로는 무한히 팽창하는 일본 인구 문제를 근본적으로 해결할 수 없다는 여론을 조성했다. '만한척식'(滿韓拓植), '만몽척식'(滿蒙拓植) 즉 대륙 침략은 일본의 과잉 인구 문제를 해결하기 위해서는 절대적으로 필요한 것으로 간주했다.[3]

일본은 인구 문제를 제국의 팽창과 국방 문제와 직결시켜 해결하려 했다. 해외 이민이나 국내 개발이 가장 용이한 방법이긴 했으나 후진 제국주의 국가인 일본에게 안정적인 방안이 되지는 못했다. 미국에서 일어난 일본 이민 배척 운동은 해외 이민의 불안정성을 극명하게 보여주는 사례였다. 19세기 후반 일본으로부터의 이민을 받아들인 것은 주로 하와이와 미국이었다. 하와이의 일본인 거주자는 1890년 1만 2,360명, 1900년 6만 1,115명에 달했고, 주로 사탕수수 농장의 노동자로 일했다. 미국 본토의 거주자는 1890년 2,039명, 1900년 3만 4,326명으로 주로 캘리포니아에 집중했다.[4] 이와 같은 일본인 이민의 증가에 대해 1900년경부터 배일 운동이 캘리포니아에서 활발히 전개되었다. 이에 미국은 1907년 2월에 '이민법'을 개정하여 일본인 이민의 규제를 강화했다. 같은 해 12월에는 '미일신사협약'(美日紳士協約)을 체결하여 일본 정부도 스스로 이민을 제한하는 등 일본인 이민 문제는 외교 문제로 비화했다.

결국 일본은 미국을 자극하지 않고 한국에 대한 독점권을 확보함으로써 인구 문제를 해결하려 했다. 청일전쟁과 러일전쟁은 한국에 대한 독점 지배권 확보라는 목적을 염두에 둔 전쟁이기도 했다. 인구 과잉 문제는 일본의 침략을 국내외에 정당화하고 한국 식민 정책을 추진시키려는 명분으로, 이때 사회적으로 대두된 것이 '만한 이민 집중론'(滿韓移民集中論)이었다.

'만한 이민 집중론'은 러일전쟁 이전부터 형성되기 시작했다. 동방협회(東邦協會) 평의원과 체신성 철도국장 출신인 실업가 나카바시 도쿠고로(中橋德五郎)와 대표적인 식민학자인 나가이 류타로(永井柳太郎) 등은 상품 판매 시장의 확보라는 경제적 측면도 주목하면서 구미로의 이민을 반대하고 일본의 세력권인 만주와 한국에 이민을 장려해야 한다고 주장했다.[5] 한국은 농업 이민지로 가장 적합하고 인구 밀도가 낮기 때문에 적어도 1,000만 명 정도의 이민을 수용할 수 있다고 추산했다. '만한 이민 집중론'은 일본 정부의 대외정책의 기조로 채택되어 1908년 9월 각의에서 '대외정책방침 결정의 건'(對外政策方針決定ノ件)으로 표출되었다. 이민에 관한 방침은 다음과 같다.

러일전쟁의 결과 제국의 지위는 크게 변했다. 제국은 아시아 대륙에 영유지(領有地)를 가진 대륙국이 되기에 이르렀다. 하지만 우리 대륙 영유지에는 청·러 양 대국이 인접해 있다. 어느 나라도 장래의 운명이 명확하지 않다. (…) 이에 제국의 방침은 양 대국에 대항하기 위해 가급적 우리 민족을 동아 방면에 집중하여 그 세력을 확립, 유지해야 한다. 또한 대외 상공업의 발전이 제국의 국시(國是)이다. 이 목적을 저해할 수 있는 것은 가능한 피해야 한다.

미국·캐나다·호주 등 '앵글로 색슨' 국가에 우리 동포를 이식하는
것은 이들 국가에 흐르는 배일(排日) 열기를 자극하여 그들의 배일
단결을 촉발할 수도 있다. 그것은 우리의 정치상의 관계에 누를
미칠 수도 있을 뿐만 아니라, 우리 대외 경영의 주목적인 상공업
발전을 저해할 염려가 있다. 따라서 제국은 이민에 관해서는 현상
을 유지하기로 한다.[6]

즉 일본은 '만한 이민 집중론'을 받아들임으로써 한편으로는
이민 문제로 인한 구미 제국과의 갈등을 최소화하는 명분을 마련
하고, 다른 한편으로는 한국과 만주 지역에 대한 실질적 지배를 구
축할 수 있는 인적 기반을 확보했다.

'만한 이민 집중론'은 제국의회에서도 여러 번 언급되었다. 당
시의 외무대신 오무라 주타로(小村壽太郞)는 1909년 2월 제25회 제
국의회의 외교 방침 연설에서 "러일전쟁의 결과 제국의 지위가 크
게 변하여 경영해야 할 지역이 확대되었다. 우리 민족이 섣불리 먼
외국 영지에 산포(散布)되는 것을 피하고 가능한 한 이 방면에 집
중시켜 결합 일치된 힘으로 경영하는 것이 필요하다"[7]며 러일전쟁
이후 지배를 강화한 한국 또는 만주에 이민을 집중시킬 방침을 표
명했다.

이처럼 '만한 이민 집중론'은 대미 협조와 한국에서의 세력 확
대라는 이중의 정치적 색채를 지니고 있었다. 후진 제국주의 국가
일본의 요구를 반영한 대륙 팽창 정책이자, 일본인의 외연적 확대

를 통해 한국을 실질적으로 지배하려는 침략 정책이었다.

한국강점 이전의 농업이민

일본인의 한국 이주는 러일전쟁의 승리를 전후해 급격히 증가했다. 한국 거주 일본인은 1902년에는 2만2,471명이었으나, 전쟁의 승리와 함께 1906년에는 8만3,315명으로 늘어났다. 그러나 이들 중 농업 관련 종사자는 극히 소수였다. 일부 관리를 제외하고는 잡화상·무역상 등 중소 상인 계층과 토목·건축 분야에 종사하는 노동자가 대부분이었다. 더욱이 그들은 한국에 정착하여 일본의 대륙 침략 정책을 성실히 수행한다는 원래의 의도에서 크게 벗어나 있었다. 이민의 대부분은 '생업적(生業的) 도항'이었고 일확천금을 꿈꾸는 자도 있었다.[8] 저조한 농업 이민 실적은 식민 정책 당국자에게 위기감을 조성했다. 특히 일본은 러일전쟁의 승리를 계기로 독점적으로 한국을 장악한 시점에서 무엇보다 지배 안정을 위한 인적 자원의 확보가 시급했다.

농업 이민 장려책은 두 가지 방향으로 추진되었다. 하나는 한국 내륙 지방을 개방시키고 토지 소유 관련 법률의 개정을 통해 농업 식민을 제도적으로 보장하는 것이었다. 통감부는 한국 정부에 1906년 '토지가옥 증명규칙'(土地家屋 證明規則)과 '토지가옥 전당 집행규칙'(土地家屋 典當 執行規則), 1908년 '토지가옥소유권증명규칙'(土地家屋所有權證明規則)의 공포를 강요하여 사실상 일본인의 토지소유권을 보장했다. 또 1907년에는 '국유미간지이용법'(國有未墾地利用法)을 제정하여 일본인들의 저리 대부를 통한 대규모 개간을 허용했다.

또 하나는 법적 정비에 따라 지주·자본가 주도의 농업 이민을 장려하는 것이었다. 러일전쟁 이전부터 각 지방 부현(府縣)은 중앙 정부의 지원 아래 한국 농업에 대한 조사를 실시하고 이를 토대로 농업 식민 회사와 농업조합을 설립했다. 지방 자치 단체는 회사나 조합에게 농업 이민의 장려를 위해 이주자 보조, 회사 보조, 영업 자금 차입보증, 이익 배당 보조, 모범 농장 경영 보조 등 각종 명목의 보조금을 지불했다. 〈표 2-1〉은 부현별 농업식민회사와 조합을 정리한 것이다.

표 2-1 일본인 농업식민회사 및 농업조합

부현	회사 및 조합	설립일	설립목적	자본금	보조금
도쿄 (東京)	한국흥업주식회사 韓國興業株式會社	1904. 9	토지 구입, 조차, 토지담보대부, 식림, 양잠, 수리	300,000	
후쿠오카 (福岡)	한국장려조합 (韓國奬勵組合)	1905. 12	이주자 편의 제공	100,000	8,500
가가와 (香川)	한국권업주식회사 (韓國勸業株式會社)	1906. 8	이주자 편의 제공, 대금업, 토지 매매·대여·개간	1,000,000	3,000
도쿄 (東京)	한국척식주식회사 (韓國拓植株式會社)	1906. 11	황무지 개간, 전답·택지 매수	300,000	
와카야마 (和歌山)	한국흥업주식회사 (韓國興業株式會社)	1906. 12	경지·택지 매수, 황무지 개간	1,000,000	

야마구치 (山口)	대한권업주식회사 (大韓勸業株式會社)	1907. 6	부동산 담보대금 업, 농사 경영	500,000	
시마네 (島根)	산은도산업주식회사 (山蔭道産業株式會社)	1907. 6	기경지 매수, 미경 지 개간, 대금업, 수출입 위탁매매	300,000	12,000
가가와 (香川)	한국지업주식회사 (韓國實業株式會社)	1907. 6	대금업, 토지·물 품의 매매와 대부, 농업 및 부대사업	100,000	
오카야마 (岡山)	한국기업주식회사 (韓國企業株式會社)	1907	황무지 개간, 경지 매수, 광산	230,000	
고치 (高知)	토좌권업주식회사 (土佐勸業株式會社)	1908. 1	개간, 조림	30,000	18,000
오카야마 (岡山)	한국농업장려조합 (韓國農業奬勵組合)	1908. 5	이주자 보조, 농장 경영	100,000	3,000
이시카와 (石川)	이시카와현농업주식회사 (石川縣農業株式會社)	1908. 7	일반농사, 이민		3,000
나가노 (長野)	한국나가노현조합 (韓國長野縣組合)	1908	이주자 편의제공	500,000	3,000
사가 (佐賀)	한국흥업주식회사 (韓國興業株式會社)	1908	농사 경영		
가가와 (香川)	한일흥업주식회사 (韓日興業株式會社)	1908	농사 경영	30,000	
오이타 (大分)	한국흥업주식회사 (韓國興業株式會社)	?	농사 경영		600

출처_ 統監府, 『韓國ニ於ケル農業ノ經營』, 1907, 41~42쪽.

〈표 2-1〉에서 알 수 있듯이 이들 회사나 조합 중 이민 사업을
주목적으로 삼은 것은 없었다. 대부분의 회사나 조합의 창립 목적
은 농지를 매수하거나 황무지를 개간하는 것이었다. 농업 이민과
관련된 이시카와(石川)현의 이시카와현 농업주식회사, 오카야마(岡
山)현의 한국농업장려조합, 그리고 지주와 자본가들이 자본을 동

원하여 개인 농장을 설립하거나 이민 사업을 추진한 경우를 살펴보아도 농업 이민 사업에서는 소기의 실적을 거두는 데 실패했다.[9]

예를 들면 이시카와현 농업주식회사의 경우 농업 이민 사업은 주력 사업인 농업 경영을 원활히 수행하기 위하여 도입한 경영 장치였다. 일본 농민을 이주시키고 일본식 농업을 시행하여 한국 농민에게 '모범'을 보여줌으로써 한국 개발을 도모한다는 명분 아래 추진되었다. 회사에서 요구한 첫 번째 이민 자격은 영주 토착하여 스스로 농업 노동에 종사할 것이었다. 이 조건은 앞에서 지적했듯이 통치 기반이며 영구 강점의 토대 구축이라는 국책 차원에서 추진한 '만몽이민 집중책'과도 부합된 것이었다.

두 번째 조건은 회사의 농업 경영과 관련하여 이민 자신이 실제 농사 경험이 있는 '선량'한 농민으로서 한국인 소작농을 '지도'하고 '모범'이 될 수 있는 사람이어야 한다는 것이었다. 농장 측은 한국의 전통 농법이 대단히 조잡하여 수확이 적다고 인식하고 농장 경영 초기부터 일본식 농법을 도입, 지주 경영의 수익을 극대화하려는 방침 아래 일본 이민을 이주시켰으며, 이민들은 회사의 지휘 방침을 준수하여 주어진 임무를 수행해야 한다는 내용을 의무로 강제했다.

일본 이민들은 소작 조건에서 매우 유리한 조건을 제시받았다. 대부 면적은 일본 내의 평균 경작 면적보다 훨씬 넓었고, 소작료 또한 저렴했다. 또한 거주와 농경에 필요한 별도의 특혜 조치도 뒤따랐다. 하지만 회사가 이민을 모집해도 희망자는 극히 소수였다.

회사는 한국의 풍속·기후, 농업 실태 등에 관한 자세한 조사보고서를 작성하고 현지 출장을 통해 한국 이주를 권유했지만 여전히 성과를 거둘 수 없었다. 농업 이민 실적은 1909년 3호 12명, 1910년 10호 42명에 불과했다. 이 결과 회사는 1호당 평균 논 2정보, 밭 3단보를 할당하고 나머지 회사의 사유지(1908년 말 현재 논 5,881두락· 밭 4두락, 1909년 말 논 1만4,432.5두락·밭 231.5두락)는 대부분 한국인을 이용한 소작 경영에 치중했다. 이런 사정은 다른 회사나 조합에서도 거의 마찬가지였다.[10]

한국강점 이전의 농업 이민 정책은 일본 중앙 정부의 지원 아래 일본 각 지방의 소작농과 영세 자·소작농 층을 한국에서 자작농화시킬 목적으로 실시되었다. 사업 목적은 전통적인 한국 농업을 폐기하고, 대신 일본식 농법을 강제함으로써 한국 농촌을 장악하려는 것이었다. 1909년 말 현재 일본인 농가는 총 1,741호, 1911년 말에는 2,960호로 증가했다.[11] 그럼에도 이 시기 농업 이민의 이식과 한국 농업 개발은 일정한 한계를 노출했다. 대다수 일본인 지주들은 일본인 농업이민의 이주에 소극적이었던 반면, 토지 매수를 확대하여 한국인 농민들을 대상으로 한 소작 경영에 몰두했다. 이에 따라 일본 정부는 한국 지배를 완성하기 위한 현실적인 방안으로 대량 이민책을 강구하기에 이르렀다. 국책 이민으로서의 동척 이민을 구상하게 된 것이다.

1.2 기간지 이민 사업

'동척 이민론'

동척의 설립구상을 최초로 제기한 것은 가쓰라 다로(桂太郎)가 이끄는 동양협회(東洋協會)였다. 동양협회는 1898년에 관민 합동으로 정치분야 이외의 효율적인 대만 통치를 보필하기 위한 대만협회(臺灣協會)로서 설립되었다. 대만협회는 러일전쟁 이후 일본의 조선에 대한 지배권을 강화하게 됨으로써, 협회의 설립 취지를 조선과 만주까지 확장하고, 1907년 2월 동양협회로 명칭을 변경했다.

가쓰라는 일본 정부에 한국의 경제개발이 가장 중요하고도 긴요한 일이라고 주장했다. 즉 가쓰라는 한국 개발 방법으로 "경험과 기능(技能)을 갖춘 우리 농민을 한국에 이주시켜 그들과 공동으로 기간(旣墾) 경지를 개량하거나 미간(未墾) 옥야를 개척하고, 저리 자본을 공급함으로써 산업 발달을 도모하는 것이 가장 적절한 첩경"[12]이라 역설했다. 그리고 가쓰라는 1907년 6월 고마쓰하라 에이타로(小松原英太郎)에게 만주와 한국을 시찰하도록 명령하고, 곧바로 동양협회 주관으로 척식회사 설립 계획을 결의했다.

1907년 9월 동양협회는 간부 회의를 개최하여 9월 동척의 '설립요강'을 작성하고, 가쓰라는 이에 근거하여 정부에 동척 설립을 건의했다. 정부는 가쓰라의 제안을 받아들여 대장성(大藏省) 대신을 주임으로 조사를 거친 후, 12월에 동척 설립을 둘러싼 '대장성안'이 각의에 제출되었다. 이에 내각은 관계 부서와 통감부로부터

위원을 임명하여 보다 구체적인 조사연구를 실시한 다음, 1908년 2월에 최종 보고서 제출을 명령했다. 1908년 3월에는 '동척법안'이 제국의회에 제출되었다. 법안은 원안대로 양원을 통과하여 8월에 '동척법'이 공포되고 12월에 동척이 설립되었다.[13]

보고서에 따른 이주 농민 수는 회사 설립 2년째에 1만 명, 3년째 2만 명, 4년째 이후는 매년 3만 명으로 10년에 걸쳐 24만 명 이상을 이주시킨다는 것이었다. 그리고 이주에 필요한 경작지의 면적은 24만 정보이고, 그 밖에도 회사가 직접 경영할 직영지로서 1만 정보가 필요하다고 보고했다.[14] 보고서안은 이들 계획의 수행 여부에 회의를 품으면서도 이 계획에 따라 직영지 경영, 이주비 대부, 이주민에 대한 보통 대부 등 회사 사업에 의한 수입과 지출을 상세히 계산해 놓았다.

가쓰라의 이런 움직임은 '만한 이민 집중론'을 반영한 것이었다. 앞에서도 언급했듯이 일본은 구미 제국으로의 이민을 스스로 제한하는 조치를 취하여 갈등을 완화하는 한편, 대륙 팽창 정책을 추진하기 위한 '만한 이민 집중론'을 내세웠다. 하지만 일본 정부의 정책 기조에도 불구하고 일본인 지주와 자본가들은 농업 이민 유치보다는 토지 매수와 지주 경영에 주력했다. 당시 대다수 일본인 농장은 일본인이 토지를 소유했을 뿐 실제 생산은 한국인 소작농이 담당했다. 이런 상태는 앞에서 말한 이민의 목적에 부합되지 않을 뿐 아니라, 일본 국내 농촌의 과잉 인구를 처리할 수 없다는 인식이 커져갔다.

이런 상황은 '만한 이민 집중론'과는 배치된 것이었다. 따라서 정책 당국자 사이에 농업 이민을 국가적 차원에서 추진할 필요성이 제기되었다. '동척 이민론'의 구상은 바로 그러한 상황의 산물이며 '만한 이민 집중론'의 구체적인 전개 과정이었다. 동척 설립위원이었던 미네 하치로(嶺八郎)는 1907년 9월 '설립요강'을 작성한 뒤, 동양협회의 기관지인 『동양시보』(東洋時報)에서 이렇게 말했다.

우리 제국의 자본가는 많은 토지를 매수하여 한국 농민에게 소작시켜 소작료만을 징수하는 것을 한국 농사 경영의 방침으로 삼고 있다. 만약 이런 방침에 따르면, 첫째 한국 농민을 그대로 소작인으로 삼는 것은 농업상의 진보를 거의 기대하기 어렵다. 따라서 통상 거두어들일 수 있는 생산액도 적고, 한국의 발달을 기대하기도 어렵다. 따라서 주로 일본으로부터 순박한 중소 농민을 이식시켜 견실한 경영을 하지 않으면 안 된다. 주요 미간지를 이용하는 것만으로는 수십만을 이식시킬 수 없다. 내지에서 미소한 경지를 소유하거나 소작으로 생활을 영위하는 농민을 위하여 독립 자영의 근거를 주어 그들을 구제하는 일이 사회 정책의 첫째가 되어야 한다. 외국으로부터 공급받는 식료의 결핍 및 제조업의 원료를 공급받을 수 있을 것이다.[15]

여기에서 미네는 기존의 한국 농사 경영의 방침, 즉 한국에서의 농지 구입·개간·이주민의 알선을 목적으로 한 농사조합이나 식민회사의 설립을 반대하고 '순박한 중소 농민의 이식'을 주장했다. 또 이식 방침으로서 '미간지'를 이용하는 것만으로는 성과를 얻을 수 없다고 강조했다. 바꾸어 말한다면 '기간지'로의 이민을 통해 그들에게 '독립 자영의 근거'를 주어야 한다는 것이다.

일본은 '기간지 이민'만이 아니라 '미간지 이민'도 유효한 방법으로 인식했지만, 동척 설립 논의를 거치면서 '기간지 이민'을 당면 방침으로 결정했다. 1904년 일본은 미간지에 주목하여 황무지 개간권을 확보하려 했지만 한국의 반대로 실패했다.[16] 또 1907년에는 '국유 미간지 이용법'을 이용하여 본격적으로 미간지를 수탈했다. 그러나 미간지 개간에는 기간지에 비해 과다한 투자 비용, 장기간의 공사기간이 필요했다. 일본은 '미간지 이민'은 적절하지 않다고 판단한 것이다.

동척 또한 '기간지 이민'의 구상 단계에서는 기간지의 구입만이 아니라 미간지 개척도 소유지 확대를 위한 방침이었으나 한국 현실과는 거리가 멀었다. 한국에는 이미 이용 가능한 많은 토지가 개간되었고, 미개간 상태로 남아 있던 황무지 개척에 소요되는 비용이 상당히 소요되어야 했다. 반면 농지 가격 수준은 상대적으로 낮았기 때문에 미간지 개척의 수익성은 낮았다.

동척은 '기간지 이민'의 수용을 위해 기간지 확보에 노력했다. 동척의 사유지는 한국 정부의 출자지(出資地)와 매수지(買收地)로 이루어진 비옥한 기간지였다. 1914년 말 현재 사유지 면적은 『제3

기 영업보고서』에 따르면 논 4만6,642정보, 밭 1만8,753정보, 산림 2,265정보, 잡종지 2,482정보, 합계 7만143정보에 달했다.[17] 일본은 여기에 '기간지형 이민'을 대량 이주시키는 방안이 이민 정책의 최선이라 인식했다.

이민의 선발 원칙은 치안 확보와 자위 체제의 구축이라는 점을 고려하여 러일전쟁을 종군한 제대병이나 기타 예비병들을 중시했다. 전 가족 이주, 농사 경험, 상당한 자력, 신체 건장한 자 등과 함께 병역필을 조건으로 했다. 이들을 식민지 한국 농촌의 '중견 인물'로 양성하여 지배 체재의 안정을 도모한다는 것이 목표였다. 이를 달성하기 위해서는 이민이 자립적인 농업 생산자로 정착할 수 있는 '기간지 이민'이 요청되었다.

이처럼 동척의 '기간지 이민'은 일본의 대외 정책인 '만한 이민 집중론'을 계승 반영한 것이다. 동척 설립의 배경에는 한국 농업에 대한 객관적인 현실 인식이 결여된 상태에서 치안 유지 체제를 확보하려는 정치적 주장이 결부되었다. 대규모 농업 이민을 한국에 이주시켜 식민지 지배의 물리적 기반으로 삼고, 궁극적으로는 '한국 농촌의 일본화'를 도모한 정책으로 입안되었다. '기간지 이민'은 당시 일반적인 인식으로 자리 잡았고 동척이 설립되기까지 그 실현 가능성이 문제시되지도 않았다.

이민 사업의 전개

동척 이민 사업은 '창립 조사위원회 조사보고서'로 정리되어
실행되었다. 이에 따르면 이민의 경작지 24만 정보, 소작 대부지 1
만 정보, 직영지 3,000정보 등 합계 25만3,000정보의 토지를 집적
할 예정이었다. 동척은 1908년 12월 설립과 함께 적극적으로 토지
취득에 나섰다. 동척의 토지 취득은 이민 사업의 전개에 커다란 영
향을 미쳤다. 기간지 이민 사업에 충당될 토지는 한국 정부의 출자
지였다. 이는 동척 '정관'에 규정되어 있는 것처럼 한국 정부의 동
척에 대한 출자금 300만 원을 전답 각 5,700정보로 충당한 것이다.
출자지는 역둔토(驛屯土)와 궁장토(宮庄土)를 중심으로 한 생산성이
높은 비옥한 토지였다.

동척은 한국 정부가 소유한 역둔토와 궁장토 약 10만 정보 중
에서 장래 경영에 유리하다고 판단한 우량 토지를 선택하여 출자
받았다. 더욱이 출자지는 실측 면적이 아니었다. 동척은 출자 이후
실측에 들어갔는데, 실측 면적은 출자의 기준이 된 개측 면적을 크
게 상회했다. 최종적으로 실측 면적은 개측 면적보다 78.4퍼센트
증가하여 합계 1만7,714정보에 달했다.[18]

또 동척은 출자지를 기반으로 토지 매수를 활발히 진행했다. 동
척의 매수지는 한국 정부의 출자나 임차지에 근접하여 이민의
유치나 농장 경영에 적당한가가 매수의 기준이 되었다. 하지만 실
제로 토지 매수는 어려움에 직면했다. 토지 소유권이 확립되지 않
아 지적을 확정하는 것이 어려웠고, 동척 스스로도 인정할 정도로

격렬한 한국인의 저항을 불러일으켰기 때문이다. 동척의 매수지인 전남 나주군 궁삼면(宮三面)의 사례처럼 한국인은 동척의 불법적인 토지매수와 농업이민에 격렬히 저항했다. 정책 당국도 동척의 약탈적인 토지 매수가 한국인의 반식민지 투쟁으로 격화되는 것을 우려했다.[19]

이는 당초의 구상이던 24만 명 이민 송출 계획에 필요한 24만 정보라는 숫자와는 거리가 멀었다. 이민을 수용할 토지 면적의 부족 때문에 대폭 축소할 수밖에 없었다. 더욱이 취득한 토지에 이민을 그대로 수용한다는 것도 전부터 그 토지의 소작권을 지닌 한국 농민의 저항으로 난관에 봉착했다. 동척은 소유지와 임차지는 이민 대여지를 제외하고는 모두 종래의 관례에 따라 한국인에게 소작시킬 수밖에 없었다.

이민을 수용할 토지의 부족은 이민 사업에서는 결정적인 실패 요인이었다. 동척은 미간지 개간에 곧바로 착수하기 힘들다는 판단 아래 연부 상환 방식에 따라 기간지 소유권을 양도할 방침을 세웠다. 당초의 미간지 개척 구상은 크게 후퇴했다. 더욱이 기간지에 대한 이민 수용도 한국 농민의 소작권을 박탈하면서 강행하기는 힘들었다. 이런 상황에서 동척은 한정된 면적의 소유지로부터 이민 수용지를 염출할 수밖에 없었다. 1911년부터는 단위 면적당 노동 투입량의 증가를 통해 이민 입식의 여지를 창출하고, 동시에 일본인 농민의 이주에 의해 일본식 농법을 전파하는 방침이 강조되었다.

이는 일본의 과잉 인구를 토지가 풍부한 한국에 이주시켜 농산물의 생산을 증가시킨다는 당초의 비현실적인 구상이 와해되고, 그 대신 소유 농지의 생산성 증대를 통해 농산물의 증산을 도모하는 방향으로 전환했다는 것을 의미한다. 이민 계획은 그 규모가 축소되었을 뿐 아니라 그 지위도 생산성 상승에 공헌한다는 보조적인 역할로 전환했다.

동척은 1910년 9월 '이주민 취급 규칙'(移住民取扱規則)을 제정하고, 1911년부터 제1회 이민을 시작으로 1927년까지 17회에 걸쳐 이민을 실시했다. 〈표 2-2〉는 동척 이민의 추이를 나타내고 있다.

표 2-2 동척이민 모집 상황

	회수	모집	응모	승인	갑종	을종	1종	2종	계	1928년 현재
1911년	1	미정	1,235	160	135	25	-	-	160	112
1912년	2	1,000	1,714	720	424	7	-	-	431	329
1913년	3	1,045	2,086	1,167	848	2	-	-	850	598
1914년	4	1,300	3,472	1,330	842	-	-	-	842	522
1915년	5	1,500	1,062	1,106	687	-	-	-	687	388
1916년	6	1,500	1,280	770	-	-	501	7	508	259
1917년	7	1,500	1,101	540	-	-	290	5	295	206
1918년	8	1,050	1,542	650	-	-	441	34	475	313
1919년	9	1,000	1,528	598	-	-	442	37	479	319
1920년	10	750	2,111	967	-	-	639	49	688	419
1921년	11	350	1,442	500	-	-	257	63	320	178
1922년	12	350	368	120	-	-	-	100	100	56
1923년	13	350	361	122	-	-	-	85	85	62
1924년	14	350	252	93	-	-	-	80	80	58

1925년	15	350	318	102	-	-	-	84	84	72
1926년	16	350	430	97	-	-	-	86	86	72
1927년	17	350	620	54	-	-	-	51	51	38
계		13,095 (100%)	21,832 (166.7%)	9,096 (69.5%)	2,936	34	1,384	564	6,221 (47.5)	4,004 (30.6%)

출처_ 友邦協會, 『資料選集 東洋拓植株式會社』, 1976, 330~331쪽.

〈표 2-2〉에서도 나타나듯이 17회에 걸쳐 동척이 모집한 이민 호수는 1만3,095호였으며, 이민을 신청한 응모 호수는 2만1,832호였다. 동척이 이민을 승인한 호수는 9,096호로 모집 예정 호수의 69.5퍼센트에 해당했다. 그러나 실제로 이주한 호수는 6,221호로 모집 예정 호수의 47.5퍼센트에 불과했다. 더욱이 이주 후 계약을 해제하거나 질병 등의 이유로 상당수가 탈락하여 이듬해인 1928년까지 약 4,000호의 이민만이 한국에 정착했다. 애초의 이민 구상인 24만 명 모집과는 거리가 멀었다.

  '이주민 취급 규칙'에 따라 이주민 모집이 이루어진 것은 제1회부터 제5회까지 5년간이었다. 이 시기의 이민 종류는 2정보 이내의 농지를 연부 상환으로 양도받아 자작농이 되는 갑종(甲種)과 할당 토지를 소작하는 을종(乙種)으로 구분되어 있었다. 하지만 동척은 이민의 모집과 계약이 부진했기 때문에 1915년 4월에 '이주민 취급 규칙'을 개정했다.

  을종은 완전히 폐지되고 갑종은 제1종으로 개칭되었으며 새로이 제2종 이민이 설정되었다. 제2종은 10정보 이내의 농지를 연부 상환으로 양도받게 하고, 이 토지는 자작은 물론 타인에게 소작시키는 것도 허가했다.

규칙의 개정은 자작농 이민이라는 애초의 구상이 크게 전환되었음을 의미한다. 즉 소유지의 한국인 농민의 소작권을 박탈하지 않으면서 이민 사업을 수행하기 위해, 동척은 규칙을 개정하지 않을 수 없었을 것이다. 더욱이 이는 자작농 중심의 일본 이민은 그 존립 자체가 힘들고 결국 지주화될 수밖에 없다는 것을 인정한 것이었다.

이런 사실은 1917년 3월 '이주 규칙' 개정에서도 명확히 나타난다. 동척은 '이주 규칙'을 개정하여 토지 소유권 이전 조건을 완화하는 등의 조치를 내놓아 이민 유치와 기존 이민들의 토지에 대한 애착심을 고취시키려 했지만 큰 성과를 거두지는 못했다. 특히 3·1운동 이후 동척 이민의 모집은 급격히 감소되었다. 1922년 동척은 또다시 이주 규칙을 개정하여 제1종 이민을 철폐하고, 제2종 이민의 할당 면적도 5정보 이내로 축소시켰다. 그리고 1927년에는 제17회 이민을 마지막으로 이민 모집이 중지되었다.

동척의 이민 사업은 기간지에 농업 이민을 정착시킴으로써 식민지 지배를 위한 인적 기반을 확보하는 한편, 일본식 농법을 식민지에 보급시켜 농업 생산량을 증대시킴으로써 일본 국내의 식량 문제 해결에 기여하려는 '기간지 이민'이었다. 하지만 동척의 '기간지 이민'은 실패로 끝나고 말았다. 실패의 원인은 최초 입안 단계부터의 무리한 이민 계획 수립과 이민 수용지의 부족 등의 요인도 들 수 있으나, 무엇보다도 이민 수용지의 확보 과정에서 비옥한 국유지와 기간지의 강제 수용과 소작권을 빼앗긴 한국 농민의 격렬한 이민 반대 투쟁에 직면했기 때문이다. 당국으로서도 동척 이민 사업에 대한 재검토를 제기할 수밖에 없었다. 그 대안으로 부상한 것이 미간지 이민 사업이었다.

1.3 미간지 이민 사업

'집단 농업 이민론'

불이의 '집단 이민'은 조선의 '수리왕'(水利王)이라 불린 후지이 간타로에 의해 실시되었다. 동척 이민과 다른 점은 먼저 이민 입식에 필요한 경지를 미간지(未墾地) 간척이나 개간 공사를 통해 확보한 것이다. 이민 사업지인 전북 불이농촌(不二農村)과 강원도 평강농촌(平康農村)은 식민지 농업 정책의 전형적인 성공 사례로 국내외에 '이상 농촌' 또는 '모범 농촌'으로 선전되었다. 미간지 집단 이민 정책은 총독부와 대장성 예금부의 막대한 보조금과 저리 자금의 융자를 받았고, 산업조합 조직을 통한 경영방식은 만주 침략 이후 관동군과 탁무성에 의한 만주 농업 이민 정책의 기본 방침이 되었다.

후지이 간타로는 러일전쟁 직후 한국 시찰에 나서 "가장 중요한 문제인 인구 식량 문제는 우선 조선에서 완화시킬 수 있다. 즉 조선의 황무지를 개량하여 농업을 발달시켜 미곡의 증수를 도모한다면 일본에서 동일한 일을 하는 것보다 훨씬 효과가 크다"[20]며 인구 식량 문제의 해결을 위해 황무지의 개량 사업을 실시해야 한다고 주장했다. 후지이는 1904년 한국 진출 당초부터 한국을 일본 과 잉 인구의 흡수지, 식량 공급지로서 주목하면서 소작제 농장 경영 에 의한 미곡증산과 인구 문제 해결을 위한 이민 사업을 구상하기 시작했다.

이민 사업의 구상은 1918년 쌀소동과 다음 해 전개된 3·1운동 의 전국적인 확대를 계기로 구체화되었다. 총독부는 한국을 일본 의 식량 공급원으로 재편하려는 '산미 증식 계획'을 입안함과 더 불어 3·1운동의 진압 과정에서 표출된 치안 유지 체제의 강화를 위 한 광범한 인적 기초가 필요했기 때문이었다. 후지이는 1919년 5 월 조선은행 도쿄 지점장인 와타나베 류이치(渡辺龍一)에게 보낸 '조선 독립에 대해서'라는 서간에서 재정 독립 문제와 관련해서 일 본인 이민 문제를 이렇게 말한다.

조선을 이상적인 낙천지로 만들어야 한다. 거주하던 정든 고 향을 떠나 이주하게 될 내지인에게도 내지보다 조금은 편안한 곳 이어야 한다. 그렇지 않다면 기후도 다르고 생활도 불편한 조선에 무엇을 바라고 오겠는가. 내지인의 이주가 지금처럼 미미해서는 동화라는 것은 있을 수 없다. 따라서 재정 독립과 같은 사상을 근 본적으로 바꾸어 내지인의 이주에 편리를 제공할 시설에 자금을 투자해야 한다. 조선의 재정은 현실적으로 독립되어야 하지만, 정 략상 상당액은 본국으로부터 보조하는 형식을 취해야 한다. 다수 의 내지인이 이주하여 이익을 얻는다면 표면상의 보조는 결코 손

실이 아니다.[21]

후지이는 조선의 완전 합병의 한 방책으로 일본인 이주의 장려와 이에 필요한 시설에 대한 투자를 건의한 것이다. 후지이 스스로가 개간지로의 집단 이민 필요성을 본격적으로 주장한 것은 1921년에 개최된 산업조사위원회(產業調查委員會)에서 제기된 동척 이민의 성적 부진을 둘러싼 추궁에서도 나타난다. 대장성 차관인 오노 기이치(小野義一)는 동척의 이민 문제에 대해 "조선 병합과 동시에 일본과 조선 조야의 뜻에 기초하여 동양척식주식회사가 창설되어 대규모 내지 농민의 이주 계획을 수행하게 되었다. 하지만 동척의 이민 사업이 부진을 면하지 못하고 거의 이루어지지 못한 것은 국책사업의 중대 사명을 잊고 있기 때문이 아닌가"[22]라며 동척에 부진한 이민 성적을 추궁했다. 동척 총재 이시쓰카 에이조(石塚英藏)는 "내지 농민의 이민 사업은 동척 창립의 큰 사명이기 때문에 창립 이후 모든 힘을 쏟아 노력했지만, 문제가 속출되어 뜻처럼 이루어지지 못한 점은 유감으로 생각한다. 하지만 이미 거주하던 조선인 농민이 이를 싫어하는 것을 감안하면, 그들이 바라지 않음에도 이를 강행하여 내지 농민을 이주시키는 것이 이민 사업 부진의 한 원인이 되었다. 또 사람이 거주하지 않는 미간지를 개간하여 이민을 수용하는 방법이 없는 것은 아니지만 미간지의 개간이란 것은 과거부터 알 수 있듯이 결코 쉽지 않을 뿐 아니라 경제적으로도 수지가 맞지 않기 때문에 도저히 이민의 수용지로서 적절하지 않다"[23]고 밝힘으로써, 기간지 이민 입식의 한계를 인정했다.

이런 연유로 동척 이민을 대신하여 새로운 간척지로의 이민 입식의 필요성이 급속히 부상했다. 위원회 위원이었던 후지이는 "동척과 같이 이미 조선인들이 경작하고 있는 곳에 내지 농민을 데려오는 방법은 실패할 수밖에 없다. 그 이유는 첫째로 경작하던 조선인이 우리 조상 전래의 토지를 빼앗는 것이라고 반발하기 때문이고, 둘째로는 데려온 내지 농민에게도 여러 가지로 불쾌하고 불편한 고충이 따르기 때문이다"[24]라며 동척과 같은 기간지로의 이민은 실패할 수밖에 없다고 주장했다. 그리고 이민 장려책으로서 간척지에 일본인 농민을 집단적으로 이주시키는 것이 국책으로 보아도 의의 있고 긴급한 일이라며 간척지로의 집단 입식을 공개적으로 제시했다.

이처럼 '집단 농업 이민론'은 일본의 인구와 식량 문제의 해결 장소로 한국에 진출한 후지이가 3·1운동 후의 식민지 지배 체재의 강화를 위한 인적 자원을 입식할 필요성이 다시 높아지면서 새로운 이민 장려책으로서 구상되었다. 이민 입식방식의 특징은 동척이 실시한 기간지로의 이민이 아니라, 우선 이민입식 이전에 미간지의 간척과 개간 사업을 실시하여 그곳에 농업 이민을 집단적으로 이주시킨다는 '미간지 이민'의 형태였다. 그리고 후지이는 1919년 전북 군산의 간척 공사를 통해 불이농촌과 옥구농장의 건설 계획을 수립했다. 또 1928년에는 강원도 평창군의 개간 사업을 통한 집단이민촌 건설을 입안했다.

한편 후지이는 조선에서 집단 농업 이민을 실시했던 경험을 바탕으로 1932년에는 '만주 및 조선 이민 실행안'을 전면에 내세운다. 이 '실행안'은 어디까지나 '사안'(私案)이라는 형태로 조선총독부에 제출되었지만, 여기에 집단 이민의 필요성과 입식 방침 등이 잘 나타나 있다. 우선 후지이는 '실행안'의 필요성에 대해 이렇게 말한다.

대이민 사업은 국책상 전쟁 이상으로 중대하다. 국민은 어떠한 난관이 있더라도 이를 꼭 수행해야 한다. 전국의 농민 중 빈곤한 소작농의 자제로부터 생각과 체력 모두 우량한 자를 선택하고 훈련시켜 대동아 건설의 중견으로 삼는 일은 분명 가능하다. 원래 전쟁은 아무리 큰 승리를 거둘지라도 크게 보면 일시적인 것에 불과하다. 다수 이민을 이주시키게 되면 장래의 어떠한 변화나 군사적 패퇴에도 우리 일본인은 결코 대륙으로부터 퇴각하지 않을 것이다. 아무리 큰 승리를 거둘지라도 군대가 개선하여 그 자리에 사람과 사업이 남지 않는다면 국가로서 과연 무슨 이익이 있을 것인가. 설령 많은 상금과 이권을 획득하더라도 물질적 풍요는 국민을 부화뇌동하게 만들고 사치 풍조를 만들어 많은 정화도 수년이 지나면 없어질 것이다. 오늘날 우리나라의 현실은 어떠한가. 집단 이민을 단행하여 영원히 만주국의 치안을 확보하고, 동시에 이상적인 신일본이 대아시아 건설의 중심이 되어 영원한 동양의 평화를 가져다 줄 이 사업이 국책상 얼마나 중대한 의의를 지니고 있

는가를 절규한다.[25]

여기서 후지이는 이민 사업이 전쟁 이상으로 중대하다는 것, 또 '만주'의 치안 확보를 위해 집단 이민을 먼저 입식해야 한다고 주장했다. 집단 이민의 궁극적인 목적은 무엇보다도 '대아시아 건설'과 식민지의 안정적인 통치에 필요한 중견 인적 자원의 양성에 있었음을 알 수 있다.

후지이의 '실행안'에는 이주지, 시설비, 이민 모집 대상, 양도 면적방식 등이 구체적으로 명기되었다. 특징적인 것은 불이농촌과 평강 산업조합과 같이 간척지와 개간지에 산업조합 조직을 통해 입식시킬 것, 또 수용 이민으로서는 일반 이민만이 아니라 '만주' 주둔군 병사를 적극적으로 활용해야 한다는 항목이 포함되었다.

또 후지이는 '실행안' 중에 "조선에 대한 내지인 인구의 증가는 국책상 정말로 시급한 일이다. 하지만 이 방법 이외 다른 묘안을 짜내기 어렵기 때문에 매년 퇴역 병사 약 1만 명을 수용할 수 있는 개간 간척지 논 2만 정보, 밭 1만 정보의 개척은 어떠한 어려움을 무릅쓰고 필히 실현해야 한다. 이를 통해 20만 호의 진정한 식민과 조선의 치안을 확립하고, 진정한 일본의 조선을 만들 수 있다"[26]며 지속적인 간척과 개간 사업의 추진에 의한 다수의 조선 주둔군 병사의 입식을 제안하기도 했다. 그리고 이 '실행안'은 그 자신의 표현대로 '우견'(愚見)에 불과했지만, 1933년에는 다시 '만주국대이민안'(滿州國大移民案)의 형태로 당국에 제출되었다.

그런데 집단 이민은 무장 이민의 제창자였던 가토 간지(加藤完治)와의 긴밀한 협력을 통해 실시되었다. 가토는 '만주' 농업 이민 계획서의 입안 과정에 깊이 관여한 인물로, 그를 중심으로 '만주' 이민 제1차 이민단장을 역임한 야마자키 요시오(山崎芳雄, 불이 사원) 등은 탁무성에 만주 이민 계획의 추진을 권고한 인물이었다.[27] 불이농촌은 1925년 제2회 이민 유치에는 가토가 추천한 야마가타(山形)현의 이민을 입식시켰고, 특히 평강산업조합의 이민은 전원 그의 교육을 받은 이바라키(茨城縣) 도모베국민고등학교(友部國民高等學校) 출신의 이민이었다. 이런 사정을 고려하면 후지이의 집단 이민론은 가토의 만주 이민 계획과 일맥상통하다는 것을 알 수 있다.

후지이는 이후 '실행안'에 따라 1939년에는 중국 화북의 식량과 면화의 증산 정책으로 '황하 말류평야 수리관개 계획안'(黃河末流平野水利灌漑計畫案)을 입안했고,[28] 1943년에는 중국 톈진(天津)에 '후지이 수리 흥업공사 토지 개량 사업대행부'(藤井水利興業公司土地改良事業代行部)를 설치했다.[29] 특히 '대행부'는 "지금 식량인 미곡과 의료인 면화의 증산은 장기전 대책상 제1선보다도 오히려 최후의 승패를 가늠하는 중요성이 있기 때문에 관민 모두 증산에 분투하고 있다"[30]고 선전한 것처럼, 토지 개량 사업에 따른 집단 이민 입식의 실무적인 대행 기관이었다고 말할 수 있다.

이처럼 후지이의 집단 이민론은 그의 한국 진출 이후 지속적으로 주장된 한국과 만주의 치안 확보, 또 일본의 인구와 식량 문제의 해결에 그 목적을 둔 전시 군사 경제적인 구상이었다. 일본은 식민지 민중의 지속적인 항일투쟁에 의한 식민지 지배 체재의 붕괴 위기에 직면하여 그 타개책의 일환으로 집단 농업 이민을 실시할 수밖에 없었다. 그리고 불이농촌 산업조합과 평강산업조합의 집단 이민은 만주 농업 이민의 실현을 위한 실험장이었다. 후지이는 집단 이민에게 "너희들은 장래 전개될 만주 이민의 모범이 될 각오로 노력하라"[31]고 훈시했다.

이민 사업의 전개

불이는 동척 이민과 같은 '기간지 이민'에서 파생한 한국 농민의 소작권 박탈 문제 등을 완화하고, 이주지의 안정적인 확보를 위한 간척 공사와 토지 개량 사업을 실시한 한국 최대의 간척회사였다. 간척 사업은 지리적인 여건상 주로 서남해안에 집중되었다. 국유 미간지와 간석지(干潟地)는 1914년 '조선 공유 수면 매립령'(朝鮮 公有 水面 埋立令)의 시행 이전은 '국유지 미간지법'에 의해 10년 한도로 대부받았지만, 예정 사업이 성공했을 경우 무상으로 토지를 부여받을 수 있는 특권이 주어졌다.[32]

불이는 집단 이민 수용지를 확보하기 위해 1920년 이전에는 염전이었던 전북 군산 서안에 있는 옥구군(沃溝郡)의 간석지 2,500정보를 불하받아 불이농촌과 옥구농장 간척 사업에 착수했다. 1922년 말에는 방조제와 배수 갑문공사를 완성하고, 저수지와 용수로 등을 제외한 경지 면적 1,800정보를 확보했다. 사업비 총액은 약 224만3,000원, 반당 약 121원으로 다른 간척 공사보다 저렴했다. 그리고 개답 사업(開畓事業)을 통해 북반부 1,000정보에는 불이농촌, 남반부 800정보에는 옥구농장을 설립하여 각각 일본인과 한국인 이민을 입식시켰다.

개답 사업은 제염 작업에 필요한 충분한 수원의 확보 문제 때문에 수리조합에 편입될 수밖에 없었다. 간척 사업의 성공 여부는 개답 과정에서 제염 작업이 효과적으로 이루어지느냐에 달려 있었기 때문이다. 1919년 후지이는 불이농촌을 중심으로 익옥수리조합(益沃水利組合)을 설립하고 제염 작업을 위한 수원을 확보했다. 불이는 1923년에 완성된 저수지의 용수를 이용해 본격적인 제 염작업을 시작했다.

이민은 제염 작업의 진전 정도에 따라 3개 지역으로 나뉘어 단계적으로 이루어졌다. 제1기 이주지 334정보에는 1924년부터 1926년에 걸쳐 110호, 제2기 이주지 290정보에는 1925년부터 1927년에 걸쳐 약 96호, 간척공사가 가장 늦은 제3기 이주지 376정보에는 1927년부터 1930년에 걸쳐 약 125호가 개답 작업을 위해 각각 이주했다.

이민 자격은 '불이농촌 이주민 규정요강'(不二農村移住規定要綱)에 구체적으로 명기되었다. 이에 따르면 ① 영농 자금 500원 이상을 휴대한 자, ② 만 20세 이상의 남자로 기혼자, ③ 신체 강건하고 노동을 이겨낼 수 있는 의지가 확고한 자, ④ 미작 농업의 유경험자, ⑤ 한국 농민에게 모범을 보일 수 있는 자로 규정했다. 그리고 이주자에게는 가족 전원의 영주를 요구했다.[33]

이민은 불이농촌이 직접 모집하지 않고, '요강'에 해당하는 이민을 각 부현에 의뢰하는 방식이었다. 1924년 4월 불이농촌은 각 부현에서 선발된 제1회 이민을 유치했지만, 8개 현으로부터 겨우 33호가 응모했다. 이민 모집이 부진한 이유는 개답 사업의 추진 정도와도 관계가 있었지만, 그보다는 '요강'의 자격 요건이 엄격했기 때문이었다. 불이농촌은 이민 자격을 완화하기 위해 '요강'에서 영농 자금에 관한 규정을 삭제하고, 이민에게 보조금을 지급하도록 개정했다.

보조금은 도항 직전에 내무대신이 불이농촌을 경유해 지급한 도항 보조금 300원과 불이농촌이 지급한 영농 자금 500원이 지급되었다. 더욱이 1924년과 1929년 이주자에게는 특별히 제염 수당 약 300원이 지급되었다.[34] 동척의 기간지 이민에 대한 자금 지원이 주로 토지 대금에 한정되었으며, 고작 60~70원 정도였음을 감안하면,[35] 불이농촌 이민에게 지급된 보조금은 상당한 규모였다. 막대한 보조금이 지급된 이유는 동척 이민이 거의 실패한 상황에서 이를 대신할 새로운 형태의 이민이 절실히 요청되었기 때문이다. 높은 보조금의 지급 결과 1928년도부터는 응모자가 급증했다.

〈표 2-3〉은 1929년 9월 말 현재 불이농촌 이민 호수를 나타낸다.

표 2-3 불이농촌 이민 호수

제1기			제2기			제3기		
촌(村)명	출신지(縣)	호수	촌(村)명	출신지(縣)	호수	촌(村)명	출신지(縣)	호수
도쿠시마(德島)	도쿠시마현	10	에히메(愛媛)	에히메현	10	미나미사가(南佐賀)	사가현	10
미야기(宮城)	미야기현	10	미나미구마모토(南熊本)	구마모토현	10	미나미미야기 南宮城	미야기현	10
오카야마(岡山)	오카야마현	10	미나미히로시마(南廣島)	히로시마현	10	니시후쿠시마(西福島)	후쿠시마현	10
야마구치(山口)	야마구치현	10	나라(奈良)	나라현	10	니시사가(佐賀)	사가현	10
가가와(香川)	가가와현	10	사가(佐賀)	사가현	10	기후(岐阜)	기후현	15
이시카와(石川)	이시카와현	10	나가사키(長崎)	나가사키현	10	니시구마모토(西熊本)	구마모토현	10
니가타(新潟)		10	고치(高知)	고치현	10	니시오카야마(西岡山)	오카야마현	11
山形		20	岩手		10	西廣島		11
大分		10	福島		10	南高知		2
廣島		10	西山形		20			
熊本		10						
소계		120	소계		110	소계		89

출처_ 不二農村産業組合, 『農村の槪況』.

이민은 '이주 신청서'(移住申込書)에 이주자와 가족의 주소, 이름, 연령, 병역 관계, 노동력 수, 자산과 부채액, 직업과 경력, 상벌

유무 등을 상세히 기입하여 불이농촌에 제출했다. 그리고 '이주 계약서'(移住契約書)에는 보증인 2명의 연서가 의무였다. 허가받은 응모자는 이주 시기와 방법 등을 정한 '이주자 주의사항'(移住者心得)에 따라 불이농촌에 이주했다.[36]

하지만 이민은 처음 예상과는 달리 '근면 우량한 농민'의 모집에 실패했다. 제1회 이민 중에는 일본에서 소작쟁의에 관여한 인물들도 섞여 있었으므로, 불이농촌은 '불량' 이민을 퇴촌시키고 희망자가 적은 현(縣)의 이민 모집을 중지했다. 이민 모집도 응모 성적이 좋은 현으로부터 무제한 유치하는 것으로 방침을 바꿨다. 제2회 이민부터는 앞에서도 말했듯이 무장이민론을 주장한 가토 간지가 훈련시킨 야마가타현의 자치강습소(自治講習所) 출신자가 이주했다.

이민에게는 논 3정보, 밭 1반보를 연부 상환방식으로 양도했다. 불이농촌 이민은 동척 갑종(甲種) 이민에게 2정보 이내의 농지를 양도한 것과 비교할 때 많은 특혜를 받았음을 알 수 있다. 또 이민에게는 농지 이외에 주택 1동과 주택건설 자금 약 1,000원, 그리고 10호당 집회소용지 등을 양도했다. 불이농촌 이민은 10호 단위로 32부락에 집단 수용되었다. 각 부락에는 부락 대표로 구장 제도를 두었다. 구장은 불이농촌 산업조합의 평의원으로 불이농촌의 지시를 받아 부락을 통제했다.

불이농촌의 집단 이민 수용에 소요되는 예산은 대장성 예금부의 장기 저리자금으로 충당되었다. 저리자금은 조선식산은행을 경유하여 지급되었는데, 불이농촌의 차입금액 비율은 전체 기채금액에서 8~9할을 차지했다. 불이농촌은 1928년 3월 예금부의 저리자금 운용에 관한 제도 개정에 따라 불이농촌 산업조합으로 개편되어 운용되었다.

한편 불이는 1928년 불이농촌 이외에 강원도 평강군(平康郡)에 평강산업조합을 설립하고 개간 사업에 의한 집단 이민촌 500정보를 조성했다. 1930년에는 개답 사업을 위한 저수지를 축조하고 수리공사를 완성하여 논 250정보, 밭 250정보에 이민 101호를 집단 수용했다. 토지 구입비, 주택 건설비, 개간비 등의 사업비는 불이농촌처럼 대장성 예금부의 저리자금으로 충당되었다. 평강산업조합 이민은 가토 간지가 훈련시킨 이바라키현 도모베국민고등학교 졸업생들이었다. 이민은 6개 부락에 집단 수용되었고, 각 촌에는 '간사'를 두어 철저히 통제했다. 농가 경영은 '공동 경제' 방식으로 비료와 생활 필수품 등을 공동 구매했다.

이처럼 집단 이민은 대장성 예금부의 저리자금과 보조금에 의해 실시되었다. 저리자금 융자가 가능했던 것은 동척 이민이 폐지되는 상황에서 당국은 식민지의 안정적인 지배를 위한 새로운 형태의 인적 자원의 확보가 필요했기 때문이다. 후지이가 주장하는 미간지 이민은 당국의 방침으로 수용되었고, 동척 이민을 대신하여 농업 이민의 원래 취지에 부합하는 것으로 받아들여졌다. 하지만 불이농촌은 저리자금의 상환액이 증가함에 따라 결국 실패할 수밖에 없었다. 총독부는 1936년 '갱생 계획'을 발표하여 재생을 도모했으나 저리자금을 상환하지 못하고 결국 조선식산은행의 지배 하에 놓이게 되었다. 즉 불이농촌의 경영권은 저리자금을 직접 관리하던 조선식산은행의 자회사인 성업사(成業社)로 이전되고 말았다.

2. 식민도시 인천과 재조일본인

2.1 개항과 조계 설정

개항

일본은 1876년 2월 운양호 사건을 계기로 '조일수호조규'를 체결. 침략의 첫걸음을 내딛기 위해서는 전략적 근거지가 필요했다. 주지하듯이 '조일수호조규'에서는 부산 이외의 두 항구를 개항하기로 규정하고, 개항장에서는 일본에 의한 토지와 가옥의 임차 권리 등을 삽입시켰다. 일본은 부산과 원산에 이어 세 번째 개항지로 조선의 심장부인 한성에 접근하기 용이한 인천을 선택했다.[1]

개항 당시 인천 제물포에는 조선인 가옥이 십수 호밖에 없는 곳이었다. 인천 거류민의 표현을 빌리자면 "인천은 갈대만 무성히 자라고, 월미도 동쪽과 만석동 해변에 소수의 어촌만이 점재한 곳이었다. 가느다란 연기가 솟아오르고 슬픈 아리랑 노래만 들려오는 후미진 어촌"[2]에 불과했다. 하지만 인천은 도읍지 한성의 외항에 위치하며, 한성을 향한 해로의 관문에 해당하는 전략적 요충지이다. 인천은 일본의 도쿄와 요코하마와 같은 의미를 지닌 개항지였다. 일본이 인천 개항을 고집한 연유는 대륙 침략의 전진기지 항구로 인천을 염두에 두었기 때문이다. 즉 일본은 "인천은 단지 경성의 관문에만 머물지 않고, 동시에 만주와 북청지방을 향하는 요로에 해당한다"[3]고 판단하고 인천의 개항을 강력히 요구한 것이다.

일본은 '조일수호조규'의 체결과 개항이 조선을 청국의 종속국으로부터 '독립'시킨 것처럼 왜곡 묘사한다. 일본은 조선이 청국의 종속국이라는 전제 위에서, "한국은 실질상 청국과 속방 관계에 있다. 우리 정부는 한국을 독립국으로 담판지어야 한다고 결정했다. 이를 위해 구로다 기요타카(黑田清隆)를 전권대사로, 이노우에 가오루(井上馨)를 부대사로 임명하고, 함대가 이들을 호위하여 한국에 파견했다. 이로써 1876년 2월 26일 화친조약이 체결되기에 이르렀다. 이것이 소위 일한수교조약이다. (…) 이후 한국 정부는 일본의 요구를 받아들여 인천과 원산 두 항구를 열고, 수호조규 부록 일본인민 무역 규칙과 표류선 취급 약정에 조인했다. 인천의 개항은 여기에서 시작되었다"[4]며 인천 개항의 경위를 설명하고 있다. 즉 일본은 마치 '청국과 속방 관계'에 있는 조선을 "독립국으로 담판지어야 한다"고 결정한 것이 '조일수호조규'라고 인식한다. 소위 한국강점을 조선에 대한 '선정론' 내지는 '시혜론'으로 바라보는 인식의 원형을 보는 듯하다.[5] 일본은 나아가 '화친조약'이라는 용어를 사용함으로써 인천을 근거지로 이루어진 침략 행위를 정당화한다. 또 조선 정부가 일본의 요구를 순순히 받아들여 인천을 개항한 것처럼 묘사하고 있다. 하지만 인천 개항을 둘러싼 과정은 결코 순탄치 않았다.

인천 개항과 관련하여 조선 정부로부터의 반대는 강했다. 인천은 도성이 가까워 민심의 소란과 각종 물자의 유출이 막심하리라는 우려 때문이었다. 더욱이 인천은 한성을 방위하기 위한 전략적 요충지였다. 이런 사정으로 인해 당초 1878년 10월로 예정된 인천 개항은 무기한 연기되었다. 전국적으로 전개된 유림들의 척사 상소도 한몫을 담당했다.[6]

개항의 지연과 더불어 1880년 하나부사 요시타다(花房義質)는 40명의 관원을 이끌고 공사로 부임하여 인천 개항을 강력히 요구했다. 1881년 조선 정부는 20개월 이후라는 조건으로 개항에 동의했다. 1882년 4월 일본 영사관이 설치되었다. 하지만 이후에도 개항은 1882년 7월에 발생한 임오군란 등으로 계속 늦어졌다. 우여곡절 끝에 인천은 1883년 1월에 이르러서야 개항하기에 이르렀다. 일본은 '조일수호조규'의 체결 이후 1876년 부산, 1880년 원산에 이어 7년여 만에 인천을 개항시킴으로써 조선 침략을 위한 거점을 확보한 셈이다.

인천은 1883년 1월에 개항한다. 인천의 경우는 일본뿐 아니라 외국인 공동 거류지였기 때문에 일본인의 전관 거류지 설정이 쉽지 않았다. 이에 일본 정부는 일본 거류지의 법률적 근거를 마련하기 위해 1883년 9월 30일 '인천항 일본 거류지 차입약서'를 체결한다.[7] '차입약서' 제1조의 규정을 보면, "조선국 인천항 외국인 거류지 중 별지 도면에 붉게 그은 부분을 특별히 일본 상민의 거처로 충당하는데 이를 '일본 상민 선착(先着)의 보수(報酬)'로 간주한다. 만약 후에 이 거류지가 협소하게 되면 조선 정부는 다시 거류지를 확장해주어야 한다. 대체로 외국인 거류지 안에서 어떤 장소든지 일본 상민이 임의로 거주할 수 있다"[8]며 일본인에게 다른 나라보다 먼저 개항장에 입성한 특권을 부여한다는 명분을 내세워 외국인 거류지 가운데에서 일본인 거류지 설정의 특권을 명시했다.

인천이 공식 개항되기 이전부터 인천을 둘러싼 동아시아 정세는 매우 유동적이었다. 임오군란 당시에는 인천으로 도주하던 일본 관헌 6명이 조선인에게 살해당했다. 일본 측은 이를 '흥도의 추격(追擊)'[9]이라 표현했다. 일본 공사는 영국 측량선에 탑승하여 일본으로 도주할 정도로 사태가 급박했다. 조선 정부의 요청으로 무장 군대의 진압을 위해 청국 함대와 4,000여 명의 청국 군대가 인천에 급파되었고, 1882년 8월 하나부사는 4척의 함대와 1,200명의 일본군을 이끌고 다시 인천에 나타났다. 일본과 청국 간에는 조선의 주도권을 둘러싸고 전운의 기운마저 감돌았다. 일본은 임오군란을 빌미로 공관 시설과 인원에 대한 피해 보상을 강요한 '제물포조약'을 체결했다. 조약은 일본 군함에서 조인되었고, 일본은 공사관 경비대 명분으로 1개 중대 병력을 주둔시켰다. 이 병력은 이후 갑신정변을 주도하는 병력으로 활용되었다. 청일 양국은 조선의 주도권을 장악하기 위해 인천항을 무대로 진퇴를 거듭했다. 인천 개항 당시의 일본인 호수는 75호, 인구는 340명 정도였다. 처음에 이들은 '세화괘'(世和掛)를 설치하여 공공 사무를 처리했는데 인천 영사는 1887년에 거류지 단체의 설립이 필요하다고 보고 3월에 '거류지 규칙'을 반포하고 대표(총대) 1명, 의원 10명을 선출하고 예산 편성과 과세 제도를 수립했다. 이로써 인천 일본인 거류민 조직이 자치단체의 모습을 갖추게 되었다.[10]

개항 이후에도 정세는 급박하게 전개되었다. 1883년 말 관원과 관속을 제외하고 400명 정도였던 인천 거류민은 1884년 말 116명으로 격감했다. 상반기는 "수출입 모두 극심한 불경기를 맞이했다. 상점은 거의 문을 닫고 불을 끈 모습"[11]이었고, 하반기에는 갑신정변 과정에서 일본인도 많은 희생자가 속출했기 때문일 것이다. 1884년 12월 갑신정변에 실패한 일본 공사관 관원과 김옥균 등 개화파는 인천을 통해 일본으로 탈출했다. 일본 공사관은 조선인의 공격을 받았고, 이소바야시 신조(磯林眞三) 육군 대위 이하 14명이 전사했다. 일본공사 다케조에 신이치로(竹添進一郎)는 한성에서 일장기를 내리고 인천으로 도주했다. 인천에서는 육전대(陸戰隊)가 정박 중이던 일본군함 일진(日進)으로부터 상륙했고, 거류 일본인은 '의용대'를 조직하여 거류민 전원을 기선 천세환(千歲丸)에 탑승시켜 일본으로 철수를 준비했다.[12] 이후 이노우에 가오루 일본전권대사는 군함 7척과 2개 대대 병력을 거느리고 인천에 입항하여 '한성조약'을 강압적으로 체결했다. 공사관 경비대라는 명분으로 1개대대 300명을 주둔시킨 곳도 바로 인천항이었다.

1885년 말에 이르러 거류민은 562명으로 늘어났다. 11월에는 인천 일본인 상업회의소가 설립되었다.[13] 1887년 말 거류민은 855명이 되었다. 출신지는 원산처럼 나가사키와 야마구치가 압도적으로 많았고, 이어서 후쿠오카, 오이타, 오사카 순이었다. 이후도 거류민은 계속 증가하여 5년 후인 1892년 말에는 2,540명에 달했다. 하지만 1893년 말에는 2,504명으로 약간 감소했다. 청일전쟁을 앞에 두고 귀국한 사람들도 나왔기 때문일 것이다.

이처럼 인천은 부산이나 원산과는 달리 정치적으로 첨예하게 대립한 곳이었다. 인천을 군사적으로 장악하는 것이 다름 아닌 조선에 대한 우월권의 확보와 직결되었다. 일본이 세 번째 개항장으로 인천을 주목한 것도 바로 이런 배경에서 이루어졌다. 인천은 조선을 장악할 수 있는 지름길에 위치했기 때문이다. 일본은 조선을 장악하기 위해 식민거점의 확보가 필요했다. 일본인의 대거 이주도 요청되었다. 하지만 일본의 독점적인 세력권이 형성되기에는 시일이 필요했다. 인천 개항이 결정된 이후에도 공교롭게 임오군란이 발생하여 일본의 정치적 입지는 후퇴하고 개항은 지연되었다. 갑신정변에 관여한 일본에 대한 여론은 악화되었다. 또 임오군란 직전인 1882년 5월 조선 정부는 '한미수호통상조약'을 체결하고 이후 영국, 독일, 이탈리아, 러시아, 프랑스와도 연이어 조약을 맺었다. 이들 국가는 1884년 '인천 제물포 각국 조계장정'에 따라 인천에 공동 조계를 설치했다. 개항과 더불어 인천에는 일본 조계, 청국 조계, 공동 조계가 설치되어, 인천은 각국의 세력권 확보를 둘러싼 동아시아의 각축장으로 변모하게 된 것이다.

조계 설정

조계란 일정한 지역 범위 안에 전용 거주 지역을 설정하여 그
곳의 지방 행정권을 외국인에게 위임한 지역을 말한다. 조계가 설
정된 것은 19세기 서구 열강이 동아시아에 진출하면서 무력을 앞
세워 통상조약을 체결하면서부터 생겨났다. 서구 열강은 앞다투어
개항장에서 자유롭게 자국의 주권을 행사할 수 있는 영역을 확보
하고자 분주했다. 동아시아에서는 1845년 영국이 중국과 조계 계
약을 체결하고 상하이에 외국인 조계를 설치했다. 1858년에는 일
본이 미국, 영국, 프랑스 등 서구 5개국과 통상 조약을 체결하면서
도쿄와 히로시마, 나가사키 등 5개 지역에 조계를 설치했다. 조선
에서는 1876년 부산을 시작으로 1880년 원산, 그리고 1883년 인천
제물포에 일본을 비롯해 서국 열강과 조계 협정을 맺어 조계가 생
겨났다.[14]

인천에는 개항 이전인 1882년 4월 일본 영사관이 설치됨으로
써 일본인 거주가 시작되었다. 인천에 처음으로 상륙한 일본인
은 개항 직후인 1883년 4월 현재 상인 7~8명과 직공 7~8명이었
다.[15] 1883년 9월 인천에는 '인천항 일본인 조계 차입약서'에 의해
약 7,000평의 일본 전관 조계가 설정되었다. '조계 차입약서'의 내
용은 조선 정부가 일본인 조계를 설정하기 위해 일정 지역을 구획
하여 일본 상인 등에게 이 지역을 일종의 보수로서 할애하고, 지역
이 협소하면 조계를 확장한다는 것이었다. 또 조계에서는 조선 정
부가 세금을 전액 징수할 수 없었다. 다시 말해 조계는 거의 무상

에 가까운 대가로서 일본인에게 영구히 대여한다는 것이었다.[16]

조계에는 제한과 권리가 동시에 적용되었다. 조계에 거주하는 외국인은 조계의 일정 구역 밖으로의 내지 여행은 금지되었다. 조선 정부가 외국인의 자유여행을 원칙적으로 금지했기 때문이다. 하지만 조계 안에서는 조선 법률의 적용을 받지 않는 '치외법권' 지역이었다. 이른바 영사재판권이 인정되었다. 또 자유로운 무역도 보장되었다. 일본은 '조일수호조규' 제9관에 "인민은 각자 임의로 무역하되 양국 관리는 이에 관여하지 않으며 또한 제한하거나 방해할 수 없다"고 규정함으로써 자유로운 통상 활동을 보장했다. 더구나 수입 제품에 대한 관세 부과권도 조약에 의해 제한되었다. 일본인에게 조계는 일확천금을 얻을 수 있는 황금어장과도 같은 곳이었다.

일본은 조계 확장의 필요성이 절실했다. 인천의 일본인 조계 면적은 부산 11만 평, 원산 9만 평에 비해 협소했다. 더구나 인천에서는 부산과 원산과 달리 1884년 일본 전관 조계 주변에 약 5,000평 규모의 청국 전관 조계와 14만 평의 각국 공동조계도 설치되었다. 그리고 조계 외곽 지대는 조선인의 거주지로 둘러싸였다.[17] 일본이 점유한 조계지로는 밀려드는 일본인을 수용할 수 없었다. 거류민 조차도 "개항과 더불어 거류 방인이 점차 증가하고 이와 비례하여 일본 거류지가 발달되었다. 당시는 관민 모두 오늘날과 같은 현저한 발달을 예상하지 못했다. 이 때문에 얼마 지나지 않아 거류지가 협소하여 방인에게 엄청난 불이익과 불편을 주었다. 따라서 방인은 외국 거류지에 유입되었는데, 소수 외국인에게 고가의 지대와 임대료를 지불하게 되어 방인의 발달을 방해했다"[18]고 불만을 토로할 정도였다.

일본은 이후 '조계 차입약서'에 따라 해안 매립을 통해 조계의 확장을 도모했다. 하지만 그 또한 급증하는 일본인 이주자를 수용하기에는 역부족이었다. 일본의 힘은 상대적으로 약화되는 것처럼 보였다. 조계의 확장이 급선무였다. 특히 청일전쟁의 승리 이후 급증하는 일본인의 대량 유입은 조계지의 과밀화로 이어졌다. 일본인들은 일본 전관 조계를 벗어나 조선인 거주 지역과 청국 조계를 침식했다.[19] 당시 정황에 대해 거류민들은 "청일전쟁 이후 인구의 현저한 팽창으로 자연히 광대한 각국 거류지에 유입했는데, 외국인 지주의 가혹한 지대와 임대료 때문에 신거류지 확장이 요구되었다. 일본 거류지 앞의 해안 매립을 추진했으나, 한국 정부가 허락하지 않아 결국 한국인 지역과 예정된 청국 조계로 확장했다"[20]고 말한다. 더구나 일본인은 조선인 거주 지역에서 각종 분규를 일으켰다. 치외법권을 악용한 각종 불법 행위를 저지르고 토지를 점거하기 시작했다. 조선 정부가 규정한 외국인의 내지 여행 금지 조항은 실질적으로는 지켜지지 않았다.[21]

일본은 여기서 멈추지 않았다. 조계지 확장 문제가 원만히 해결되지 않자 일본은 조계를 벗어나 공동 조계로 진출하기 시작했다. 당시 공동 조계에는 영국, 미국, 러시아, 독일, 프랑스, 일본인이 혼거하면서 세력 경쟁을 벌였다. 공동 조계에 거주하는 일본인의 인구와 소유 면적은 일본의 전관 조계를 능가할 정도였다. 공동 조계의 주민 99퍼센트는 일본인이었다.[22] 공동 조계의 행정권을 전담하는 자치 조직인 신동공사(紳董公司)의 임원도 일본인과 친일파 외국인이 독점했다. 공동조계는 실질적으로 일본조계와 같은 양상을 보였다. 하지만 일단 외교상의 문제가 야기되면, 공동조계라는 형식은 일본에 의한 세력 독점에 장애가 될 수밖에 없었다. 예를 들면 일본이 공동 조계에 군대를 주둔시키자, 영국은 그 철수를 요구하고 일본군의 행동에 항의를 계속했다. 조계를 기반으로 한 각국의 이해관계는 서로 얽혀 있었다.[23]

또 청일전쟁의 승리 이전까지는 청국 조계와 일본 조계는 경쟁 관계에 있었다. 청국은 주지하듯이 책봉 체제 아래 조선을 의례적 종주국으로 간주했다. 하지만 청국은 조선의 개항과 더불어 종래의 외교방침을 전환하여 조계를 중심으로 통상 관계를 강화했다. 조선을 실질적으로 속국화하려는 속셈이었다. 조계 내의 청국 상인의 단결력은 높았고 풍부한 자금력을 활용하여 일본 조계와 경쟁적으로 상권을 확대했다.[24] 인천 개항 이후 1890년 이전까지 인천항 수입의 적어도 8~9할은 일본 상인에 의해 이루어졌다. 그런데 이후 청상의 거래가 늘어나 옥양목과 한냉사의 수입은 "청상으로 인해 계속 줄어들었다. 지금은 그 전부가 청상의 손아귀에 들어갔다"[25]는 보고가 이루어질 정도였다. 청국인도 1890년 47명에서 1891년에는 138명으로 늘어났고, 1892년에는 521명으로 격증했다.[26]

인천 개항과 더불어 일본 조계는 청국의 전관 조계와 구미 열강의 공동 조계 틈바구니 속에서 생존할 수밖에 없었다. 일본은 조선에서의 세력 확대를 위해 필사적으로 몸부림쳤다. 하지만 일본 조계의 상황은 유동적이었다. 청국과의 경쟁 관계에서 승리하기 위해서는 먼저 군사적인 우위를 차지할 필요가 있었고, 경제적으로도 세력을 확장시켜야 했다. 일본의 확고한 지위를 다지기 위한 인적 자원이 필요했다. '식민열'을 고양시켜 일본인의 조선 이주를 적극 유도하고, 식민기지 건설에 박차를 가했다. 일본으로서는 동아시아 해상 교통의 중심지이자 통상과 군사상의 중요 거점인 인천을 결코 포기할 수 없었다. 개항 직후 인천은 대륙 진출의 중계지로 일본 근대의 방향을 좌우할 수 있는 '생명선'과도 같은 곳이었기 때문이다.

2.2 거류민 사회의 형성

1876년 조선과 일본이 체결한 조일수호조규 제4관에는 "조선의 부산의 초량항은 일본공관이 있으며 오랫동안 양국 인민의 통상 장소였다. 지금부터 종전의 관례와 세견선 등을 개혁하여 이번에 새로 세운 조약에 근거하여 무역사무를 처리해야 한다. 또한 조선정부는 제5관에서 적힌 두 항구를 열어 일본 인민의 왕래와 통상을 허락해야 한다. 그 장소에서는 토지를 임차하여 가옥을 조영

하거나 조선 인민의 주택을 임차하는 것도 각각 그 편리를 도모한
다"[27]고 규정하여 일본인에게 개항장에서 통상의 자유와 개항장
에서의 거주를 허락하는 조항이 명시되었다. 이와 함께 조일수호
조규는 일본에게 영사재판권을 허락했다. 이런 내용은 당시 일본
이 서양 열강에게 불평등 조약을 강제당하여 일본의 개항장에서
외국의 영사재판권과 외국인 거류지를 허락하고 있던 상황에 비
추어본다면 그것을 거꾸로 조선에 적용시킨 첫 번째 사례였다. 조
일수호조규에 직접 일본인 거류지 설정 조항이 명시된 것은 아니
었지만, 이것이 빌미가 되어 결국 일본은 조선의 개항장에 전관 거
류지를 설정하게 된다. 청일전쟁이후에서야 중국의 톈진과 한커우
(漢口)에 일본인 거류지를 확보했고, 상하이에는 공동 거류지밖에
두지 못했던 점을 감안한다면 일본은 조선에서 일찌감치 대단한
특권을 향유할 수 있는 기반을 닦은 것이다. 따라서 재조일본인 사
회의 형성은 기본적으로 개항 이후 일본의 조선 침략 과정과 궤를
같이 하거나 또는 그것을 견인하는 측면을 갖고 전개되었다고 볼
수 있다.

인천 개항과 더불어 일본인 이주가 시작되었다. 〈표 2-4〉는 개
항 이후 1910년까지의 인천 지역 일본인 인구를 나타낸다. 일본인
인구는 개항 직후인 1883년 75호 348명이었지만,[28] 1884년에는
갑신정변의 여파로 일시적으로 26호 116명으로 감소했다. 인천 거
류민의 증감은 정치적 상황의 변동과 연동되었기 때문이다. 『통상
휘편』(通商彙編)에 따르면, 1884년 상반기의 경제 상황은 "수출입

모두 극심한 불경기를 맞이했다. 상점은 거의 문을 닫고 불을 끈 모습[29]이었다"고 전해진다. 갑신정변의 여파로 거류민이 감소했음을 알 수 있다. 이후 거류민은 꾸준한 증가세를 보여 1888년 155호 1,359명으로 1,000명을 돌파했다. 청일전쟁의 승리와 더불어 거류민은 4,000명을 넘어섰고, 러일전쟁 직후에는 1만 명을 돌파했다. 폭발적인 인구증가 현상이다. 인천에는 조선에 대한 일본의 지배권이 확고해짐에 따라 거류민이 꾸준히 몰려들었음을 확인할 수 있다.

표 2-4 연도별 인구 변화

	조선인		일본인		중국인		기타 외국인	
	호수	인구	호수	인구	호수	인구	호수	인구
1883년	-	-	75	348	-	-	-	-
1884년	-	-	26	116	-	-	-	-
1885년	-	-	109	562	-	-	-	-
1886년	-	-	116	706	-	-	-	-
1887년	-	-	112	855	-	-	-	-
1888년	-	-	155	1,359	-	-	-	-
1889년	-	-	167	1,362	-	-	-	-
1890년	-	-	255	1,616	-	-	-	-
1891년	-	-	338	2,331	-	-	-	-
1892년	-	-	388	2,540	-	-	-	-
1893년	-	-	425	2,504	-	-	-	-
1894년	-	-	511	3,201	-	-	-	-
1895년	1,146	4,728	709	4,148	-	-	-	-

1896년	1,768	6,756	771	3,904	-	-	-	-
1897년	2,360	8,943	792	3,949	157	1,331	24	57
1898년	1,823	7,349	973	4,301	212	1,781	30	65
1899년	1,736	6,980	985	4,218	222	1,736	28	67
1900년	2,274	9,893	990	4,215	228	2,274	29	63
1901년	2,296	11,158	1,064	4,628	239	1,640	31	73
1902년	2,257	9,803	1,221	5,136	207	956	33	75
1903년	2,452	9,450	1,340	6,433	228	1,160	41	109
1904년	2,250	9,039	1,772	9,403	237	1,063	38	91
1905년	3,479	10,866	2,853	12,711	311	2,665	33	88
1906년	2,485	18,361	3,067	12,937	186	1,254	38	98
1907년	3,227	13,362	2,922	11,467	414	1,373	37	63
1908년	4,458	15,711	3,830	11,283	383	2,041	28	60
1909년	3,515	12,903	3,025	10,907	419	2,069	31	71
1910년	3,794	14,820	3,446	13,315	524	2,806	26	70

출처_『仁川府史』, 6~10쪽.

거류민의 출신별 구성은 어떠했을까? 초기 거류민의 출신별 구성을 전체적으로 나타내는 통계는 구체적으로 확인할 수 없다. 다만 개항 직후의 정황은 다음과 같다. 즉 "인천이 개항되었지만 당시 우리 국민의 해외 사상은 극히 유치했다. 조선에 발을 들여놓는 사람이 거의 없었다. 다만 부산에 거주하던 쓰시마 사람들과 소수의 나가사키 사람들이 이주했을 뿐이다. 점차 새로운 개항지 인천이 유망하다는 사실이 세간에 알려지고 조선열이 불타 야마구치와 나가사키 주변의 사람들이 속속 도항했다"[30]고 전해진다. 초기 거류민 사회는 지리적으로 조선에 가까운 서일본 지역의 일본인을 중심으로 형성되었다.

기무라 겐지의 연구에 따르면, 1910년 이전 조선 전체의 일본인 거류민은 나가사키 그 가운데에서도 쓰시마 출신자가 가장 많았고, 그 뒤를 이어 야마구치가 많았다. 두 현은 1896년 현재 일본인 거류민의 58.1퍼센트를 차지했다. 이후에는 차츰 서일본을 중심으로 그 밖의 부현의 비율도 높아갔다. 1910년에는 상위 두 현은 야마구치와 나가사키로 변함이 없지만, 그 비율은 20.4퍼센트로 저하한 반면, 후쿠오카, 히로시마, 오이타, 구마모토 등 1만 명 전후의 현도 증가했다.[31]

〈표 2-4〉와는 약간 통계적 오차가 존재하지만, 1896년 현재 인천 거류민 4,148명의 출신지는 야마구치 1,178명, 나가사키 1,075명, 오이타 357명, 후쿠오카 235명, 구마모토 173명 순이었다.[32] 인천 거류민은 야마구치 출신이 쓰시마를 포함한 나가사키 출신들을 앞섰음을 알 수 있다. 야마구치 출신자의 인천 도항은 이후에도 지속되었다. 이런 경향은 식민지화 이후에도 지속된다.

표 2-5 일본인의 출신지별 구성(1931년 말 현재)

출신지	호수	인구	출신지	호수	인구	출신지	호수	인구
홋카이도 (北海道)	5	16	이시카와 (石川)	20	97	나라 (奈良)	18	74
아오모리 (青森)	7	23	후쿠이 (福井)	15	67	와카야마 (和歌山)	28	120

이와테 (岩手)	10	43	도쿠시마 (德島)	53	252	돗토리 (鳥取)	21	72
미야기 (宮城)	20	90	가가와 (香川)	46	189	시마네 (島根)	49	181
아키타 (秋田)	12	53	에히메 (愛媛)	75	302	오카야마 (岡山)	79	338
야마가타 (山形)	12	56	고치 (高知)	16	98	히로시마 (廣島)	198	857
후쿠시마 (福島)	16	64	야마나시 (山梨)	8	39	야마구치 (山口)	405	1,934
이바라키 (茨城)	18	87	나가노 (長野)	8	39	후쿠오카 (福岡)	190	877
도치기 (栃木)	9	50	기후 (岐阜)	13	58	사가 (佐賀)	112	448
군마 (群馬)	5	29	시즈오카 (静岡)	24	116	나가사키 (長崎)	138	536
사이타마 (埼玉)	16	76	아이치 (愛知)	35	145	구마모토 (熊本)	207	838
지바(千 葉)	23	109	미에 (三重)	38	151	오이타 (大分)	201	785
도쿄 (東京)	50	187	시가 (滋賀)	35	167	미야기 (宮城)	23	115
가나가와 (神奈川)	23	90	교토 (京都)	43	174	가고시마 (鹿児島)	118	520
니가타 (新潟)	30	109	오사카 (大阪)	80	267	오키나와 (沖縄)	4	8
도야마 (富山)	22	123	효고 (兵庫)	77	304	합계	2,655	11,373

출처_『仁川府史』, 12쪽.

〈표 2-5〉는 1931년 말 현재 인천 거주 일본인의 출신지별 구성을 나타낸다. 시기적으로 약간 차이가 있지만, 인천 개항 직후의 출신지별 분포의 특징을 살펴볼 수 있을 것이다. 이에 따르면 1931년 말 현재 인천의 거류민 수는 야마구치가 405호 1,934명으로 가장 많았고, 이어서 후쿠오카 190호 877명, 히로시마 198호 857명, 구마모토 207호 838명, 오이타 201호 785명, 나가사키 138호 536명, 가고시마 118호 520명 순이었다. 개항 초기에 비해 나가사키 출신 거류민 수가 상대적으로 완만한 증가를 보이고 있지만, 전체적으로 서일본 출신 거류민을 중심으로 점차 동일본 지역과 일본 전역으로 확대되었음을 확인할 수 있다.

〈표 2-6〉은 1883년 개항과 더불어 인천에 이주하여 1910년 전후까지 인천에 거주한 주요 일본인의 업종과 출신지를 나타낸다. 이들은 소위 인천의 '토박이'이자 '명망가' 재조일본인이다. 개항 초기에 인천에 이주한 일본인의 직업은 다양했다. 거류민들은 고리대업, 선박운송업, 무역업, 미곡상, 정미업, 잡화상, 요리업, 주류상, 목재상, 과일상 등 다양한 직종에 종사했음을 알 수 있다. 그들의 출신지 분포를 살펴보면 나가사키와 야마구치 출신자를 중심으로 오이타, 후쿠오카, 구마모토, 효고 등 서일본 출신자가 많았다.

표 2-6 인천 거주 주요 일본인(1910년 이전)

이름	업종	출신지	인천 도항 연도
堀力太郎	고리대업	長崎	1883
郡金三郎	선박운송업	長崎	1883
田中良助	주류상	山口	1883
樋口平吾	잡화상	佐賀	1883
土肥福三郎	무역상	長崎	1883
慶田利吉	선박운송업	鹿児島	1883
久野勝平	무역상	長崎	1883
田中佐七郎	무역상	鹿児島	1883
高杉昇	잡화상	山口	1883
福岡利吉	요리업	山口	1883
力武平八	정미업	佐賀	1883
林長太郎	무역상	長崎	1883
平山未吉	미곡상	長崎	1883
太田吉太郎	고리대업	長崎	1883
中野谷秀雄	목재상	廣島	1883
水津イヨ	여관업	山口	1883
廣池亭四郎	조합업	大分	1883
高野周三郎	정미업	長崎	1883
浦崎善助	선박운송업	長崎	1883
田中富之助	선구상	山口	1883
原田金太郎	여관업	長崎	1883
清水米太郎	과일상	長崎	1884
友永藤一	고리대업	長崎	1884
畿度直作	운송업	長崎	1884
古賀勝治	양복상	長崎	1884

小野久治	중매상	長崎	1884
古木卜ヨ	약종상	長崎	1884
大久保機一	무직	長崎	1884
赤松吉藏	잡화상	兵庫	1884
進藤鹿之助	목욕업	兵庫	1884
松本淸太郎	중매업	長崎	1884
八坂ユリ	요리업	長崎	1884
八幡一藏	잡업	長崎	1884
佐野喜三郎	은세공업	長崎	1884
平岡仙右衛門	무직	長崎	1884
山中ツヱ	무직	長崎	1884
藤原虎五郎	생수업	長崎	1884
川上又治郎	석공	長崎	1884
金尾郡平	무직	福岡	1884
久保重吉	무직	大分	1884
貞安倉吉	잡화상	山口	1885
吉貴藤吉	조합업	山口	1885
中上藤太郎	전당포	長崎	1885
井上安太郎	기모노상	福岡	1885
增田米吉	우유상	廣島	1885
大久保文助	관리	長崎	1885
萩野寅吉	건축업	福井	1885
中野喜代吉	농업	兵庫	1885
八波虎吉	곡물상	佐賀	1885
奈良崎勝助	과자상	福岡	1885
坂口源助	과자상	長崎	1885
小谷留吉	건축업	兵庫	1885

上野友吉郎	우유업	長崎	1886
勝木嘉七	세탁업	熊本	1886
木村中一	선박운송업	長崎	1887
奧田貞次郎	무역상	長崎	1887
日野彌三	중매상	大阪	1887
山口熊太郎	철공업	長崎	1887
山崎好藏	농업	廣島	1887
國近新藏	중매업	長崎	1887
植山芳藏	중매업	大分	1887

출처_『仁川開港二十五年史』, 63~65쪽.

인천 거류민의 도항 과정상의 특징은 무엇일까? 인천으로 이
주한 일본인은 크게 두 부류로 나누어볼 수 있다. 하나는 인천보다
먼저 개항한 부산이나 원산에서 거주하다가 인천으로 이주한 부류
이고, 또 하나는 인천의 개항과 더불어 일본에서 곧바로 이주한 부
류이다. 〈표 2-6〉의 호리 리키타로는 1878년 부친과 함께 부산에
도항하여 서양 잡화상을 운영하다가, 인천의 개항과 더불어 이주
한 사례이다. 그는 개항장 인천에서 선박을 구입하여 한강 항로와
평양의 만경대 항로를 개척하는 등 조선내의 항로권을 독점 장악
한 인물이었다. 러일전쟁 당시에는 일본군의 용달 업무에 종사하
여 부를 축적했지만, 소유 선박 3척이 침몰하자 손해액이 40만 원
에 달해 결국 파산했다. 하지만 당국은 그의 손실액을 전액 보전해
주었고 그는 이후에는 고리대업에 종사하면서 황무지를 구입했다.
그는 초기 거류민의 개척자였다.[33]

쓰시마 출신 고리 긴사부로(郡金三郎)는 부산 개항 이전인 1875
년 무렵 부산에 주재하던 야마시로(山城)라는 사람이 보천사(報天
社)라는 조선어학교를 창설했다는 소식을 듣고 친동생 오이케 다
다스케(大池忠助)에게 입학을 권유하여 조선어를 배우게 했다. 이
후 고리는 1877년 부산에 도항하여 무역과 수화물 도매를 위해 고
리 상회를 개점했다. 업무가 번성하자 고리는 1880년 동생 오이케
에게 상회를 물려주고, 아직 개항하지 않은 인천에 진출했다. 그는
울릉도 탐험선인 진서환(鎭西丸)에 탑승하여 인천에 도항한 최초의
인물이었고, 갑신정변 당시에는 퇴각하는 일본인과 부상자를 부산
으로 피란시켰다.[34]

이처럼 인천에 도항한 거류민 가운데에는 개항과 더불어 부산
과 원산과 같은 다른 개항지로부터 이주한 사람들이 많았다. 원산
의 경우, 인천 개항과 더불어 인천으로 이주한 사람이 많아 1883년
말 인구는 더욱 감소하여 199명으로 줄었다. 『통상휘편』은 "인천
개항의 영향이 점점 커져나가 마침내 원산은 텅 비어버릴 것 같다.
지금 본 항구에 무역상이라고 부를 만할 사람은 겨우 4~5명에 불
과하다"[35]고 보고할 정도였다. 한성에 접근하기 용이한 인천으로
부산과 원산의 일본인이 대거 이주했음을 짐작할 수 있다.

개항장 인천의 거류민을 형성한 또 한 부류는 일본에서 다른
경유지를 거치지 않고 직접 도항한 인물들이다. 다나카 요스케(田
中良助)는 일찍이 1868년부터 선박을 건조하여 조선 도항을 시도
한 '모험적' 인물이었다. 그는 1883년 인천의 개항과 더불어 이주

하여 처음에는 잡화상과 하역업에 종사했다. 나중에 선박 몇 척을 구입하여 조선 연해안과 일본 항해를 개시하여 통상 이익을 올렸다. 이후 그는 해운업을 정리하고 위탁 판매와 주류 도매에 전념했다.[36]

히구치 헤이고(樋口平吾)도 1883년 일본에서 다른 개항장을 거치지 않고 직접 인천에 도항하여 도자기 판매상과 잡화점을 개설했다. 인천 일본인 상점의 효시이다. 그는 청일전쟁 당시에는 인천 상업회의소 의원으로 인천거류민을 대표하여 일본군 군수품 수송 위원이 되었다. 그는 조선인과 일본인 인부 1,000명을 동원하여 최전선까지 군수품을 수송하여 축재했다.[37]

일반 일본인의 한성 거주가 허가된 것은 1883년 11월 조선과 영국 사이에 한성을 개방하여 영국인의 잡거를 인정한다는 조약이 체결되고, 일본이 이와 동등한 이익을 얻은 뒤였다. 나중에 의복상으로 유명해진 야마구치 다베에(山口太兵衛)가 무역상을 개업한 것도 이 무렵이었다.[38] 일본은 1884년 10월 한성에 영사관을 두고 남산 밑 일대를 일본인 거류지로 삼았다.[39]

인천의 어용 상인 게이다 리키치(慶田利吉)는 1883년 개항과 동시에 인천에 건축 재료 등을 취급한 게이다쿠미(慶田組) 본점을 설립했다. 게이다가 인천에 주목한 이유는 한성에 지점을 두어 일본 공사관과 수비대의 납품업자로 활약하기 위해서였다. 이후 그는 조선정부의 건물 건설과 미곡수송에도 관여하는 등 사업을 확장했다.[40] 또 게이다쿠미의 사원으로 조선에 도항한 사원 중에는 갑신정변 당시 살해당한 사람도 있었지만, 다나카 사시치로(田中佐七郞) 처럼 1886년에 미곡, 우피, 사금 등을 취급하는 무역상으로 독립하여 성공한 사람도 있었다.[41]

거류민 가운데는 인천에 도항한 뒤, 개항한 군산이나 목포 등 다른 개항지에서 사업을 확장한 사람도 있었다. 다카마쓰 노보루 (高松昇)는 1883년 인천에 친형과 함께 도항하여 잡화상을 운영하다가, 1906년 독립하여 미곡상으로 전업했다. 이후 그는 무역과 해운업에 종사하여 부를 축적하자 군산 지방으로 진출하여 비옥한 토지를 구입하여 대지주로 변신했다.[42] 또 하라타 긴타로(原田金太郞)는 1883년 인천 개항과 더불어 이주하여 여관업에 성공하여 한성에도 지점을 설치하는 등 사업을 확장시켰다.[43]

조계를 중심으로 한 개항장 인천에는 도심의 정비와 더불어 신사와 유곽도 번창했다. 1885년 인천에는 동본원사(東本願寺) 인천 포교소가 문을 열었다.[44] 또 불사는 1866년 대곡파(大谷派) 본원사 별원, 1895년 일련종(日蓮宗) 묘각사(妙覺寺), 1898년 정토종(淨土宗) 인천사(仁川寺), 1900년 진언종(眞言宗) 편조사(遍照寺)가 각각 설치되었다. 유곽은 개항 초기부터 설치되었다.[45] 개항장 인천에는 1898년 말 현재 작부 55명, 예기 53명이 거주했다.[46] 1902년에는 인천에도 17곳의 부도루(敷島樓)라는 유곽이 성업을 이루었다.[47]

일본 조계 내에서는 재조일본인에 의한 신문도 발행되었다. 1890년 아오야마 요시에(靑山好惠)가 발간한 『인천경성격주보』(仁川京城隔週報)가 그것이다. 이 신문은 이후 『조선순보』(朝鮮旬報),

『조선신보』(朝鮮新報)로 제호를 변경했다.[48] 개항장 인천에서는 일본인을 대상으로 신문사 경영이 가능할 정도로 독자층이 형성되었다. 신문은 인천 이주를 장려하고, 재조일본인 사회의 정보를 공유했다.

청국 상인의 힘이 커져 조선에 거주하던 일본인에게 위기의식을 불러일으킨 것은 청일전쟁 4년 전인 1890년 무렵부터였다. 한성에서는 "우리 상점은 작은 구역 안에 잡거하지만, 청상은 경성 시내 여러 곳에 자유롭게 상점을 마련하여 노점을 펼치고 있다"[49] "청상과 우리 상점과의 경쟁은 점점 청상의 승리로 돌아가고 (…) 1890년부터 점점 몰락으로 치닫고 있다"[50]는 상황이 생겨났다.

또 청일전쟁 직전 1894년 4월의 『통상휘찬』 제4호에 따르면 다음과 같은 상황에 직면했다. 즉 "청국 상점 (…) 그 점포는 160개 정도에 달한다. 그 가운데 28호는 옥양목류와 견직물류를 거래하는 거상이다. 50호는 중등 정도에 해당한다. (…) 재류자 총 수는 (…) 2,000명에 달한다. 그 가운데 노약자, 유부녀자는 전부 50명에 불과하다고 한다. 그런데 재류 본방인 호수는 250호이지만, 무역상이라 칭할 사람은 3호이고 더구나 2호는 잡화점을 겸하고 있다. 이어서 양만물상 8호, 잡화상 52호인데, 그 가운데 양만물상 4호, 잡화상 24호를 제외하고는 거의 대부분이 재류 일본인용 일용품을 공급하는 것에 불과하다 (…) 재류자 수는 (…) 799명인데 326명이 부녀자이다. 남자 가운데 15세 이하와 60세 이상은 86명에 달한다"[51]는 상황이었다.

이처럼 청일전쟁을 전후하여 개항장 인천에는 일확천금을 노린 일본인이 대거 진출하여 재조일본인 사회를 형성하면서 식민도시를 건설했다. 인천은 조계를 중심으로 영사관, 거류민회, 상업회의소, 금융기관 등의 후원을 받으면서 조선 침략의 근거지로 자리 잡았다. 하지만 조선에서의 일본의 위치는 여전히 불안했다. 조선의 완전 식민지화를 이루어내지 않으면, 개항 이후 쌓아온 그간의 '성과'도 수포로 돌아갈 수 있다는 위기의식도 여전했다. 재조일본인들은 조선에서의 확고한 위치를 보장받고자 1894년 청일전쟁이 시작되자 일본군에 적극 협력했다. 왜냐하면 전쟁의 승리는 조선에서 청국상인을 내몰고 조선의 경제권을 장악하는 지름길이었지만, 전쟁의 패배는 일본군만이 아니라 거류민 자신도 조선으로부터 퇴각해야 하는 일이었기 때문이다.

2.3 식민 거점의 확보와 인천

거류민의 전쟁 협력

재조일본인은 갑오농민전쟁에 이어 청일전쟁이 발발하자 전쟁에 적극 협력했다. 인천 개항 이후 자신들이 이룩한 식민 기지를 굳건히 지켜내려는 당연한 몸부림이었다. 거류민들의 집단 행동은 이전부터 지속되었다. 방곡령이 발포되었을 때도 그랬다. 방곡령은 조선 정부의 관찰사가 흉작 등을 맞이하여 곡물 가격의 폭등을 방

지하기 위해 일본으로의 곡물 이출과 수출 금지를 정한 조치이다.[52]

　조선으로부터의 주요 수입품은 곡물 특히 미곡이었다. 1876년부터 1894년에 걸쳐 일본으로의 총 수출액에서 곡물이 차지하는 비율을 보면 많을 때에는 88.9퍼센트, 그 가운데 미곡이 차지하는 비율은 많을 때에는 58.2퍼센트에 달했다.[53] 물론 조선의 흉작으로 거의 수입할 수 없는 해도 있었다. 방곡령이란 흉작 시 곡물 가격의 폭등을 방지하기 위해 관찰사가 곡물 이출과 수출 금지를 명하는 것이다. 이 법령은 곡물을 매입하여 일본에 수출하던 일본인 거류지 상인에게는 극히 불리한 것이었다. 그래서 1884년부터 1901년에 걸쳐 조선과 일본 사이에는 충돌이 계속되었다. 이것이 방곡령 사건이다.

　방곡령을 둘러싸고 조선과 일본 사이에는 충돌이 계속되었다. 그 가운데 1889년 황해도 관찰사와 인천 거류민 이소베 로쿠조(礒部六造)와 이시이 호타로(石井芳太郎) 사이에 일어난 사건, 함경도 관찰사와 원산 거류지 상인 가지야마 신스케(梶山新介)와 오쓰카 에이지로(大塚榮四郎) 사이에 일어난 사건, 다음 해 1890년 황해도 관찰사와 오사카 상인 사이에 일어난 사건 등 세 건이 가장 유명하다. 특히 세 번째 사건은 백미와 대두 등 6만 석 이상에 달하는 투기적 매입 때문에 일어났다. 사건이 발생하자 인천의 거류민들은 일본의 변리공사를 통해 조선 정부에 방곡령의 철회를 소원하여 이를 해제시켰다. 하지만 거류 상인과 오사카 상인은 이에 만족하지 않았다. 그들은 배상을 요구하기 위해 공사관과 외무성에 진정하고 정당 등에도 압력을 가했다. 이 결과 1893년 5월 일본은 조선에 통첩을 보내 11만 원을 지불하도록 했다.[54]

1894년 2월 갑오농민전쟁이 시작되었다. 개항 이후 조선을 침식하던 일본에 대한 조선 농민의 대반격이었다. 조선인의 일본인에 대한 반감은 높아갔다. 한성에서는 "민심이 흉흉했다. 재류 본방 상인은 노약자와 부녀자를 인천으로 피란시키기에 바빴다. 그동안 상업은 완전히 위축되어 마치 휴업"[55]과 같은 상태였다. 인천은 임오군란이나 갑신정변 당시처럼 한성 거류민의 피란처였다. 일본으로의 비상퇴각로는 인천뿐이었기 때문이었다. 더욱이 농민군이 전주를 함락시켰다는 소식은 "온 도시의 인심을 진동시켰다. 언제 어디로 피란해야 할지 그 누구도 안심하지 못했다. 상업은 계속해서 날로 위축[56]되는" 상황이었다. 일본인의 피란처였던 개항장 인천의 위기의식은 오히려 한성보다 높아졌다.

일본은 농민군을 진압한 뒤, 조선에 대한 지배권을 확립하기 위해 청일전쟁을 계획했다. 개항장 인천은 전쟁을 위한 군사 기지였다. 인천 거류민들은 일본 정부를 향해 전쟁 개시 2개월 전인 1894년 6월 거류민 보호를 위해 수천의 정예를 보내달라고 청원했다. 이에 해병단 70명은 인천을 향해 요코스카(橫須賀)로부터 황급히 출발했다. 일본 공사는 같은 해 6월 12일 군함의 호위 아래 수백의 군대와 함께 인천에 상륙했고, 이어 12일에는 혼성여단 선발대 1,500명, 16일에는 혼성여단 본진 3,000명, 27일에는 2개 연대, 8월에는 제5사단 병력이 인천에 각각 상륙했다. 인천에는 병참감독부와 군용품 집적소, 야전 병원이 들어섰다. 인천에는 청일전쟁 발발 이전인 6월에 이미 1만 명 가까운 군대가 주둔했다. 인천으로 출동한 군대와 인천에서 합류하여 전원 거류민 집에 숙박했다.[57]

재조일본인은 자신들의 생명과 기득권을 보호할 일본군을 환영했다. 자신들의 거주지를 일본군 숙사로 제공하고 용수를 공급했다. 병사 위문, 군수물자 하역과 운반에도 적극 협력했다. 그중에는 앞에서 소개한 히구치 헤이고처럼 "일본인과 한국인 인부 수천 명을 지휘하여 각지의 병참선을 떠맡음으로써 군국의 급무에 공헌함과 동시에 스스로도 적지 않은 이익"[58]을 올린 사람도 생겨났다. 한성의 야마구치 다베에는 한성과 인천 간의 군수품 수송, 교통과 통신의 편의를 제공했다.[59] 또 아키요시 도미타로(秋吉富太郞)는 전주와 전선의 설치를 하청 받았다.[60]

전쟁이 시작되자 지리에 밝고 조선어 소통이 가능한 재조일본인은 통역관과 인부의 감독으로 고용되었다. 인천에서만 일본군이 고용한 통역관이 57명에 달했다.[61] 거류민은 청일전쟁 당시의 인천의 정황에 대해 "인천 거류민은 각자 분발하여 인부와 조선어 통역자가 되기로 결의했다. 한 집에 한 명 또는 두 명 이상이 종군했다. 당시 거류지에 남은 사람은 부녀자와 아이들 이외에 건장한 남자는 한 집에 불과 한두 명에 불과했다"[62]고 전해질 정도였다.

전쟁 이전인 1893년 말에 8,871명이었던 재조일본인은 전시였던 1894년 말에는 9,353명으로 늘어났다. 전쟁 중에 약 5퍼센트 증가한 것이다. 한성에는 1894년 초부터 일본 잡화상이 들어오기 시작하여 1895년 무렵부터 20~30호가 소위 '본정'에 거주하게 되었다. 잡화상과 무역상은 대부분 겸업으로 우피와 우골을 인천으로 반출하여 일본으로부터 들여온 잡화와 물물 교환했다.[63]

개항장 인천에는 전쟁 특수를 노린 모험 상인들이 연이어 입항했다. 인천 거류민은 앞의 〈표 2-4〉와 같이 1894년 3,201명이었지만, 1년 후인 1895년에는 4,148명으로 약 1.3배 증가했다. 1894년 11월 인천에 정착한 사람 중에는 이후 미곡과 대두 거래로 부를 축적한 가쿠 에이타로(加來榮太郎)가 있었다. 구기모토 도지로(釘本藤次郎)는 1895년 불과 20원 정도의 철물을 들고 인천에 도항하여 행상을 시작했다. 그는 7월 한성의 일본인 거류지에 노점을 펼쳐 10여 년 후에 '경성의 철물왕'이 되었다.[64] 신 다쓰마(進辰馬)는 1895년 인천에 건너와 다음 해 1월 한성의 일본인 거류지에 가메야(亀屋)라는 서양 잡화 양주 식료품점을 열었다. 그로부터 약 10년 후에는 점원이 20여 명으로 늘어났다.[65]

인천에는 상륙한 일본군을 상대로 장사하려는 사람들이 연이어 입항했다. 인천거류민은 1894년 4월 2,564명이었지만, 1년 후인 1895년 4월에는 4,379명으로 격증했다. 하지만 "진짜로 한일무역에 종사하는 자"는 극히 소수였다.[66] 조선에 도항한 사람들 가운데는 장사나 깡패도 많았다. 일본 정부는 이런 사람들 240명을 귀국시켰고, 1894년 10월에는 무면허 도항에 대한 금지령을 공포할 정도였다.[67]

전선이 북상함에 따라 일본군을 상대로 부를 축적하려던 사람들은 군대와 함께 개항장을 떠나 북부 지역인 평양, 개성, 진남포, 의주 등지로 진출하여 정착했다. 1894년 9월 일본군이 평양에 입성하자 불과 1개월 사이에 400~500명의 일본인이 평양에 모여들었다.[68] 가카사키에 따르면, 그들은 한성이나 인천에 거주하면서 "소개료를 업으로 삼는 사람, 잡화상 실패자나 일정한 영업을 하지 않는 사람, 또는 전혀 장사 경험이 없는 사람"이었다. 말하자면 모험 상인들이었다. 그들은 "모두 필사적으로 경쟁하여 이곳으로 와 한인의 빈집을 차지하고, 각자 임의로 점포를 열어 술, 담배, 사탕 또는 방한구를 팔았다"고 한다. 그중에는 '매춘업'에 종사한 사람도 있었다.[69]

나가토미 이치노스케(長富一之祐)는 1895년 간장 제조업인 쓰보타 상점(坪田商店) 인천지점 사원으로 조선에 건너왔다. 2년 후에는 독립하여 미곡 등을 일본에 수출했다. 인천에 본점을 두고 진남포 평양 목포에 지점을 확대하여 일시 번성했지만 실패하여 진남포로 이주했다.

이후 선박용 철물상으로 재기한 다음 1914년 귀국했다. 하지만 일본에서 다시 사업에 실패하여 1917년 평양으로 건너와 철강상을 운영했다. 만년에는 '서선 3도 가운데 손꼽히는 철상'이 되었다.[70] 조선에서는 칠전팔기할 수 있는 기회가 많았다.

1904년 2월 러일전쟁이 발발하자 거류민은 재차 군에 협력했다. 거류지에는 청일전쟁 당시처럼 병참감부, 병참사령부, 보조수졸대(補助輸卒隊), 임시군용 철도감부, 군용병원이 각각 설치되었고, 인천항에는 선박사령부, 정박장감부, 임시육군 운수통신부 인천지부 등 군사기관이 포진되었다. 인천 영사 부인 가토 스에(加藤直枝) 등은 '인천 간호부인회'를 조직하여 부상병을 수용할 준비에 분주했다.[71]

서전의 승리를 통해 해상 교통의 안전이 확보되자 한성과 인천의 물자 부족 소식을 접한 일본 상인들이 물자를 싣고 건너왔다. 전쟁을 부의 축적 기회로 삼으려는 사람도 적지 않았다. 1904년 3월 말까지 6,000~7,000명이 인천에 상륙했다.[72] 〈표 2-4〉와 같이 1904년 말 인천의 일본인은 9,403명에 달했고 처음으로 조선인 수를 넘어섰다. 이처럼 인천의 거류민은 전쟁에 적극 협력했다. 개항장은 일본군의 병참기지로 제공되었고, 거류민은 일본군의 통역은 물론 군수 물자의 하역과 운반에 가담했다. 재조일본인은 일본군의 '첨병'으로 활약한 것이다. 러일전쟁의 승리는 일본의 조선에 대한 기득권을 확립시켰다. 청일전쟁으로 청국의 세력을 잠재우고, 러일전쟁을 통해 한반도를 둘러싼 패권 경쟁에서 승리했다. 개항 초기 거류민들이 직면한 불확실한 상황은 제거되었다. 이로써 조선은 사실상 일본의 식민지로 전락되었다. 개항장 인천이 지니는 전략적 위치는 일본의 침략 전쟁 수행 과정에서 유감없이 그 존재 가치를 발휘했다.

인천의 식민 시설

일본은 러일전쟁에서의 승리를 기반으로 조선을 실질적으로 지배하기 시작했다. 일본의 조선 침략은 강력한 군사력을 동원하여 다방면에 걸쳐 치밀하게 이루어졌다. 통감부는 '을사보호조약' 이후 각지에서 전개된 의병투쟁을 무력으로 진압함으로써 일본에 맞선 최대 저항세력을 제거하고, '화폐정리사업'과 '역둔토조사사업' 등의 실시를 통해 조선의 경제·사회구조를 통감부 권력에 종속시켰다. 이렇듯 일본은 '새로운 제국영토'에 대한 지배권을 확보하고 식민지 지배 정책을 본격적으로 실시했다.

개항장 인천은 러일전쟁 이후 일본의 식민기지로 변화했다. 이사청, 경찰서, 헌병분견소, 우체국, 관측소, 세관, 세관공사부 전등국 등과 같은 각종 관청과 더불어 회사가 즐비했다. 〈표 2-7〉은 1917년 현재 인천에 설립된 주요 회사를 나타낸다. 이에 따르면 인천에는 일본 은행의 지점 이외에 일본 각지에 본점을 둔 주식회사를 비롯해 인천에 본점을 각종 형태의 회사가 설립되었다. 영업 항목은 유통과 관련된 무역업 등 상업이 주종을 이루고 있음을 알 수 있다.

표 2-7 인천의 주요 회사(1917년 현재)

명칭	영업	자본금	본점	주임자
주식회사				
제일은행 지점	은행업	10,000,000	도쿄	太田三郎
제18은행 지점	은행업	3,000,000	나가사키	足立龍二郎
제58은행 지점	은행업	3,000,000	오사카	兵須久
일본우선주식회사 지점	해운	20,000,000	도쿄	近藤勝之助
오사카상선주식회사 지점	해운	16,500,000	오사카	廣居精一郎
인천전기주식회사	전등전력업	500,000	인천	秋田毅
인천미두취인소	정기거래	45,000	인천	加來榮太郎
한국근농회	농사 경영	100,000	인천	杉甲一郎
인천장유주식회사	간장발효	200,000	인천	茂木啓三郎
인천수산주식회사	수산업	300,000	인천	加來榮太郎
만석동매축주식회사	매축지 매립 대부	300,000	인천	尾高次郎
일한무역주식회사	무역업	250,000	인천	河野竹之助
합자회사				
아키타상회	상업창고 및 운송업	500,000	인천	秋田毅
일영무역합자회사	수입 및 대리업	100,000	인천	潁原修一郎
후지모토합자회사	미곡 및 기타 매매	20,000	군산	藤井寬太郎
인천제목합자회사	목재판매	200,000	인천	中野谷秀雄
합명회사				
미쓰이물산합명회사 지점	무역	1,000,000	도쿄	藤木秀次郎
다쿠합명회사 지점	청주	500,000	사카이	青木一葉
후지타합명회사 지점	무역 및 인쇄	100,000	경성	藤田謙一
한국통운합명회사	운송	10,000	인천	川井田彌三郎
기무라합명회사	운송	180,000	인천	木村清太郎

출처_『仁川開港二十五年史』, 50~51쪽.

거류민의 증가와 더불어 거류민의 공적 사무를 담당할 조직도 정비되었다. 인천에서는 개항 이전인 1882년 일본영사관이 설치되었다. 이후 영사관은 거류지 단체 설립의 필요성 때문에 1887년 '거류지 규칙'을 발포하여 거류민회를 설립하고 총대 1명, 의원 10명을 선출했다.[73]

인천의 무역상과 도매상을 금융적인 측면에서 지원한 것은 은행이었다. 1878년 시부사와 에이이치(渋沢榮一)는 일본 정부로부터 영업 자금으로 은동화 10만 원을 대부받아 부산에 제일은행 지점을 개설한 다음, 1880년 원산, 1883년 인천, 1887년 한성에 각각 출장소를 개설했다. 제일은행은 조선과 일본 사이의 무역에 관련된 단기 상업 금융 업무가 주된 영업 항목이었다.[74] 구체적으로는 충분히 비축된 자금을 대출하여 미곡을 매입하거나 면제품의 수입을 장려했다.[75] 제일은행은 인천의 금융시장을 장악하고 조선 조정에 차관을 공여했다. 또 개항장 인천에는 제일은행 인천 출장소 이외에도 1890년 제18은행, 1892년 제58은행의 인천 지점이 각각 설치되었다. 이들 은행은 식민지 금과 은의 흡수에도 노력했다. 은행의 조선 진출목적은 주지하듯이 조선산 금을 수매 반출하는 일이었다. 조선에서 수매 반출한 금과 은은 1억 원을 넘어 일본의 금본위제 확립에 공헌했다.[76]

은행 제도의 확립과 더불어 기선회사도 설립되었다. 개항장 인천에는 1885년 일본우선주식회사, 1893년 오사카상선주식회사 지점이 각각 설치되었다. 이들 회사는 당시 목조 범선밖에 보유하지 않았던 조선에서 서구식 기선을 도입함으로써 조일간의 무역은 물론 인천항의 수출입 상품을 거의 독점했다. 1876년부터 1881년까지 조일 항로에 취항한 일본 선박은 연간 2,108척이었으며, 그 가운데 서구식 기선은 401척이었다. 개항장 인천의 경우, 1897년의 입항선박 수는 총 985척이었으며, 서양식 기선은 292척이었다.[77]

표 2-8 각 개항장의 수출입액(1907년 현재)

개항장	수출	수입	계
인천	4,541,350	19,508,223	24,049,593
부산	4,352,605	8,742,804	13,095,409
진남포	1,949,960	3,902,195	5,852,155
원산	1,186,780	3,090,815	4,286,595
목포	1,553,146	62,797	2,215,942
군산	1,909,624	909,777	2,819,401
신의주	568,401	739,939	1,308,340
경성	4,560	1,210,733	1,214,889
마산	335,518	835,720	1,171,238
성진	188,786	297,357	486,143

출처_『仁川開港二十五年史』, 2쪽.

금융기관과 운수회사의 지원을 받은 거류민은 개항장 인천의 경제계를 확고하게 장악할 수 있었다. 〈표 2-8〉은 1907년 현재 각 개항장의 수출입액을 나타낸다. 표에 따르면 인천의 무역액은 수출액 454만 1,350원, 수입액 1950만 8,223원, 총계 2404만 9,593원으로 인천보다 빨리 개항한 부산과 원산 등 다른 개항지를 압도하고 있다. 개항장 인천은 조선 제일의 무역항이었다. 특히 수입액이 부산보다 2배 이상 많은 것은 인천을 통해 한성으로 유입되는 물품이 많았음을 반증한다. 나아가 인천의 수출입액은 일본의 주요 항구와 비교하더라도 결코 뒤지지 않았다. 인천은 일본의 전통적인 무역항이었던 나가사키보다 많은 '동양 유수의 무역시장'이었다.[78]

이처럼 일본인의 본격적인 조선 이주는 1876년 2월 '조일수호조약'의 체결을 계기로 이루어졌다. '조일수호조규'는 주지하듯이 부산을 개항할 것, 앞으로 20개월 이내에 다른 두 항구도 개항할 것, 이들 개항지에서는 일본인이 토지를 임차해 가옥을 세우거나 또는 소재지의 조선인이 사는 곳을 임차하더라도 임의에 맡길 것, 일본인이 조선이 지정한 각 항구에 재류 중 만약 죄과를 범하여 조선인과 교섭이 필요한 사건은 모두 일본 관헌이 처리할 것 등을 규정했다. 같은 해 8월에는 '수호조규에 부속하는 왕복문서'와 '수호조규 부록'이 체결되어 수출입품에 관세를 부과하지 않을 것과 조선에서의 일본 화폐 통용이 인정되었다. '풀뿌리 식민지 지배와 수탈 구조'의 외양이 정비된 것이다.

일련의 시책은 결과적으로 재조일본인에게 유리하게 작용했다. 막부 말기에 미국이 일본에 강요한 불평등 조약은 미국의 치외법권을 인정시키고 일본의 관세 자주권을 인정하지 않는 것이었다. 이에 반해 일본은 조약을 통해 일본의 치외법권을 확인시켰을 뿐만 아니라, 관세 자주권은 물론 관세 자체를 인정하지 않았다. 더욱이 일본은 미국조차도 일본에 강요하지 않았던 자국 화폐를 통용시키는 권리까지 손에 넣었다. 일본은 미국으로부터 강요당한 불평등 조약의 '아픔'을 조선에 몇 배로 앙갚음한 것이다.

개항장 인천은 조선 침략의 전진 기지로 활용되었다. 인천은 개항과 더불어 격동기 일본의 이권 획득의 발판이 되었다. 임오군란과 갑신정변 당시에는 일본 관헌의 유일한 피란처이자 도주로였다. 한성에 접근할 수 있는 유리한 지리적 조건을 배경으로 일본인들의 경유지 또는 종착지로 중시되었다. 청일전쟁과 러일전쟁은 이들에게 절호의 기회를 제공했다. 급격한 인구 증가 현상이 말해주듯 일본인은 개항장 인천을 기반으로 전쟁 협력 등을 통해 부를 축적해나갔다. 다양한 계층이 재조일본인 사회를 형성했다. 그들은 본국 정부의 지원 아래 일본의 지방 행정 체제를 도입한 식민도시를 건설했다.

인천의 산업은 경성을 보조하는 역할로서 거류민의 수요를 충족시키는 데 그쳤으나 1900년 경인선 철도가 완공되면서 상업 중심지로 발달했다. 그러나 한국을 식민지화한 후에는 경제의 중심은 다시 경성으로 옮겨갔다. 인천에는 무역을 위주로 한 일본상인과 청국 상인의 경쟁이 치열했으며 조선 상인들도 이에 가세했으나 결국 일본 상인이 주도권을 잡게 되었다. 인천 경제는 항구로서의 특성을 나타내며 상업과 소비재 산업, 운송업 분야가 강하며 여관, 요리점, 오락 시설 등의 유흥 시설이 발달했다. 이런 오락 분야는 전통 한국식 시설보다는 일본의 게이샤와 요리를 갖춘 일본인이 경영하는 시설이 많았는데 이곳의 경영자는 대부분 일본에서 건너와 성공한 사람들이었다. 인천은 1883년 개항한 이래 일본 조계, 청국 조계, 각국 공동 조계가 건설된 지역으로서 무역의 중심지로서 각국 무역상의 세력 다툼이 치열한 지역이었다. 일본 인구는 개항 이래 꾸준히 증가하여 1911년 1만5,148명으로 최고조에 달했으나 이후 1만1,000명 수준으로 정체되는 경향을 보였다. 인천의 산업은 상업, 소비재, 오락 분야가 특색이며 종교, 교육, 위생, 의료 분야가 일본의 영향을 받으며 이식되었다.

한편 개항장 인천의 지위는 러일전쟁 전후에 부설된 철도의 개통으로 동요한다. 1900년 경인선의 개통을 시작으로 1905년 경부선과 마산선, 1906년 경의선이 개통되었기 때문이다. 이에 대해 인천 거류민단은 "경부선의 직통은 무역항으로서의 인천에 치명상을 입혔다. (…) 한국을 관통하는 철도의 개통은 인천의 화물 흡인력을 말살시켜 인천을 사지로 내몰았다"[79]고 평가할 정도였다. 여기에 목포, 마산, 군산 등 개항장의 증가는 조일무역과 교통의 중계지로서의 인천의 지위를 위협했다. 인천은 '비운절망'의 상태에 놓이게 되었다. 더욱이 1900년 한성 거류민보다 인구가 두 배 많았던 인천은 한국강점 당시 한성의 절반으로 역전당했다. 철도의 개통이 가져온 위기가 얼마나 컸는지는 충분히 짐작할 만하다.

한국강점을 전후로 한 상황의 변화에 따라 인천 거류민들은 한국강점 이후 새로운 활로를 찾을 수밖에 없었다. 그것은 철도 개통 이후 인천이 지닌 사회경제적 약점을 보완하는 방안이었다. 이는 조선의 식민지화 과정에서 인천이 담당한 역할과 식민지 이후의 역할은 약간 다를 수밖에 없음을 예고했다. 조선 제일의 무역항이었던 인천은 이후 새로운 활로를 모색한다. 조선 내에서는 철도를 중심으로 한 경제 시스템이 우위를 차지했지만, 일본의 대륙 정책과 관련한 해운의 중요성을 강조한 것도 바로 이 때문일 것이다. 이런 상황의 변화와 함께 한국강점 이후의 재조일본인 사회의 변모는 이전과는 다른 새로운 양태를 띠며 전개되었다.

3. 일본인 지주의 진출과 군산 농사조합

3.1 일본인 지주와 '식민열'의 고양

일본은 러일전쟁을 계기로 한국에 대한 우세한 지위를 차지하고 '제국'으로 첫걸음을 내딛기 시작했다. 한일의정서(1904년 2월), 제1차 한일협약(1904년 8월), 제2차 한일협약(1905년 11월)을 연이어 한국에 강요하면서, 일본은 동아시아 지배력 강화의 초석을 다졌다. 일본은 한국의 식민지화를 달성하기 위해 군사적·정치적인 측면에서의 지배만이 아니라, 일본인의 광범한 한국 이주를 통한 인적·물적 토대의 장악도 절실한 과제로 인식했다. 식량과 원료 공급지로서의 한국의 식민지 기능을 강화시키고, 또 한편으로 과잉 인구의 배출지로 주목하여 일본인의 이주 식민 정책을 병행한다는 방침을 세웠다.[1]

그러나 일본의 정책적 구상은 순조롭지 않았다. 한국의 내륙 지방을 개방해 농업 식민을 추진하려던 일본의 의도는 외국인의 토지소유를 제한한 한국 정부의 조약과 여러 법령에 의해 제한을 받았다.

또 일본인 지주의 토지 집적 과정은 한국 사회 내부의 관행, 예를 들면 당시의 지권인 문기(文記)의 구입방식과 등록 수속 과정에서 촌락의 중개인 등의 존재 때문에 많은 제약을 받아야 했다. 그 결과 일본인 지주는 식민지 권력의 비호 아래 방대한 토지를 획득했음에도 토지 소유권의 이중매매로 혼란이 가중되었고, 법적 소유권의 확정 과정에서도 많은 장해에 직면할 수밖에 없었다. 중앙에는 통감부가 설치되어 순차적으로 국정을 장악했지만, 지방에서는 항일 의병으로 대표되는 한국인의 치열한 저항 앞에 현실적인 위협을 받을 수밖에 없었다. '식민열'의 고양이라는 시대적 분위기에 편승해 거대한 자금을 투자한 일본인들은 한국강점이 실현되기까지 심리적으로도 유동적인 상황에 직면했다. 일본인 지주들은 자구책을 강구해 나갈 수밖에 없는 상황이었다.[2]

일본인 지주의 한국 진출에 관한 연구는 다양한 각도에서 주목받았다. 일본인 자본가의 한국 진출 과정을 둘러싼 실증 연구를 통해 경제적 이익에 기초한 토지 투자의 실상이 구체적으로 밝혀졌다.[3] 개항장을 중심으로 이루어진 일본인 자본가의 한국 진출 과정과 식민지 지주로의 변신 과정, 소작제농장 경영의 실태 등에 대한 연구도 활발히 이루어졌다. 일본인 지주의 토지집적 과정은 중앙 정부, 지방 정부, 민간(회사) 등 다양한 주체를 통해 광범위하고 불법적으로 이루어졌음이 밝혀졌다. 그들의 소작제 농장 경영 방침은 결과적으로 대지주 중심의 왜곡된 농촌 사회 구조를 심화시켰고, 지주 소작 관계도 소작인에게 일방적으로 불리하게 이루어졌음이 강조되었다.[4]

그럼에도 향후 연구에서는 일본인 지주의 구체적인 토지 집적 과정에 대한 사례 분석을 진행함과 동시에 일본인 지주의 토지 소유권을 법적으로 인정한 '토지가옥증명규칙'과 '토지가옥소유권 증명규칙'에 의한 토지 매매 수속의 변화 과정,[5] 그리고 매수 주체로서의 국가, 현, 민간(회사) 등의 토지 집적방식과 진출지대(예컨대 기간지와 미간지 등의 특징) 등을 고찰할 필요가 있을 것이다. 매수 주체와 진출지대의 차이는 한국에 진출한 일본인 지주의 토지집적 방식과 매수 이후의 농장 경영의 방침에도 영향을 줄 것으로 예상되기 때문이다.[6]

여기서는 1904년 5월 전북 군산에 설립된 군산 농사조합의 설립 과정과 활동 내용, 그리고 그 해산 과정의 검토를 통해 일본인 지주의 토지 집적 과정의 특징을 밝히려 한다. 동 조합이 발행한 『군산농사월보』를 중심으로 개항장과 거류지를 중심으로 토지를 집적한 개별 지주의 움직임과 군산농사조합과 같은 지주 단체의 특징에 대해 파악할 것이다.[7] 일본인 자본가의 불법적 농업 침탈이라는 단선적 구도로 설명되어왔던 기존의 관점을 넘어 당시의 토지 소유 관행과 이중 매매의 문제, 한국 농민이 일본인 지주를 바라보는 시선, 한국 농법에 대한 일본인 지주의 재평가 등에 대한 분석을 통해 일본인 지주의 토지 집적과 소작제 농장 경영이 철저한 경제적 이익에 기초한 것이었음을 확인한다. 군산농사조합의 설립과 활동, 해산 과정은 러일전쟁 직후 일본인 지주의 토지 집적 과정과 소작제 농장 경영의 추이를 집약적으로 보여주는 사례 가운데 하나이기 때문이다.

3.2 군산농사조합의 설립

배경

청일전쟁 이후 한국 쌀·대두의 수입과 면제품 수출이 급격히 늘어나면서, 일본 자본주의 발달에서 한국 농업이 차지하는 비중은 더욱 커졌다. 개항 이후 서해연안 목포(1897년)와 군산(1899년) 등지에 개항장이 추가로 설치되면서 한국의 곡창 지대를 배경으로 일본인의 진출과 대지주로의 전환이 급속히 진행되었다.

특히 만경강과 동진강 유역의 호남평야를 배후지로 두고 있는 군산 지방은 조선시대 이래 최대의 곡창 지대로서 큰 주목을 끌었고, 따라서 일본인 거대 지주의 밀집 지대이기도 했다. 1904년 5월 전북 군산에 설립된 군산 농사조합은 개항장 군산을 거점으로 비옥한 곡창 지대에 토지소유권과 저당권을 획득한 일본인 지주의 토지 집적방식의 특징을 잘 보여준다.

일본인 지주의 토지 매수는 한국에 대한 지배 정책의 일환으로 적극적으로 이루어졌다. 일본인 자본가도 한국에 진출할 경우 획득할 수 있는 투자 가치에 일찍이 주목했다. 러일전쟁 전후에 토지를 집적한 일본인의 토지 매수 가격을 살펴보면, 일본인 지주의 밀집지대인 군산 부근의 1단보당 가격은 상답 15~20원, 중답 10~15원, 하답 10원이었다. 또 전주는 상답 17원, 옥구는 중답 13.5원, 김제는 중답 8.3원이었다. 밭의 경우는 물론 논보다 저렴했다.[8] 한국의 매매 지가는 일본 관서 지방에 비해 약 10퍼센트에 불과한 것이었다. 1904년 현재 일본의 1단보당 평균 매매 가격은 논 150원, 밭 86원이었다.[9] 즉 일본인은 일본 국내의 토지를 처분하여 한국에 진출하면 토지 면적을 10배로 확대시킬 수 있었다. 더욱이 일본 상품의 한국 반입과 미곡 등의 유출 과정에서 얻을 수 있는 높은 수익률은 그들의 관심을 끌기에 충분했다. 한국의 저렴한 지가와 소작제 농장 경영을 통한 고율의 토지 수익률은 상업 자본가와 지주 계층의 토지매수를 가속화했다. 그들은 '자본가의 임무'를 내세우며 한국의 실질적인 통치자임을 자부했다.

그러나 일본인들에게 한국에서의 토지 소유권이 제도적 법적으로 불안정하다는 사실은 자유로운 토지 집적의 장애 요인으로 간주되었다. 가령 대리인 문제와 위조 문건 분쟁은 일본인 지주에게 토지집적의 위협은 되지 않는다 하더라도 예측하지 못한 손해를 입히는 경우가 종종 발생했다. 현실적인 문제는 한국에서 토지 소유권의 증명이 제도적으로 불완전했다는 점에 있었다. 일본은 일본인의 토지 소유와 그 소유권을 제도적으로 보장하는 것이야말로 농업 식민의 기초 작업이라고 간주했다. 일본이 식민지 경영방침에 따라 토지소유를 합법화하기 위해 '부동산 증명제도'를 마련하기 시작한 것은 1905년 통감부를 설치한 직후부터였다. 당시 구한국 정부는 광무양전의 지계 사업을 통해 충청과 강원도의 일부 지방에서 토지 조사를 실시했지만, 러일전쟁 이후 일본의 침략이 강화되면서 더 이상 시행되지 못했다.[10]

군산 지역 일본인 지주의 토지 투자를 장려한 각종 선전 출판물에는 토지 매수 시에 유의할 사항에 대해 "가장 주의를 기울여야 할 것은 경영의 근거지를 정하고 다른 선진 경영자와 뒤섞여 충돌하지 않도록 지구 내에서 서둘지도 태만하지도 않도록 매수의 발걸음을 확장하는 데에 있다"[11]며 무엇보다 러일전쟁 이전에 한국에 진출한 지주와의 충돌을 회피하는 범위에서의 토지 집적을 권유했다.

당시 일본인 지주의 토지 집적은 저당, 즉 고리대를 중심으로 수확 예매와 사용권을 매수하는 방법으로 광범하게 이루어졌다. 저당 이외에도 현금 구입을 통한 한국인 명의의 차용이나 토지 사용권의 획득, 그리고 당시 화폐인 백동화의 위조와 인삼의 도취 밀매, 더욱이 곡물 거래 시의 부당 양정 등 모든 수단이 동원되었다.[12] 토지 집적의 시기는 "종래부터 방인이 구입하는 기간은 다양해서 일정하지 않다.

수확 10여 일 이전에 그 토지를 매각하여 수확물의 절반은 당연히 소작료로 지주에게 제공했다. 기타 금전에 궁핍하면 시기와 관계없이 토지를 매매하는 상황이다"[13]고 보고되었다. 개항 이후 상품 화폐 경제의 진전이라는 새로운 변동 속에서 일부 한국인은 기존의 생산물 조세방식의 화폐 조세로의 전화, 가내수공업의 파괴에 의한 생활필수품의 구입, 영농 자금의 증대 등에 따른 화폐 수요의 확대에 대응하여 당면한 해결책의 하나로 일본인의 고리대 사업에 의존할 수밖에 없었고, 이를 이용한 일본인의 무리한 토지 집적이 광범위하게 이루어졌다.

일본인 지주의 토지 집적은 당시 토지 매매 관행에 기본적으로 제약되었다. 당시 토지의 종류는 크게 경지, 휴경지, 황무지, 갈대밭, 염전, 임지, 습지 등으로 분류되었다. 토지 구입은 '기간지'(旣墾地)로의 경우에는 종래로부터 소유자가 갖고 있던 문기를 구입하여 그 사실을 문기에 새로 기입함으로써 이루어졌고, 미간지(未墾地)의 경우에는 스스로 개간을 통해 그 권리를 보장받았다. 농민이 토지를 개간하기 위해서는 먼저 적당한 황무지를 선정한 다음, 촌락에 다소간의 음주료(酒肴料)를 제공하고 동장(村見)의 승낙을 얻어 개간에 착수한 다음, 개간 2년째에는 군아에 수세반별(收稅反別)을 신고하여 확정함과 동시에 군아에 비치된 토지 수세 대장인 유초(類抄)에 등록하고 세금을 납부했다. 그리고 개간자는 그 영수서를 동장에게 제시하고 촌락에 비치된 지세 중개 대장인 중초(中抄)에 기입함으로써 비로소 토지 소유권이 확정되었다. 당시 토지 소유권의 표식은 기간지의 경우는 문기, 미간지의 경우는 유초와 중초에 기입된 것과 매년의 납세 증명서뿐이었다.[14]

이런 토지에 관한 관행으로 인해 경지의 매매 계약은 먼저 지권(地券)인 구 문기와 납세 증명서 그리고 동장, 지사인(知事人, 世話係), 시존위(時尊位, 年寄頭) 등 촌락의 관리와 문기의 집필자가 보장하는 뜻으로 연명 날인한 새 문기(신매도중)를 구입함으로써 성립되었다. 단 개간이나 문기의 분실로 인해 옛 문기가 없는 경우에는 새로 그 내역을 기록한 새 문기와 납세 증명서를 구입하는 것으로 매매가 이루어졌다. 그리고 소유권의 인정 수속은 먼저 납세기에 신구 소유자가 군청의 도봉소(都捧所, 收稅所)에 출두하여 계약 사항을 구두로 유초 기록의 소유자 명의로의 전환을 신청하여 신소유자 명의로 납세한 다음, 신소유자는 그 납세 증명서를 동장에게 제출하여 중초의 명의를 변경함으로써 토지 소유권을 인정받았다.[15]

더욱이 토지 집적 방식은 일본인이 직접 토지 매매 교섭에 나서지 않고, 독점적인 매입자로서 촌락의 대리자를 불러 일방적인 주도 아래 이루어졌다. 요컨대 "본방인이 나아가 구입을 교섭하지 않았다. 본방인이 토지를 구입할 의지가 있다고 표명할 때는 촌락의 대리자는 경지를 팔려는 자를 대표하여 적게는 몇 십 두락부터 많게는 몇 천 두락을 매도하기 위해 2~3리 또는 멀리는 5~6리 떨어진 곳으로부터 방인 소재지에 찾아와서 매입인을 찾았다. 본방인이 스스로 나아가 땅을 매입하지 않았다"[16]고 서술되어 있듯이, 촌락의 대리자가 '경지를 팔려는 자를 대표'하여 일본인과의 토지 매매를 교섭했고, 그 과정에서 문기의 빈번한 이중매매가 이루어졌다.

그런데 이런 이중매매의 원인에 대해 당시 일본인 지주 측의 자료는 이렇게 말한다. 즉 "한인이 본방인을 바라보면 일본인을 모두 농사 경영자처럼 관찰한다. 그리고 그들이 토지를 매각하거나 또는 저당 잡히려는 태도는 마치 어류나 야채류를 팔러 다니거나 또는 신탄을 파는 것과 동일하다. 그들은 문기 목록을 손에 들고 이곳저곳 본방인 사이를 배회하면서 조금이라도 비교적 좋은 상대를 발견하려고 백방으로 뛰어다니는데 수고를 아끼지 않는다. 본방인이 싫다고 거류지로 이주해버리면 그 토지 매수자인 것을 표방하거나 또는 농사 경영자임을 광고하기도 전에 토지를 매각하거나 또는 토지를 저당 잡히려는 한인이 문전성시를 이루고 있다"[17]며 한국인의 토지 소유 의식의 결핍과 전근대적인 토지 매매 관행에서 이중매매의 원인을 찾은 것이다.

그러나 사실은 한국인의 적극적인 대응자세가 엿보인다. 국권 상실이라는 식민지화 과정에서 한국 농민은 전국적인 범위에서 의병을 조직하여 일본인 농장을 습격하는 등 다양한 대항책을 찾았지만, 그 과정에서 종래의 토지 매매 관행을 이용하면서 자신의 토지를 고가로 더욱이 복수의 일본인에게 팔겠다는 발상은 충분히 예상할 수 있다. 한국 농민은 일본인 지주의 토지 매수에 대해 "왜 놈은 3백수십 년 전 조선을 공격해왔다. 처음에는 승리했지만, 결국에는 패배하여 본국으로 물러나고 말았다. 이번도 처음에는 이기겠지만, 결국에는 패배하여 틀림없이 물러날 것이다.

그렇다면 그들은 아무리 매입한 토지일지라도 절대로 가져갈 수가 없다. 그대로 토지를 놔두고 갈 수밖에 없다. 우리는 그때 다시 토지를 되찾을 수 있지 않는가. 지금 팔아서 금전을 챙기는 것이 이득이다"[18]며 대규모 토지를 전매했고, 그 과정에서 문기의 위조 등이 빈번하게 발생했다. 아무튼 이중매매라는 혼돈 현상은 일본인 지주의 과잉 투기열에 기인한 것이고 무리한 토지 집적 과정에서 생겨난 것이었다.

이에 군산 지역 일본인 지주는 "단체를 조직하여 상호 분요(紛擾)를 미연에 방지함으로써 중요한 경영의 근거를 확실히 하고 서로 제휴하여 이 업종의 앞길의 개선 확장을 도모할 필요가 생겨 그 방법으로서 농사조합을 조직한다"[19]며, 일본인 지주 사이의 토지 소유권의 조정기관으로서 군산농사조합을 조직하기에 이른다. 군산농사조합은 효율적인 토지 매수와 '토지 등록제'를 실시함으로써 조합원의 토지 소유권을 보호함과 동시에 개인별 투자액을 신고하여 자체적으로 토지 매수 범위를 결정했다. 매수 대상지의 지명, 자호, 면적, 지표, 매도자 성명 등을 조합에 비치한 토지대장에 등록함으로써 소유권 저당권을 확보하고 이미 구매한 토지에 대해 조합원 간의 분쟁을 방지하도록 만전을 기했다.

조직

조합의 발기인은 러일전쟁 이전부터 군산 지역을 거점으로 상업활동이나 대규모 토지를 집적한 미야자키 게이타로(宮崎佳太郎), 고야마 미쓰토시(小山光利), 나카니시 조이치(中西讓一), 하라타 마쓰시게(原田松茂), 구마모토 리헤이(熊本利平), 시마타니 야소하치(嶋谷八十八)였다. 제1회 창립 총회는 1904년 4월 14일 민회 사무소에서 개최되었다. 총 19명이 참가하여 '규약' 기초 위원으로 나카니시, 고야마, 미야자키를 선출했다.

같은 달 29일에 열린 제2회 창립 총회에서는 '규약'과 '세칙'을 만장일치로 가결했다. '규칙'에 따르면, 조합의 설립 목적은 "농사의 개선진흥을 도모하고 조합원의 이익을 증진시킨다"[20]고 규정되어 있지만, 조합 설립의 최대 목적은 "대체로 농사의 개선과 진흥을 도모하는 데 있지만, 현재 상무(常務)로 실행하고 있는 일은 조합원이 각자 매수한 지소(地所)를 보관하는 대장에 등록하는 데 있다. 즉 조합원의 소유지 등기소로 상호 충돌을 피해 피아의 분잡(紛雜)을 피하는 효과가 매우 크다"[21]고 인정한 것처럼 이른바 이중매매를 방지하는 것에 있었다.

조합은 이를 위해 먼저 '규칙'에 "조합원이 종사하는 농사조사 통계를 만들어 참고할 사항은 이를 조합원에게 통보한다"[22], "조합원 소유 또는 저당 토지대장을 구비하여 대장에 등록함으로써 그 소유권 또는 저당권을 확보한다"[23], "토지대장은 등록과 등록 취소 때마다 이사청에 신고한다"[24], "조합원이 대장에 등록된 토지를 침해받을 때는 본 조합이 그 권리를 옹호한다"[25]는 항목을 각각 설정하여 토지 등록업무를 개시했다.

요컨대 조합은 토지대장에 등록하고 이를 이사청에 신고함으로써 조합원의 토지 소유권을 공적으로 확보함과 동시에 매수한 토지의 이명(里名), 자호(字号), 면적, 사표, 매주의 씨명 등을 조사 등록하여 조합원에게 열람시키는 방법으로 이중매매의 폐해를 방지했다. 조합원의 등록 사항에 대해서 '세칙'에는 "조합원은 소유 또는 저당권을 지닌 토지를 조합 토지대장에 등록하기 위해 한 장 또는 한 점당 다음 각 항을 상세히 기록한 통지서를 조합사무소에 제출해야 한다"[26]고 규정했다. 통지서에는 토지 종별(논, 밭, 거친밭, 갈대밭, 황무지, 습지, 산지, 택지, 가옥, 염전의 구분), 두락수, 결세액, 소재지(토지소재의 군, 면, 동, 리, 평, 각 호자와 거주지명), 구 소유주의 주소와 성명을 기입했다.[27]

조합원의 자격은 "군산 이사청 관할 내에서 농업에 사용하는 토지를 소유한 일본인으로 한정한다"[28]고 규정했다. 그런데 조합원은 후술하겠지만 토지 등록 면적과 진출 지대에 따르면, 비옥한 기간지대(논, 밭)를 중심으로 토지를 집적한 지주와 미간지대(거친 밭, 갈대밭, 황무지)를 중심으로 소유지의 개간과 간척사업을 농장 경영의 방침으로 삼은 지주로 구성되었다. 이 때문에 이후 군산 농사조합은 기간지에서의 품종과 비료의 개량 시험을 위해 추진한 수원 농사시험장 지소의 개설 문제를 둘러싸고 수리 관개 시설의 조기조사를 주장한 후자가 강력하게 반발하는 등 조합 내부에는 의견 충돌도 일어났다.[29]

그러나 설립 단계에서 양 유형의 지주는 이미 확보한 토지 소유권과 저당권 등에 관한 법적 소유를 최우선으로 중시했기 때문에 조합 창립에는 공통의 이해관계를 지녔다. 조합 설립 단계에서 일본인 지주는 무엇보다도 한국인 측의 반일 행동과 이중 매매를 방지하지 않으면 안 되었기 때문이다. 조합 조직은 조합장 1명, 간사 2명, 평의원 12명을 두고 임기는 1년(중임 가능)이었다. 의결 기관으로는 조합 총회와 평의원회가 설치되었는데, 평의원회는 "조합원의 쟁의와 기타 일상 업무에 관한 중요한 사항을 평정 의결"[30]하고 조합원의 "권리 옹호를 위한 청구가 있을 때는 평의원회가 곧바로 위원을 선정하여 조사하고 적당한 조치를 취한다"[31]

는 기능을 담당했다. 조합장과 평의원은 총회에서 선출하고, 간사는 평의원 중에서 임명했다. 조합장은 조합을 대표하고, 간사는 조합장의 보좌 역할을 수행했다. 더욱이 조합에는 명예고문 제도가 있었는데 주로 농사 전문가를 임명했다. 설립 당시의 조합장은 나카니시 조이치, 평의원은 시마타니 야소하치, 하라타 료하치(原田良八), 고야마 미쓰토시, 하라타 마쓰시게, 구마모토 리헤이, 미야자키 게이타로, 가사이 겐타로(笠井建太郎)였다. 간사는 가사이가 임명되었다. 그리고 1905년 3월의 임원 재선출의 결과, 조합장은 미야자키, 평의원은 나카니시, 시마타니, 하라타, 고야마, 하라타, 구마모토, 미야자키, 가사이를 선출했다. 간사는 사토가 임명되었다. 또 1906년 3월 총회에서는 조합장으로 사토, 평의원으로는 미야자키, 시마타니, 다나베 히로시(田辺浩), 가사이, 구마모토, 노지리 야스시(野尻安), 이마이 조지로(今井讓次郎)를 각각 선출했다. 간사는 사토가 연임했다. 조합 임원은 조합 발기인이 대부분이었음을 알 수 있다. 또 조합의 재정은 매기의 분담금으로 운영되었는데 지목별 분담금은 논밭은 1두락당 1리 5모, 거친밭, 갈대밭, 황무지는 10두락당 1리, 산지는 1필지당 1전, 가옥은 1채당 2리 5모, 염전은 1고당 2리였다.[32]

이상과 같이 한국강점 이전에 한국에 진출한 일본인 지주는 이중매매에 따른 손해를 사전에 방지하고 토지 소유권을 둘러싼 법적 문제와 매수지의 합리적인 관리를 위해 군산농사조합이라는 이익단체를 조직했다. 일본인 지주의 토지 집적 과정은 국가, 현, 개인(회사)이라는 진출 주체에 따라 다양한 형태를 보이고 있는데, 군산농사조합은 개인 레벨의 지주가 매수 대상지를 집단적으로 조정하면서 매수 이후의 등록업무도 수행한 이른바 토지 등기소 역할을 수행했다.

3.3 군산농사조합의 활동

토지 등록업무

조합은 먼저 토지 집적 과정에서 속출한 한국인과의 충돌 위험을 강하게 느끼고 그 대응책을 관헌에 요구한다. 1904년 11월 25일 조합은 "군산 지방 농사의 발전에 따라 내지 재주자 본방인 농업자의 수가 점차 증가하고 있다. 동시에 이들 내지 재주자는 한인의 박해를 받아 생명과 재산 상의 위험을 느끼고 있다. 각지에 속발하여 그 영향은 매우 심각하다"[33]는 취지의 '내지 재주 본방 농업자 보호의 건'을 일본 중앙 정부와 공사에 제출했다. 그 결과, 각지에는 헌병과 경찰 주재소가 설치되어 조합은 토지 매수를 위한 무력적인 안전 장치를 획득했다.

그런데 군산 지역에 진출한 일본인 지주는 이익단체로서 군산농사조합을 설립했지만, 1905년 4월 강경 지역에도 동일한 성격의 강경 토지조합이 설립되었다. 이에 양 조합은 관할구역이 서로 중복되었기 때문에 각자 관할구역과 등록 사무의 이관을 도모하여 연합조직으로서 군산 토지 연합조합을 조직했다. 강경 토지조합의 설립에 대해 군산 농사조합은 4월 19일 평의원회를 개최하여 "그 등록 구역은 우리 군산 농사조합의 등록지구와 동일하여 군산 영사분관의 관할지를 포괄하고 있다. 동일한 구역 내에 두 개의 토지 등록소가 생겨나는 셈이다. 따라서 앞으로 여러 분쟁이 생겨날 원인이 될 염려가 있어 적지 않은 영향을 미칠 것이다"[34]며 강경 토지조합의 인가 취소를 영사분관에 요구했다.

그러나 요코타(横田) 분관 주임은 두 단체의 연합을 주장하여 쌍방 대표자의 협의회를 개최하도록 요구했다. 이에 5월 22일 강경 토지조합의 마쓰나가(松永), 후지자키(藤崎), 아사노, 군산 농사조합의 미야자키(宮崎), 나카니시(中西), 고야마(小山), 사토(佐藤), 시마타니(嶋谷), 구마모토(熊本)는 "양 조합 사이에 등록 지구를 구획하고 서로 침범하지 않도록 양 조합은 연합 규약 아래 협동하여 공통의 이익을 도모한다"[35]에 합의하여, 다음 날 강경 토지조합장 사카가미 데이신(坂上貞信)도 참가하여 연합조합 규약 초안을 작성했다. 이 결과 군산농사조합은 5월 27일 임시총회를 개최하여 '군산 토지 연합조합 설치의 건'을 만장일치로 가결하기에 이르렀다. 군산토지연합조합은 7월 26일 연합조합 평의원회를 개최하여 '군산 토지 연합조합 규약 및 세칙'을 협정함과 더불어 다다(多田) 분관주임을 연합조합장으로 선출했다.[36] 이에 따라 군산 농사조합은 종래의 '규칙'과 '세칙'을 개정하기에 이르렀다. 또 대표자회에서는 영사분관에 "양 조합에 이미 등록을 마친 소유권 또는 저당권

에 관해 앞으로 이의가 생겨 영사분관에서 이를 재결할 경우에는
미리 조합의 의견을 자문해야 한다"[37]는 것을 요구하여 조합의 이
익을 확보했다. 이 결과 양 조합 사이에는 등록지구의 분할작업이
이루어져 등록 사무가 인계되었다. 예를 들어 군산 농사조합의 대
표적인 지주인 후지이 간타로의 소유지 일부(은진군 348두락, 어성군
123두락, 여산군 125두락, 석성군 211두락, 공주군 419두락)은 분할작업을
통해 군산 농사조합으로부터 강경 토지조합으로 이관되었다.[38]

표 2-9 군산 농사조합의 토지 등록 면적과 조합원

일시	논	밭	황무지	산림	가옥	염전	총가	조합원
1904. 5	24,644	484	1,171	9	-	-	249,829	45
1904. 12	83,900	2,750	3,933	22	-	-	653,590	73
1905. 12	111,510	5,875	4,998	24	-	-	940,702	99
1906. 12	144,783	11,479	7,178	75	1,485	799	1,303,552	125
1907. 12	169,161	21,434	9,078	115	2,436	1,170	1,386,344	165
1908. 12	192,940	25,960	11,200	176	2,640	1,170	1,643,135	188
1909. 12	204,737	26,157	12,293	176	2,640	1,170	1,763,317	196
1910. 8	184,737	26,157	12,293	165	2,426	949	1,961,608	196

출처_ 「群山農事組合槪況」, 『朝鮮視察資料(全羅北道之部ノ二)』1910.

또 『월보』에는 조합 공시 사항으로 매월 조합에 가입한 신입회

자와 탈회자의 추이, 조합원의 출신 부현별 조사표, 등록 지소 일람표 등이 게재되었는데, 그중에는 일부 매도인의 씨명도 게재되었다. 〈표 2-9〉는 조합의 토지 등록 면적과 조합원 수의 추이를 정리한 것이다. 이에 따르면 지목별 소유 면적이 지속적으로 확대하고 있음을 확인할 수 있다. 또 투자 총액은 설립 당시 24만 9,829원에서 1910년 8월 현재에는 96만1,608원에 달했고, 조합원 수도 45명에서 196명으로 증가했다. 〈표 2-10〉은 조합원 등록 토지의 군별 분포를 나타낸다. 조합의 소유지는 전북의 평야 지대인 옥구, 임피, 익산, 만경을 중심으로 충남에까지 분포하고 있다.

표 2-10 군산농사조합 등록지의 군별 분포(1910년 8월 현재)

	논	밭	황무지	가옥	산림	염전
옥구	19,180	1,750	2,010	333	43	949
임피	40,575	5,140	2,445	721	36	-
익산	46,641	9,882	3,838	1,075	67	-
김제	33,842	2,782	717	96	5	-
만경	13,105	2,434	871	102	12	-
함열	823	508	1,130	9	-	-
금구	5,601	271	-	-	-	-
고부	9,997	448	79	-	-	-
부안	5,248	123	14	57	2	-
태인	5,317	2,125	-	-	-	-

전주	3,308	625	-	-	-	-
석성	233	-	-	-	-	-
은진	1,596	24	-	-	-	-
공주	419	-	-	-	-	-
임천	40	15	1,180	25	-	-
어성	123	-	-	-	-	-
여산	450	12	2	-	-	-
부여	4	-	-	-	-	-
한산	5	5	-	-	-	-
서천	200	14	14	10	-	-

출처_「群山農事組合槪況」,『朝鮮視察資料(全羅北道之部 ノ 二)』1910.

〈표 2-11〉과 〈표 2-12〉는 조합원의 출신 부현별 분포와 유력한 토지 등록자(50정보 이상)의 소유 면적을 나타낸다. 조합원 196명 가운데 그 대부분은 구마모토, 야마구치, 히로시마, 오사카, 나가사키를 중심으로 한 서일본 출신자이고, 도쿄와 다른 현 출신자도 포함되어 있다. 또 토지 등록자를 보면 크게 일본 국내의 자본가(재벌)과 화족, 재조일본인 상인, 일본 국내의 지주와 상인으로 분류할 수 있는데, 1920년대 이후에 작성된 전북 지역 지주 명부를 통해 확인할 수 있는 대지주가 대부분 망라되고 있다.[39] 이는 일본인 대지주의 한국 진출이 이미 한국강점 이전에 이루어졌음을 말하고 있다.

표 2-11 군산농사조합의 출신 부현별 조합원 수

	조합원 수		조합원 수		조합원 수		조합원 수
熊本県	33	三重県	6	群馬県	3	福井県	1
山口県	33	京都府	6	大分県	3	愛媛県	1
広島県	16	新潟県	5	石川県	3	長野県	1
大阪府	14	和歌山県	5	岐阜県	2	埼玉県	1
長崎県	14	岡山県	5	徳島県	2	北海道	1
東京府	10	愛知県	4	静岡県	1	鳥取県	1
兵庫県	8	鹿児島県	4	滋賀県	1	福島県	1
福岡県	6	佐賀県	4	島根県	1	합계	196

출처_「群山農事組合概況」, 『朝鮮視察資料(全羅北道之部ノ二)』, 1910.

표 2-12 군산 농사조합의 토지 등록자와 소유 면적(1910년 8월 현재)

씨명	대리인	논	밭	합계
大倉喜八郎	田中一熙	2,404.0	9.3	2,413.3
細川護成	黒田二一	891.5	90.5	982.0
藤井寛太郎		840.0	66.1	606.1
大隅與一	技吉元信	769.1	10.7	779.8
楠田義達		474.6	10.0	484.6
眞田茂吉		418.0	47.3	465.3
桝富安左衛門		318.3	52.4	370.7
川崎藤太郎		315.2	53.4	368.6
中柴万吉		285.3	74.6	359.9
宮崎佳太郎		349.9	6.7	356.6

嶋谷八十八		260.2	61.1	321.3
本山彦一	熊本利平	190.3	54.7	245.0
前田恒太郎	大森五郎吉	209.7	6.7	216.4
児嶋大吉		178.4	39.0	217.4
藤田俊一	橋本央	202.3	0.0	202.3
大森五郎吉		194.9	3.5	198.4
熊本利平		156.9	26.0	182.9
田中長三郎	熊本利平	164.0	0.0	164.0
今村一次郎		97.4	53.7	151.1
高田トミ	佐藤福太郎	149.7	0.0	149.7
松永安左衛門	熊本利平	144.3	0.0	144.3
金子圭助	大村東次郎	124.9	0.0	124.9
木庭璞也		114.2	7.5	121.7
吉田永三郎		107.5	12.6	120.1
佐分煩一郎	熊本利平	120.0	0.0	120.0
牛場卓藏	熊本利平	114.5	0.0	114.5
井上工一		64.9	15.5	80.4
岩下淸周	熊本利平	103.7	0.0	103.7
大池忠助		100.7	0.0	100.7
高久敏夫	岡田滝次郎	97.9	0.3	98.2
林龍太郎	熊本利平	97.4	0.0	97.4
甲斐只雄		85.3	2.5	87.8
藤本淸兵衛	熊本利平	84.5	0.0	84.5

		63.1	20.8	83.9
片桐和三		63.1	20.8	83.9
橋本央		68.6	2.8	71.4
相川藤平	岡田滝次郎	60.0	0.0	60.0
森久商會	森井亀之助	68.0	0.5	68.5
森谷元一		50.5	13.3	63.8
本松光雄		55.6	4.3	59.9
猿凡又左衛門	佐藤福太郎	57.5	0.0	57.5
鈴木桝次郎	熊本利平	55.2	0.0	55.2
梶原貞三郎	森谷元一	55.0	0.0	55.0
益田安雄	宮崎林六	37.0	16.7	53.7
細川清若		47.6	2.9	50.5
田坂佐三郎		47.8	2.5	50.3
笠井建二郎		47.3	2.7	50.0

출처_ 「群山農事組合槪況」, 『朝鮮視察資料(全羅北道之部ノ二)』, 1910.

〈표 2-12〉에는 토지 등록자의 대리인이라는 항목으로 구별하고 있는데, 대리인이란 타 자본가의 토지를 대신해서 매수할 경우 또는 그 토지 소유자가 대리인에게 소작제 농장 경영을 위탁하는 것을 의미한다. 당시 일본인 지주는 농장 경영의 이익이 일정한 수준에 이를 때까지 예를 들어 구마모토 리헤이처럼 일찍이 한국에 진출한 사람이나 한국 사정에 정통한 일본인 지주에게 위탁 경영을 의뢰한 사례가 많았다. 이 시기에 토지를 집적한 일본인 지주의 특징은 앞에서도 말한 대규모 토지 소유자가 많았다는 점과 또 일

부에서는 곧바로 농장 경영에 착수하지 않고 수익의 추이를 확인하기 위해 다른 일본인 지주에게 위탁 경영을 의뢰한 점이다.

농장 경영

조합은 설립 본래의 목적인 매수지의 등록 업무 이외에 합리적인 농장 경영을 위한 활동도 펼쳐나간다. 먼저 조합은 설립 직후부터 소작제농장 경영상의 각종 정보의 교환을 위해 농담회를 정기적으로 개최했다. 강사로는 5월 28일 농상무성 기사 안도 히로타로(安藤廣太郎), 하야시 단사쿠(林彈作), 7월 22일에는 오사카 마이니치신문사 사장 모토야마 히코이치(本山彦一), 군산 영사분관 주임 다다 등을 초대했다.

또 조합은 1904년 12월 12일 일본 국내에서 수입세를 증액하려는 움직임에 대해 '수입 곡물세안 부결 진정서'를 귀족원과 중의원 양원의 각 의원에게 발송했다. 조합원은 토지 매수에 의한 농장 설치와 소작제 농장 경영을 통해 징수한 소작미의 반출에 토지 경영의 이익을 추구했기 때문이다.

'진정서'의 내용은 "제21회 제국의회에 제출된 수입 곡물세 증징안은 재한 농업자에게 커다란 타격을 주는 것이다. 이는 동시에 일한 무역에 엄청난 장해를 초래할 뿐 아니라, 본방 내지의 대다수 국민은 증징의 결과 거액의 부담을 증가하는 것으로 매우 적합하지 않은 징세이다"[40]는 것으로 조합은 각지의 상업회의소 등에도 동일한 내용의 통지서를 송부하여 반대 운동을 펼쳐나갔다. 그리고 조합은 상업회의소 연합회가 주도한 곡물 수입세 폐지운 동에도 경비의 분담금으로 30원을 지출했다.[41]

더욱이 조합은 소속 조합원이 경작 재배하는 농산물의 견본을 조합 사무소에서 수집·보존하고 구매 조합을 조직하여 농산물의 종자, 농구, 비료 등도 공동 구매하는 등 합리적인 소작제 농장 경영을 도모했다. 그리고 『월보』에는 조합원의 농장 경영 상황과 농황을 게재했다.[42]

이처럼 조합은 토지 등록 사무 이외에도 농담회의 개최와 농업계의 동향 등을 전달했지만, 조합 활동의 최대 목적은 어디까지나 토지 소유권의 안정적인 확보에 있었다. 즉 "조합에서는 시종일관 등록 사무를 정돈하여 조합원의 소유권과 저당권을 확보하도록 노력했다"[43]는 기술은 이중매매를 사전 방지하여 토지 소유권을 확보하는 것이 조합의 중심적인 활동 내용이었다는 것을 말해준다. 토지 소유권의 획득 이후 조합은 효율적인 소작제 농장 경영을 위한 정보도 교환했지만, 그보다 오히려 한국인의 강렬한 저항을 근저로부터 억압하는 것이 급선무였기 때문이다. 이런 조합 활동의 배경으로는 조합원의 소유지가 비옥한 기간지를 중심으로 분포되었기 때문에 조합원의 대다수는 다액의 비용이 필요한 수확물의 증산을 장려하기보다 소작인으로부터 확실한 소작미를 징수하는 방침이 이익이었다.

이런 조합의 방침은 한국 농업과 농법에 대한 인식의 전환으로부터도 확인할 수 있다. 일본인 지주는 일본 농업의 뛰어난 농법을 한국에 도입하여 한국 농업을 발달시키자고 주장했지만, 이에 대해 구마모토 리헤이는 비료 시비 문제와 관련하여 기고했다. 즉, "종래 우리 방인의 대다수는 한인의 농업이라면 철두철미하게 졸렬하다며 이를 완전히 배격하고 근저로부터 일본 방식으로 바꾸어야 한다고 생각했다.

그러나 근래 들어 점차 한국의 농사에 정통해짐에 따라 한인의 농법이 잘못된 것이 아니라는 것을 발견하기에 이르렀다. 실제로 작년과 금년의 성적을 보더라도 대개 본방 농부가 경작한 미전은 오히려 한인의 그것보다 못해 보인다. 앞으로 다년간 우리 농부가 연구에 게을리하지 않고 실험을 쌓은 다음에는 몰라도 지금은 수완이 도저히 한인 농부를 따라갈 수 없다고 단언하더라도 결코 과언이 아니라고 믿는다. 이에 우리는 그동안 등한시해온 한인의 농법을 점차 충실하게 연구할 필요를 느낀다"[44]는 기술은 기존의 한국 농업에 대한 무지와 편견과는 다른 인식으로, 일본인 지주의 토지 집적 과정과 이민 사업의 실패에 따른 소작제 농장 경영으로의 전환이라는 구도를 고려할 때 주목할 필요가 있다.

그리고 조합은 등록 사무를 촉진함과 동시에 소작제 농장 경영을 적극적으로 장려하기에 이르렀다. 일본인과 한국인 농가의 경영 상황에 대해 "본방 농부의 성적이 한인에 비해 오히려 열등하다고 고백하지 않을 수 없다. (…) 본방 농부는 자연의 현상을 이해하지 못한 채 한국의 농사를 그저 유치한 것으로 오해하여 암묵적

으로 고국의 원예적 농법을 실행하려는 경향이 있다. (…) 제초에
서 본방 농부는 완전히 무능하다. 본방 방식의 제초는 한국처럼 잡
초가 만연한 수전에서는 거의 아무런 효능이 없다.

요컨대 본방 농부는 앞으로 수년간 배워 숙달하지 않으면 그들
이 희망하는 것과 같은 성적을 거두기 어려울 것이다"[45]는 사토 세
이지로(佐藤政次郎)의 '고백'은 일본인 지주가 소위 '선량한 일본
인'의 도입에 의한 자작 경영을 추진했지만, 결국 한국인 소작농에
의한 소작제 농장 경영으로 방향을 전환하던 정황을 잘 나타낸다.
이에 조합은 이익제일주의에 따라 철저한 소작미 징수를 계기로
발생할 수 있는 소작쟁의에 공동 대응해나간다.

소작쟁의 대책

조합의 주요 활동이 토지 등록업무로부터 합리적인 소작제 농
장 경영을 위한 정보 전달이라는 방침으로 전환됨에 따라 『월보』
에는 토지 등록사항에 관한 기사만이 아니라, 점차 토지 매수 이
후의 농장 경영과 구역 내의 소작인 대책에 관한 기사가 늘어갔
다. 예를 들면 1905년 10월 구스다 농장(楠田農場)에서 소작료 산정
을 둘러싼 지주와 소작인과의 충돌에 대해 『월보』는 이렇게 말한
다.[46]

지난 10월 13일 조합원 구스다 요시다쓰(楠田義達)는 임피군

접산리(蝶山里)에 있는 농장에 출장하여 일단 순찰한 다음, 다음 날 14일 소작인과 본년도 소작미에 대해 협의하던 중이었다. 그런데 많은 소작인이 몰려들어와 처음부터 온갖 구실을 들어 부당한 요구를 강청했다. 이에 구스다는 그들에게 별다른 훈계를 하지 않았지만 요구를 결코 받아들이지 않았다. 그 다음날에 이르러 소작인들은 오히려 더 많이 몰려들어 북을 치면서 기세를 올렸다. 수백 명이 무리를 이루어 불온한 상황이 전개되었다. 그들이 구스다의 집에 침입하여 욕설과 난폭을 일삼는다는 보고가 들어왔다. 이에 본 조합은 18일 임시평의원회를 개최하여 동 석상에서 구스다의 구두진술을 듣고 협의한 끝에 당국자의 응급처단을 촉구하기로 결정했다. 평의원 일동은 영사분관에 출두하여 여러 사정을 자세히 진술했다. 당국에서도 불온한 정보를 접하고 한국 경찰서와 교섭하여 본방 경관 5명과 한국 순사를 모두 출동시켜 같은 날 곧바로 출동하여 관계자 두민(頭民) 이하 2~3명의 중심인물을 포박하여 경찰서로 돌아왔다.

소작쟁의에 관한 종래의 연구는 자료상 주로 3·1운동 이후의 삼남 지방을 중심으로 전개된 쟁의를 중심으로 분석이 이루어지고 있지만,[47] 이미 이 시기에도 소작쟁의가 활발히 전개된 사실은 흥미롭다. 구스다 농장의 사례는 한국강점 이전의 소작쟁의의 전개 양상, 그리고 군산 농사조합 평의원회와 관헌 측의 대응책 등을 잘 보여주는 사례일 것이다.

또 조합은 조합 구역 내에서의 소작쟁의에 공동으로 대응했지만, 1906년 2월 나카니시 농장(中西農場)에서의 소작인에 의한 농장 사무원 폭행 사건에 대해서도 소작인의 취체를 요구하는 청원서를 제출했다. 군산농사조합 평의원회가 간사인 사토 세이지로 명의로 2월 13일 군산이사청에 제출한 청원서의 전문은 다음과 같다.[48]

지난 1월 23일 본 조합의 나카니시 조이치 농사사무소의 출장원 유카미 요시타로(湯上吉太郎)와 기무라 가이치(木村改市) 두 명에 대해 옥구군 원정리(元政里)의 소작인들이 가한 폭행사건의 전말에 대해서는 이미 알고 있을 것임으로 상세한 내용은 생략하겠습니다. 원래 이 사건은 촌락의 모든 소작인 수십 명이 협동하여 도조(睹租)를 태납할 뿐만 아니라, 지주의 대표자인 출장원에 대한 온갖 협박과 폭행을 가한 사건입니다. 기무라는 다행스럽게도 구사일생으로 목숨을 건졌지만, 유카미는 중상을 입어 반사반생의 모습이 되어 그 상처는 지금도 아물고 있지 못할 정도로 사태가 결코 가볍지 않습니다. 폭동 연루자에 대한 신속하고 엄중한 처분을 단행하여 곧바로 선후(善後)의 방법을 실행해야 함은 말할 필요도 없습니다. 만약 처분을 가볍게 하거나 늦추면 군산방면의 농사발전의 추세에 좋지 못한 영향을 미칠 것입니다. 시급한 조사를 통해 폭행자에 대한 적당한 처분을 단행하고 앞으로의 모범으로 삼아 군산방면 농사의 발전에 장애가 초래하지 않기를 바라마지 않습니다.

또 군산 농사조합은 농장 경영의 안정을 도모하기 위해 전북 지역에서 활발히 전개된 의병의 진압을 위해 통감부에 진압 병력의 충원을 요청하는 진정서를 송부했다. 1907년 11월 18일 조합은 상공회의소와 민단 합동으로 "폭도가 전주 평야 각지에 출몰하여 농사 경영자는 물론 행상자가 심각한 위험에 빠져 상업은 거의 단절되었다. 현재 수비 병력으로는 치안을 지킬 수 없기 때문에 신속히 병력을 증파하여 보호해주기를 바란다"[49]는 청원서를 이토 히로부미 통감 앞으로 보냈다.

이상 구스다 농장과 나카니시 농장의 사례 그리고 치안 확보를 파병 요청의 청원은 군산 농사조합이 설립 직후의 토지 등기소의 역할에서 점차 소작제농장 경영을 위한 정보 교환, 특히 소작쟁의 등 한국인의 저항에 공동 대응하는 단체로 성격이 변해가고 있음을 보여주고 있다. 이는 통감부가 '토지가옥증명규칙'과 '토지가옥소유권증명규칙'을 한국 정부에 강요함으로써 조합 설립 당초 최대의 불안정 요소였던 토지 소유권의 법적 보장 문제가 어느 정도 '해결'되었다는 것을 의미한다.

그리고 그 배후에는 일본인 지주가 추구한 자작 경영(또는 이민 유치)에 의한 '한국 농업의 일본화'가 앞에서도 지적한 농경지의 지질, 농법, 기후 등의 차이로 실패하여 농장 경영의 방침이 한국인 농가의 사역에 의한 소작제 농장 경영으로 변경됨에 따라 농장 지역에서 발생하는 소작쟁의에 대한 집단 대응이라는 방향으로 전환해 나갔다고 말할 수 있다.

러일전쟁 전후 일본의 한국 침략은 강력한 군사력을 배경으로 정치, 군사, 사회 경제, 문화 등 여러 방면에 걸쳐 주도면밀하게 이루어졌다. 통감부는 전국적인 범위에서 분출한 의병 운동을 철저히 탄압하면서 기존의 권력 기구를 통감부 권력 밑으로 종속시킴과 동시에 사회 경제적으로는 화폐 정리 사업과 역둔토 조사 사업 등의 실시를 통해 한국 사회의 경제 시스템을 재편성했다. 이런 한국 사회 경제의 재편성 과정은 '새로운 영토', 즉 한국에서 고율의 이익을 올리려는 일본 상인과 지주 계층의 급속한 한국 진출과 하나가 되어 더욱 가속화되었다. 일본인 지주의 토지 집적 과정은 국가, 현, 민간 등 다양한 진출 주체에 따라서, 또 기간지대와 미간지대를 대상으로 불법적인 매매 방식을 통해 진행되었다고 요약할 수 있다. 이런 과정에서 군산 농사조합은 기간지형 지주가 당시 토지 집적 과정에서 빈번하게 발생한 이중매매를 조직적으로 방지하면서 토지소유권과 저당권 등을 법적으로 확보하려는 목적으로 조직된 것이었다.

조합은 이중매매를 방지하기 위해 조합원의 투자 역량을 토지 구입 이전에 신고의 형태로 파악한 다음, 그에 따른 토지 매수의 범위를 결정하고 매수 대상지의 지목, 두락수, 결세액, 토지 소재지, 매주의 씨명 등을 조사 등록하여 조합원에게 열람시켰다. 그러나 조합의 활동은 토지 소유권 제한의 철폐를 계기로 초기의 토지등기소적인 역할에서부터 점차 매수 이후의 소작제 농장 경영을 위한 상호 정보 교환과 소작쟁의에 공동으로 대응하는 조직으로 변모되었다. 이 단계에서는 당초 설립 목적이었던 토지 소유권의 법적확인 문제는 '토지 가옥 증명규칙'과 '토지 가옥 소유권증명규칙'의 공포를 통해 어느 정도 보장되었을 뿐만 아니라, 조합원 상호간의 충돌 원인으로서의 토지 집적 범위의 조정 작업도 거의 완료되었기 때문일 것이다.

한편 조합은 한국강점에 의한 무단통치 체제의 확립과 '토지조사사업'의 시행을 통해 그 본래의 존재 의의가 차츰 소멸되어 결국 해산을 맞이한다. 조합 해산의 정확한 경위는 명확하지 않지만 토지 등록 면적이 1910년 8월 말까지 집계된 점을 고려하면, 한국강점 전후의 시기까지 존속되었다. 그리고 해산 이후는 '토지조사사업'의 실시에 따라 토지 소유권의 최종적인 법적 확인 과정을 거치면서 농회 조직으로 편입되었다. 다수의 조합원은 이후에도 한국 농업계의 중진으로서 다방면에 걸쳐 활약하고 있고, 많은 멤버가 한국중앙농회에 참여한 것을 고려하면 조합은 점차 농회로 흡수되었다고 판단한다.

'토지조사사업'의 목적은 일본인 지주의 토지 소유권만이 아니라, 일부 한국인 지주의 소유권도 법적으로 확인시킴으로써 식민지 지배 권력의 동반자로서 적극적으로 활용하려는 측면이 작용했는데, 농회에는 한국인 지주도 새로운 조직의 구성원으로 참여한다. 일본인 지주는 지역 단위에서 합리적인 소작제 농장을 경영하기 위해 '토지조사사업' 이후 한국인 지주를 동일 단체에 포섭하고 소작쟁의 등 소작인 측의 저항에 조직적으로 대처해 나갔다.

군산 농사조합의 설립부터 해산에 이르는 활동은 한국강점 전후의 일본인 지주의 토지 집적 과정과 소작제 농장 경영의 추이를 잘 보여주는 사례이다. 군산 농사조합은 개항장을 기반으로 내륙의 토지를 집적해 나가던 일본인 지주들이 한국인의 다양한 토지 매수 방해 활동을 모면하고, 안정적이고 합리적인 토지 매수와 농장 경영을 도모하려는 고육지책이었다고 말할 수 있다. 토지 소유권의 보장, 농업 경영 정보 공유, 그리고 소작쟁의에 대한 공동 대응 등의 활동이 이런 성격을 잘 보여주고 있다.

III부 식민자의 체험과 기억

1. 벌교지역 재조일본인 사회와 '풀뿌리' 침략

1.1 재조일본인 사회의 형성

"당신의 고향은…"이라고 물으면 나는 "한국입니다"라고 대답한다. 그중에는 이상한 표정으로 나의 얼굴을 바라보는 사람도 있지만, 개의치 않기로 마음먹었다. 그만큼 소년기 한국의 기억은 내 마음속에 뜨겁게 달궈져 있다. 그중에서도 벌교의 기억은 초등학교 고학년 시절을 보냈던 만큼 기억의 저금통 속에 지금도 남아 있다. 개구쟁이로 조금 뒤틀린 소년이었지만 다정하게 가르쳐주신 선생님, 잘 놀아주던 동급생 여러분의 얼굴이 문득문득 떠오른다. 짧은 시간이었지만 벌교는 나의 고향이다.

위 인용문은 1989년 구(舊) 벌교 귀환자 모임인 전국벌교회가 간행한『추억의 문집, 벌교』(思い出文集, 筏橋)에 수록된 엔도 히사유키(遠藤久之)라는 사람의 식민지 기억의 편린이다.[1] 식민지 조선에서 태어난 엔도는 벌교에서 1년 반 동안 초등학교 시절을 보내고 일본 중학교로 진학을 위해 귀환한 뒤, 패전 후에는 주고쿠 신문사(中國新聞社) 기자로 활약한 재조일본인 2세다. 그의 회상에 따르면 '개구쟁이' 시절의 벌교는 '기억의 저금통'에 고스란히 남아 있을 정도로 선명한 모습으로 형상화되어 있다. 고향을 한국이라고 말하는데 주저하지 않을 정도로 강렬한, 말하자면 식민지 조선을 순진하게 그리워하는 기억이다.

여기에서는 호남의 남해안에 인접한 보성 지역을 중심으로 재조일본인이 그 중심부인 벌교에 세운 식민 사회의 구조적 특징을 규명하려 한다. 알다시피 벌교는 바다로 직결되는 지리적 특성을 지니고 있고, 내륙부의 비옥한 농경지는 소작제 농장 경영과 미곡 유출을 통한 수익의 창출을 기대할 수 있는 '기회의 땅'으로 주목받았다. 1897년 목포의 개항과 1914년 호남선의 개통 이후 보성 지역의 일본인 인구는 급증했고, 그들은 다양한 사회 조직을 이루면서 식민 기지를 창출해나갔다. 또한 주변에 위치한 여수는 1930년 전라선 개통과 동시에 시모노세키를 연결하는 관려(關麗) 연락선이 운항되는 등 호남 남부 지역의 자원과 노동력이 일본으로 송출되는 통로였다. 벌교는 호남 지역 남부에 거주한 재조일본인들의 소위 '풀뿌리 침략'의 구조가 어떻게 형성되었고, 식민지 사회에 미친 그들의 영향이 어떠한 방식으로 확대되었는지를 규명할 수 있는 사례이다.

목포는 1897년 10월 공식적으로 개항되었는데, 개항과 더불어 83명의 일본인이 거류하고 있었다. 목포는 배후의 미곡 산지에 지리적으로 접근하기 용이했기 때문에 일본인의 진출이 활발했다. 개항 다음 달 목포 거류민은 153명(남성 135명, 여성 18명)으로 증가했다. 직업별 호수를 살펴보면 날품팔이 30호, 임시 고용 28호, 잡화 15호, 목수 15호, 도매 9호, 무역 5호, 총 102호였다. 날품팔이와 임시 고용의 합계가 약 57퍼센트를 차지하고 있다. 출신지를 보면 나가사키 51명, 야마구치 28명, 오이타 11명, 도쿄 10명, 오사카 9명 등이다. 타 지역과 같이 주로 서일본 지역 출신자가 많았음을 알 수 있다. 1890년대 후반에는 서일본 지역만이 아니라, 도쿄와 오사카로부터 이주하는 일본인도 늘어났다.[2]

개항과 동시에 이주한 대표적인 인물은 오이타 출신의 어부 나가우라 젠우에몬(長浦善右衛門)이다. 그는 개항 이전에 풍랑을 피해 입항한 적이 있던 목포가 천혜의 양항이자 새우의 보고라는 사실을 인지했다. 나가우라는 이주하자마자 목포에서 어시장을 창설했다. 나가우라는 이후 어시장이 공설로 전환되자 목포의 동쪽 고흥반도에 이주해서 면화를 재배했는데, 그의 말에 따르면 '미국 남부와 같은 대농원'[3]이었다고 한다.

1898년 말 목포의 거류민은 907명으로 급증했다. 같은 해 11월 말 직업별 호수를 살펴보면 제일 많은 것은 목수 100호였다. 목포에서 목수가 차지하는 비율이 높은 것은 새로운 개항장에 들어와 가옥을 신축하는 사람들이 많았기 때문일 것이다.[4]

목포 개항으로 일본인의 벌교 이주도 활발해졌다. 일본인들은 다양한 이유와 목적으로 벌교에 정착해 '일확천금'과 '입신출세'를 노리면서 일본인 사회를 형성했다. 벌교는 재조일본인에게 '신천지'였다. 벌교 지역의 일본인은 특히 한국강점 이후 호남선 개통과 더불어 인구가 증가되었는데, 전남 경찰부 조사에 따르면 1913년 말 현재 벌교의 일본인은 76호 251명이었다.[5] 이 중에는 러일전쟁에 종군한 다음 벌교에 정착한 사람들도 있었고, 만주에서 스파이로 활약한 경력의 교사도 있었다.[6] 특히 주변 지역인 목포나 광주, 순천 거류민에게 벌교는 당연히 진출 대상 후보지 중 하나였다. 목포에서 사업에 실패하자 재기를 위해 벌교로 이주한 경우도 있었다.[7]

〈표 3-1〉은 보성군의 민족별 인구와 면별 구성을 나타낸다. 보성군의 일본인은 1921년 217호 837명, 1923년 209호 756명, 1925년 214호 797명, 1928년 234호 910명, 1933년 381호 1,375명으로 점차적으로 증가했다. 면별 분포 현황을 살펴보면, 일본인은 주로 벌교(135호 555명), 보성(121호 372명), 득량(39호 167명)에 집단 거주하고 있음을 알 수 있다. 보성에는 주로 관리가 거주했고, 벌교와 득량에는 상공업자와 농사 경영자가 집단 거주했다. 조선인의 경우는 면별로 골고루 분포하고 있으나, 벌교에 4,063호 1만9,904명이 거주하고 있다. 벌교의 총인구는 보성보다 두 배가 많은 총 2만480명에 달했다. 벌교는 보성군 최고의 번화가였다.

표 3-1 보성군의 민족별 인구와 면별 구성

	조선인		일본인		중국인		합계	
	호수	인구수	호수	인구수	호수	인구수	호수	인구수
1921년	16,855	83,625	217	837	10	44	17,082	84,506
1923년	17,844	87,588	209	756	14	60	18,067	88,404
1925년	18,599	89,670	214	797	16	70	18,829	90,537
1928년	17,541	89,918	234	910	19	85	17,794	90,913

1933년	19,261	93,397	381	1,375	20	153	19,661	94,925
보성	1,950	8,996	121	372	2	8	2,073	9,376
노동	1,037	4,612	2	5	-	-	1,039	4,817
미력	979	4,595	2	7	2	2	983	4,604
겸백	1,037	5,086	31	59	-	-	1,068	5,145
율어	1,047	5,872	1	2	-	-	1,048	5,874
복내	1,545	7,634	8	25	-	-	1,553	7,659
문덕	1,590	7,497	2	6	-	-	1,592	7,503
벌교	4,063	19,904	135	555	8	21	4,206	20,480
조성	1,678	8,150	21	88	-	-	1,699	8,238
득량	1,871	8,783	39	167	7	121	1,917	9,071
회천	1,595	7,885	11	48	1	1	1,607	7,934
웅치	869	4,183	8	41	-	-	877	4,224

출처_ 梁川覺太郎, 『全羅南道事情誌 全』, 全羅南道事情誌刊行會, 1930, 675쪽; 片岡議, 「寶城郡發展史」, 『南鐵沿線史(完)』, 片岡商店, 1933, 2쪽.

일본인이 보성 특히 벌교에 주목한 것은 벌교의 지리적 조건과 경제적인 가치 때문이었다. 벌교는 보성, 고흥, 순천의 교차점에 위치한 교통의 중심지였다. 또 배후에는 낙안평야와 칠동들 장양 간척지 등 광활한 농경지가 분포했고, 벌교항을 중심으로 수자원의 보고인 여자만이 있어 일본인의 진출이 활발한 지역이었다.

1887년에는 가와사키 진베이(川崎甚平)와 진구로(甚九郎) 형제, 이어서 마도노 이지(眞殿伊治)가 120명을 이끌고 조선에 출어했다. 이들은 절영도, 방어진, 포항, 벌교, 나로도에 근거지를 만들어 정주하기 시작했다. 또 이들은 어업만이 아니라, 수산물 가공을 비롯해 잡화상, 어구, 세탁소, 전기가게 등을 겸업하는 자도 생겼다. 벌교의 경우 대표적으로는 가나야 이치지(金谷一二)와 다이스케(大介) 형제처럼 정미업을 시작으로 농장 경영에 나선 인물도 있었다. 그는 벌교만이 아니라 만주에서도 2,000정보의 농지를 소유할 정도로 부를 축적했다.

〈표 3-2〉는 보성군의 직업별 호수를 나타내는데, 1933년 현재 조선인의 직업별 호수는 농림목축업이 압도적이었고, 이어서 상업과 교통업이 상대적으로 많은 편이었다. 보성이 지니는 교통과 해상의 요충지라는 경제적 가치를 잘 표현하고 있다. 일본인의 직업별 호수는 상업과 교통업이 130호로 가장 많았고, 이어 공무와 자유업 104호, 농림목축업 65호, 공업 47호 순이다. 보성지역에는 일찍이 일본상인을 비롯해서 식민지 관리와 지주 등이 다수 진출했음을 알 수 있다.

표 3-2 보성군의 직업별 호수(1933년 현재)

(단위: 호)

	조선인	일본인	중국인	합계	비율(%)
농림목축업	15,764	65	5	15,834	80.53
어업과 제염업	434	2	-	345	1.75
공업	341	47	6	464	2.31
상업과 교통업	1,052	130	9	1,191	6.03
공무와 자유업	278	104	-	382	1.89
기타	856	33	-	889	4.51

| 무직과 불명 | 557 | - | - | 557 | 2.83 |
| 계 | 19,261 | 381 | 20 | 19,662 | 100.0 |

출처_ 片岡議, 앞의 책, 3쪽.

〈표 3-3〉은 벌교항의 무역액 누년표이다. 이에 따르면 무역액 총계는 1923년 128만7,222원이었지만, 이후 계속 증가해 1924년 184만6,285원, 1925년 620만4,495원으로 격증했다. 이출은 미곡 등 농산물과 수산물을 중심으로 1923년 55만5,890원, 1924년 89만1,696원, 1925년 363만3,670원, 이입은 1923년 73만2,332원, 1924년 95만4,588원, 1925년 247만825원으로 각각 증가했다. 상거래액도 1925년 87만7,800원, 1926년 71만575원이었으나 1927년에는 665만4,146원으로 늘어났다.

표 3-3 벌교항의 무역액 누년표

(단위: 원)

	이출	이입	총계	상거래
1923년	555,890	732,332	1,287,222	-
1924년	891,696	954,588	1,846,285	-
1925년	3,633,670	2,470,825	6,204,495	877,800
1926년	1,993,230	3,001,178	5,675,602	710,575
1927년	2,108,550	3,566,052	4,994,408	6,654,146

출처_ 梁川覺太郎, 앞의 책, 682쪽.

〈표 3-4〉는 보성군의 경지 면적을 나타낸다. 총경지 면적은 1만

5,000정보를 넘었고, 논이 압도적으로 많은 비옥한 수도작 지대였다. 또 자작지와 소작지 비율을 보면 자작지는 1925년 1만2,181.2정보에서 1933년 6,424.1정보로 감소하고, 소작지는 같은 시기 3,727.6정보에서 9,972.7정보로 증가했다. 소작지의 증가는 조선인 지주를 포함한 일본인 지주의 토지 소유가 확대되었음을 의미한다. 참고로 1933년 현재 보성의 농가 구성은 지주 483호, 자작농 1,181호, 자작 겸 소작농 5,915호, 소작농 7,818호였다.[8]

표 3-4 보성군의 경지 면적

(단위: 정보)

	논	밭	계	자작	소작
1925년	12,181.2	3,726.6	15,907.8	12,181.2	3,727.6
1927년	12,197.4	3,695.4	15,892.8	8,066.5	7,925.0
1928년	12,208.6	3,693.5	15,902.1	9,066.5	6,835.6
1933년	12,554.9	3,841.9	16,396.8	6,424.1	9,972.7

출처_ 梁川覺太郎, 앞의 책, 675쪽; 片岡議, 앞의 책, 1933, 6쪽.

1.2 일본인 군상

조선의 식민지화 이후 일본은 자국 내의 만성적인 미곡 부족 현상을 타개하기 위해 조선의 농업 개발에 우선적인 관심을 기울였다. 1910년대에 진행된 토지 조사 사업(1912~18년), 1920년대의 산미 증식 계획 (1920~34년)은 이런 의도를 충족시키기 위한 식민지 농업정책이었다. 토지 조사 사업이 식민지 지주제의 법률적 제도적 기초를 마련하기 위한 토지정책이었다면, 산미 증식 계획은 식민지 지주제를 중심축으로 식량 증산에 박차를 가하기 위한 농업 개발 정책이었다. 이런 정책의 실시 결과 조선에 식민지 지주제가 형성 발전되었으며, 일본은 이를 통해 농민을 수탈하고 농촌을 통제하는 정책을 펼쳐나갔다.

〈표 3-5〉는 보성 지방의 일본인 지주(30정보 이상)의 토지소유 현황을 나타낸다. 이에 따르면 보성 지방에는 1,000정보 이상을 소유한 가나야 상회(金谷商會)를 비롯해 일본인 지주의 진출이 활발했음을 알 수 있다. 가나야 상회는 벌교에 농장 사무소를 두고 부근의 순천, 고흥, 광양, 여수, 장흥에도 토지를 소유했다. 보성에 농장사무소를 둔 일본인 지주는 7명이었고, 타군에 농장 사무소를 둔 일본인 지주는 6명, 총 13명이었다.

표 3-5 보성지방 일본인 지주의 토지 소유 현황(30정보 이상)

(단위: 정보)

지주명	사무소	논	밭	기타	계	비고 (타군 소유지)
金谷商會	보성 (벌교면)	962.5	100.7	28.8	1,092.0	순천, 고흥, 광양,
여수, 장흥						

森谷武次郎	보성 (벌교면)	63.0	5.0	-	68.0	고흥, 순천
東野利一郎	보성 (벌교면)	33.4	7.8	0.7	41.9	고흥, 순천
生馬宗一	보성 (벌교면)	82.2	9.8	4.9	96.9	고흥
堀川齊	보성 (벌교면)	30.0	4.0	-	34.0	
千川爲之助	보성 (득량면)	99.0	23.0	-	122.0	고흥
五百藏富士之助	보성 (보성면)	371.0	29.0	3.0	403.0	장흥
根本內記	순천 (순천면)	43.7	-	-	43.7	순천
金子邁	장흥 (장흥면)	128.9	11.3	-	140.2	장흥
松井峯次	장흥 (장흥면)	108.4	6.3	-	114.7	장흥
深井申吉郎	장흥 (부동면)	92.3	5.0	-	97.2	장흥
曾根勇	나주 (영산면)	40.1	3.4	-	43.5	나주, 해남
坂本由藏	나주 (영산면)	73.3	6.8	0.6	80.7	나주

출처_ 김성호, 『농지개혁사 편찬출처: 농지개혁시 피분배지주 및 일제하 대지주 명부』, 한국농촌경제연구원, 1985;「全羅南北道地主調(昭和五年末現在)」,『朝鮮米穀關係資料』第215册.

비고_ 동양척식주식회사의 소유지는 제외.

앞에서도 지적했듯이 러일전쟁 전후에 조선에 진출한 상업 자본가의 특질은 그들이 '실업가 임무'의 중요성을 제창하면서 각종 상업 활동에 종사하고 점차 식민지 지주로 성장했다는 점이다. 러일전쟁의 발발은 그들에게 새로운 이윤을 창출할 수 있는 절호의 기회를 제공했다. 일본인 상업 자본가는 조선에 대한 정치 군사적 지배권의 확립과 더불어 경제적 지배권의 확보를 위해 조선에 대거 진출했다. 그들은 조선 지배의 실제적인 담당자로서 '실업가 임무'를 당당하게 자임했다. 일본인의 조선 진출과 상업 활동, 그리고 이 과정에서 획득한 이윤을 토지에 투자하고 식민지 지주로 변신한 일본인 지주의 사례는 러일전쟁 시기 조선에 진출한 일본인 상업 자본가의 전형적인 모습이었다.[9]

보성에 진출한 일본인 지주의 토지 집적 과정과 진출 현황은 다음과 같다. 먼저 가나야 상회는 1906년 5월 농장을 설립했는데, 벌교를 중심으로 부근 각 군에 토지를 소유했다. 투자액은 19만5,000원, 소유 면적은 논 3,981정보, 밭 339정보, 산림 775정보, 원야 40정보, 계 5,135정보에 달했다. 1개년 생산액은 3만9,244원이었다.[10] 이후 가나야 상회는 1921년 3월 자본금 120만 원으로 합자회사로 개편되었다. 대표는 가나야 이치지와 다이스케 형제였고, 고문은 요시모토 히데오(好本英雄), 벌교 지배인은 다케하라 후지오(竹原藤夫), 순천 지배인은 요시노부 모리쓰구(吉延守次), 총지배인은 요시모토였다.[11]

모리타니 다케지로(森谷武次郎)는 1904년 3월 보성군 고읍면에 농장을 설치했다. 투자액은 3만1,375원이었고, 소유 면적은 논 328정보, 밭 43정보, 원야 17정보, 계 390정보이었다. 1개년 생산액 418원이었다.[12]

이쿠마 농장(生馬農場)의 농장주 이쿠마 소이치(生馬宗一)는 와카야마(和歌山)현 출신으로 1913년부터 벌교에 농장을 설치했다. 당초 명칭은 기요 농장(紀陽農場)이었으나 1927년 이쿠마 농장으로 개칭했다. 소유 토지는 보성, 고흥, 순천 3군에 걸쳐 분포되었는데, 특히 고흥군 남양면(南陽面)의 논은 관개 시설이 좋은 집단 농장이었다. 농장은 소작인에게 소작인 조합을 조직시켜 매년 1두락에 30전씩 적립시키고 우량 종자와 비료를 소작인 조합 연대 차입으로 대부를 강제했다. 이 밖에도 농장은 개량 농구의 구입을 강요했고, 벌교 마동리(馬洞里)에는 죽림을 소유하고 죽기 공장을 설치했다.[13] 농장사무소는 회형리(回亨里)에 있었고, 고흥군 동강면 매곡리에는 모범 양잠 부락을 설치했다.[14]

나카시마 다쓰사부로(中島辰三郞)는 1907년 3월 벌교에 농장을 설치했다. 투자액은 2만4,100원이었고, 소유 면적은 논 599정보, 밭 8정보, 계 607정보에 달했다. 1개년 생산액은 3,610원이었다.[15]

보성의 일본인 지주는 이쿠마 소이치처럼 한국강점 이후에 농장을 설치한 사람도 있었지만, 주로 러일전쟁 직후에 농장을 설치한 사람이 많았다. 그런데 일본인의 토지 소유는 1906년의 '토지건물증명규칙'과 '토지건물전당집행규칙'이 공포되기 전에는 '한영수호통상조약' 제4조 규정에 따라 거류지로부터 4킬로미터 밖의 소유는 법적으로 금지되어 있었다. 이런 토지 매수 금지 규정에도 불구하고 일본인의 토지 집적은 수확물 입도선매와 사용권 매수의 방법 등 교묘한 방법이 동원되었다. 일본인은 토지 매수 금지 조항에 대해 "거류지 10리 밖의 토지라 하더라도 그 수확물을 미리 매수하거나 토지 사용권의 매수를 금지하는 조항은 없다. 따라서 한인(韓人)을 납세자로 내세워 그 토지에 대한 모든 증권과 수확물을 함께 매수할 경우, 그 결과는 토지를 매입한 것과 동일하고 또한 조금도 위험하지 않다"[16]고 주장했다. 일본인의 농장 설치는 토지 매수를 금지하는 조항을 무시한 채 자유로이 이루어졌다.

더욱이 일본인의 토지 집적 과정에서는 해당 토지 조선인 명의를 차용해 토지 사용권을 획득하거나 소유 경지의 매도 수익을 노려 문기를 위조하는 경우조차 빈번히 발생했다. 물론 그 가운데 가장 널리 활용된 수단은 고리대였다. 개항 이후 상품 화폐 경제의 발전이라는 새로운 변동 속에서 일부 조선인 소토지 소유자는 현물 조세의 화폐 조세로의 전환, 가내수공업의 파괴에 따른 생활 필수품의 구입, 영농 자금의 증대 등에 따른 화폐 수요가 확대되어 일본인 고리대 업자에게 의존할 수밖에 없었다. 이를 이용한 불법적인 토지집적이 광범위하게 이루어졌음을 예상할 수 있다.

또 당시의 토지 매매 관행은 일본인이 직접 교섭하지 않고 매매 중개인을 통해 간접적으로 거래되는 경우가 많았다. 동진강 유역 일본인의 토지매수에 관한 기록은 이를 잘 말해준다. 즉 일본인의 토지 집적은 "평야 한가운데 서서 이번에 수천 두락(斗落)의 토지를 매입할 계획이라고 말한다. 그러면 각 마을에 지심(指審)이라는 매매 중개인이 있어 2~3일 내에 필요 이상의 물건을 모아 목록을 작성해온다. 목록에 따라 실지를 답사하고 기름진 토지만을 골라서 매입한다"[17]는 상황이었다. 조선인 매매 중개인을 통한 토지 매매가 일반적으로 이루어졌음을 알 수 있다.

〈표 3-6〉은 보성에 진출한 주요 상공인과 업종을 나타낸다. 이들은 앞에서도 지적했듯이 보성 특히 벌교가 지닌 사회 경제적인 가치에 주목하고 보성에 정착한 사람들이다.

표 3-6 벌교의 주요 상공인과 업종

주요 상공인	업종
岡崎精米所	정미
金谷精米所	정미
金洛浩	자동차
矢野順太郎	미곡, 도매
朴士胤	미곡
村上史郎	자동차, 약종
柳田只市	미곡, 잡화
中島辰三郎	미곡
松本回送店	운송업
坂木豊太	미곡
山本隆重	자동차, 미곡, 약종
平田義太郎	면포, 금물
桑原芳松	제과
三金屋商店	의복, 잡화, 식료품
高瀬直太郎	인쇄

曺萬燁	주조업
はやし商店	식료, 잡화
川西彌三郞	견사포, 금물
赤松述次郞	식료, 잡화, 금물
武田熊次郞	잡화
姜益煥	식료품, 잡화
森分商店	미곡
孫贊伊	식료품, 과자
鹿島組出張所	토목청부
桑村春吉	잡화

출처_ 梁川覺太郞, 앞의 책, 693~696쪽.

이들의 이주 경로와 경력은 다음과 같다. 무라카미 시로(村上史郞)는 17살에 부산 이주했는데, 이후 벌교로 이동해서 약종상과 자동차 운수업을 경영했다. 벌교 수산회사 취체역, 전기회사 감사역, 토지회사 취체역, 재향군인분회 평의원, 학교조합 관리자 등을 역임했다.[18] 부산을 경유하여 벌교에 이주한 경우이다. 야노 준타로(矢野順太郞)는 후쿠오카현 출신으로 1911년 벌교에 이주했다. 미곡, 잡곡, 비료, 도량형기 판매업에 종사하면서 금융조합의 총대와 벌교 토지 번영주식회사의 중역을 역임했다. 또 학교조합 의원과 소방조 소두(小頭) 등을 역임하면서 벌교의 유지로 군림했다.[19]

군인 출신의 보성 이주도 눈에 띈다. 야마모토 다카시케(山本隆重)는 1912년 이주하여 약점포와 운수업을 운영했다. 그는 보병 소위 출신으로 재향군인분회 회장을 역임했다.[20] 사카키 도요타(坂木豊太)는 구마모토현 출신으로 육군 주계(主計) 출신이었다. 1911년 벌교에 이주하여 미곡, 잡곡, 비료, 면화를 취급하고, 운수업도 운영했다. 이후 벌교 수산주식회사의 중역, 벌교 전기주식회사의 감사역, 학교조합의 관리자를 역임했고, 면협의회 회원으로도 활약했다. 1917년부터는 벌교 소방조 조두(組頭)로 활동했다.[21]

해운업 관련자도 벌교에 이주했다. 마쓰모토 마사아키라(松本正旭)는 야마구치현 출신으로 1929년 4월부터 진상회 회조부(溱商會回漕部)를 승계해 환만 회조부(丸万 回漕部)로서 해륙운송과 화물자동차 운송에 종사했다. 그는 조선기선 벌교 운송조합 취급점과 일본 해상보험주식회사 대리점도 위탁 경영했다.[22] 모리시타 도메키치(森下留吉)는 오카야마현 출신으로 해륙운송에 종사하면서 조선기선 대리점에도 관여했다.[23]

나카시마 다쓰사부로는 오이타현 출신으로 1910년에 이주했다. 그는 미곡, 비료 판매에 종사하면서 토지개간, 간척사업 그리고 농사개량사업에 주목했고, 제1기 사업으로 1917년 순천군 도사면(道沙面)에 87.2정보의 간척에 착수해 1923년 준공했다. 연간 수확량은 800여 석에 달했다. 이후 제2기 사업은 해룡면 7.8정보, 벌교면 구룡리 0.37정보를 완성하고, 제3기 사업으로 벌교면 벌교리에 137.2정보의 간척지 허가를 받았다.[24]

오노 다쓰사부로(小野辰三郎)는 미야기(宮城縣) 출신으로 부산 헌병대로 조선에 이주했다. 이후 마산 헌병대 오장(伍長)으로 승진한 다음 단성 파견소 소장을 역임했다. 만기 제대 후 1916년 1월 벌교로 이주하여 정미업과 대서업도 운영했다. 학교조합 평의원, 소방조 부조두, 재향군인분회 평의원이었다.[25]

이 밖에도 벌교의 주요 일본인의 경력을 살펴보면 다음과 같다. 요리치카 간타로(賴近官太郎)는 보성군우편소장, 학교조합 관리자, 철도기성회장 등을 역임했다.[26] 오카모토 쇼타로(岡本庄太郎)는 야마구치현 출신으로 1914년에 이주하여 대서업과 화물자동차를 운영했다. 소방조두와 군인분회 부장도 역임했다.[27] 다나카 에이조(田中榮藏)는 나가사키현 출신으로 1912년 영농에 종사하다가, 1917년 5월 잡화, 식료품, 도량형기를 판매했다. 이후 순천, 여수, 광주, 장흥 방면에서 자동차업을 운영하고, 소방서두를 역임했다.[28]

나가노 하루요시(永野春吉)는 고치현 출신으로 홋카이도도청 척식부에서 근무하다가 청일전쟁과 러일전쟁에 종군했다. 1905년 부산에 이주해서 상업에 종사하다가 벌교로 와서 잡화, 해륙 운송업을 운영했다. 조선기선 취급점과 호시제약 특약점도 경영하고, 비료 판매와 스탠다드 창고 등을 겸업으로 운영했다.[29] 와타나베 다케이치(渡邊竹市)는 오카야마현 출신으로 일본에서 학교 교사와 관리를 역임했다. 조선 이주 후 여수 안도공립소학교와 조성원소학교 근무하다가 영농과 잡화상을 운영했다. 조성면 평의원이자 학교조합 관리자였다.[30] 이토 니우에몬(伊藤仁右衛門)는 아키타(秋田)현 출신으로 러일전쟁에 종군한 다음 1912년 벌교에 정착해서 영농과

잡화상을 운영했다.[31]

1.3 조선인과의 갈등, 식민지 기억

벌교의 일본인은 조선인과 많은 갈등을 일으켰다. 여기서는 몇 가지 사례를 소개한다. 먼저 일본인 지주의 소작제 농장 경영과 가혹한 소작료 징수 문제이다. 소작지를 상실한 농민들은 1912년에 조선 전체적으로 약 35만 명이었으나 1917년에는 약 45만 명으로 급속히 늘어났으며, 이들은 생계를 찾아 고향을 버리고 만주, 시베리아, 중국, 일본 등지로 떠나갔다. 토지 조사사업이 끝난 1918년의 이듬해에 거족적인 3·1운동이 일어났던 것은 우연이 아니었으며, 1920년대에 치열하게 전개된 노농 운동의 배경도 여기서 찾을 수 있다.

그뿐만 아니라 토지 조사사업으로 자작농과 자소작농이 몰락하고 소작농이 증대되었으며 소작지조차 경작할 수 없는 농민이 급속히 늘어나게 되었다. 토지 조사사업이 종료된 1918년의 실태를 보면 논의 64.6퍼센트, 밭의 42.6퍼센트가 소작지가 되었으며, 자작농이 전농가의 19.7퍼센트, 자작 겸 소작농, 그리고 소작농이 77.2퍼센트에 이르러, 극소수의 지주가 경작지의 반 이상을 소유하는 토지 소유 관계가 이루어졌음을 알 수 있다.

일본인 지주의 수탈을 상징하는 것은 보성에서 유행하는 동요를 통해 가늠할 수 있다. 즉 보성 지역에서는 "본자(本字) 지주에게

농이 다 죽는다" "삼본(三本) 난리에 보성이 망한다"는 동요가 유행했는데, 이는 일본인 지주의 고율 소작료를 비유한 것이다. 여기에서 3명의 지주란 군산 거주 마쓰모토(松本), 영산포 거주 사카모토(坂本), 목포 거주 야마모토(山本)를 지칭한다. 이들 지주는 수확량이 3~4할 감수했음에도 불구하고 오히려 소작료를 3~4할 추가 징수했고, 소작료 운반도 30리가 넘는 율포(栗浦)까지 운반시켰다. 또 소작료 조제도 동척이 시행하는 것처럼 1석을 가마니 2개로 분리할 것을 요구했다.[32]

산미 증식 계획의 추진 방안으로 실시된 비료 시비도 강제로 이루어졌다. 전남 지방의 지주는 소작인에게 인조 비료의 시비를 강제하고 이를 거부할 경우에는 소작권을 박탈하겠다고 위협했는데, 벌교의 경우 일본인 지주 가나야 이치지는 3원 50전짜리 콩껫묵 수천 장을 매입해 소작인에게 강제 분배한 다음, 비료 대금은 소작료를 징수할 때 5원 20전으로 변제시켰다. 소작인이 이를 거부하면 소작권을 박탈하겠다고 위협했다.[33]

마름의 착취와 횡포도 극에 달했다. 마름의 착취가 가장 심한 곳은 조성면 지방이었다. 보성 지방의 지주들은 소작료 7~8할 또는 소작료를 선납시켰는데, 마름은 소위 '예채'라는 명목의 보증금을 징수했다. 또 마름이 바뀌면 소작권 해제 통지서를 발송하고, '작권료'라는 명목으로 두락당 2~3원 또는 5~6원씩을 중간에서 착취했다. 소작인은 소작권을 확보하기 위해 노물과 당목, 옥양목 등의 선물을 제공할 수밖에 없었고, 신구소작인의 분쟁이 속출했다.[34] 동척 관리인의 횡포도 극심했다. 조성면의 동척조합장 김옥규(金玉圭)는 무리한 소작권 이동으로 원성이 높았다. 김옥규는 중간 소개인을 두어 두락당 1~2원씩을 징수하고, 돈을 가져오지 않으면 소작권을 이동시켰다. 또 지세를 대납하면 영소작권을 주겠다며 두락당 3~4원을 추가 징수했다.[35]

일본인 지주는 소작인으로부터 지주가 부담할 지세를 징수했다. 조성면 조성리의 일본인 스즈키 긴지로(鈴木金次郎)는 박태규(朴泰圭)로부터 노동(盧洞), 효천(孝泉), 복내(福內), 조성 등 4개면에 있는 토지 400여 두락을 매수했다. 소작인은 100여 명에 달했다. 스즈키는 농민으로부터 지세를 다시 징수했는데, 소작인은 박태규에게 소작료와 더불어 지세를 이미 납부한 상태였다. 그럼에도 스즈키는 지세를 납부하지 않으면 소작권을 박탈하겠다고 위협했다. 스즈키는 "지세금은 소작인이 부담해야 옳다고 생각한다. 전소유자 박태규로부터 나에게 토지가 넘어온 것은 세상 사람들이 다 아는데, 금년도 지세금을 전 소유자에게 준 것은 소작인의 잘못이다. 소작권 이동은 지세금을 곧 가져오게 한 것이다"[36]라고 말했다.

식민지 지주의 횡포에 대해서만이 아니라, 면서기 등 일본인 관리에 대한 불만도 높았다. 1925년 3월 24일 칠동리에서 벌교면민대회가 개최되었다. 면민 대회에서는 임시의장 이용근의 사회로 면사무소의 부정 사실을 추궁했다. 면서기 이쿠시마 히로시(生島弘)가 1920년부터 22년까지 이미 징수한 삼림보호비 등을 구장이나 농민으로부터 다시 징수했기 때문이다. 그는 농민에게 배부해야 할 뽕나무를 횡령했을 뿐만 아니라, 분장과 구장의 급료도 횡령했다. 심지어 가마니 짜는 기계를 배부했다가 다시 회수하여 전매했다. 면민 대회에서는 군청과 경찰서에 진정하기로 결정하고 진정위원으로 이용근(李溶根), 조병학(曺秉鶴), 김기옥(金琪玉), 이화삼(李化三), 박경칠(朴敬七)을 선출했다.[37]

1925년 5월 29일에도 벌교 면민 대회가 개최되었다. 면민 대회에서는 이쿠시마 히로시의 면회비 횡령과 재징수 문제, 면 경비로 매일신보를 구독한 문제, 향교답을 관리하는 면이 소작료를 과징징수하고 이를 납부하지 못한 소작인의 소작권 이동한 문제 등을 보성군청에 질문하기로 결의했다. 파견위원으로는 나정원(羅正媛), 신의균(申義均), 이용근, 나정윤(羅正倫), 박평준(朴平準)을 선출했다. 이용근과 박평준은 군수 김병수(金秉壽)를 면회하고 질문했다.[38] 보성 군수 김병수는 향교답 문제에 대해서는 조사하겠다고 답변했지만, 매일신보는 다른 군도 관례이지만 중지하겠다고 답변했다.[39]

벌교 시민의 일본인에 대한 분노는 이후에도 계속되었다. 일본인 나카시마는 도로 신설할 때 옛 도로를 점령해서 정미소를 설치하고 교통을 금지했다. 이에 면민이 항의하자 나카시마는 헌병소장을 대동해서 접근을 금지했다. 면민은 대표를 선출해 군 당국과 교섭했다. 위원은 김화삼(金化三), 강문국(姜文國), 오방관(吳放寬)이었다.[40]

1926년 8월 3일에는 오카자키(岡崎) 정미소의 주임 미야케(三宅正才)와 장좌리 거주 김낙호(金洛浩)의 언쟁이 벌어졌다. 정미소는 예금 없는 수표를 발행해서 벼 대금으로 지불했기 때문이다.[41]

일본인의 국유지 불하에 대한 조선인의 반대도 일어났다. 앞에서도 지적했듯이 나카시마 다쓰사부로는 '국유 미간지 개간령'에 의해 전동, 봉림, 벌교 등지의 미간지를 비밀리에 불하받고 개간사업을 시행했다. 주민들은 나카시마의 개간사업 과정에서 해안에 축조된 제언이 홍수를 일으킬 위험이 많다며 보의 축조 문제, 수도 문제 등 사활 문제로 받아들여 도 당국에 진정했다.[42]

또 총독부는 오사카의 요시 시게유키(良井重之) 외 4명에게 득량면·조성면 해안의 간사지 총면적 417만 평에 대한 매립 인가를 내렸다. 보성 연해안을 매립해서 이민을 유치하겠다는 계획이었다. 이에 240명의 제염자는 생계를 상실할 위기에 직면했다.[43]

남선철도 공사장의 감독 소네 가메마쓰(曾根龜松)는 소변을 보던 조선인 인부를 도끼로 구타했다. 야만적인 행위를 징계한다는 명분이었다. 경찰은 이에 항의하는 군중을 가택 침입과 불법 체포, 소요, 직무방해, 상해 등의 혐의로 18명을 체포해서 최고 1년 반 징역을 구형했다.[44]

조선인은 시민 대회 등을 개최해서 일본인의 죄악을 성토했다. 1927년 4월 벌교에서는 신시장과 면장 문제로 시민대회를 열어 일본인의 죄악에 관해 연설회를 개최했다. 그리고 이용근의 사회로 '일본인 소노다(園田) 면서기 배척의 건' '일본인 학교에 부속된 도축장 수입을 회수하여 면 경비에 편입할 건' '호세 조정 등급상 일본인과 조선인 사이에 수십 배의 차이가 있으니 이를 균배할 것' '금번 문제와 관계된 일본인과 교제를 거절할 건' 등을 결의했

다.[45]

　일본인의 만행에 대한 조선인의 대응은 신간회 운동에서도 주요활동 대상이었다. 신간회 벌교지회는 1927년 10월 9일 제1회 임시 대회를 개최했는데, 여기에서는 '일본인 나카지마 다쓰사부로가 구도로를 자기 소유지로 하고 사용한 비행에 대한 건'과 '일본인 아카시 아이쿠라(明石愛倉)와 전 벌교면서기 소노다 양인이 시장터를 자기 소유지로 간주해 가옥건축부지로 사용한 비행에 관한 건'을 결의했다. 또 일본인 면서기를 사용하지 말 것과 만약 사용한다면 월급은 조선인과 동일하게 할 것 등을 결의했다.[46]

　또 1928년 1월 11일에 개최된 신간회 별교지회 간사회에서도 회장 신의균의 사회로 '조선인과 일본인의 차별로 불공평한 호세 문제'와 관련해 불공평한 호세 징수 문제에 대해 관계 당국에게 그 과실을 문책하는 동시에 이의 철폐를 요구하고, '일본인 소노다 다케지(園田武二)의 시장터 사용에 관한 건'에 대해 공동 소유인 시장터를 개인이 임의로 사용하는 것을 묵인한 당국자의 과실을 문책하고 이를 회수할 것 등을 결의했다.[47]

　일본인의 조선인에 대한 부당한 착취와 억압은 재조일본인 2세들의 눈에도 부조리하게 비쳐졌다. 앞에서도 소개한 벌교회의 기록 중에서 아나이 후미히코(穴井典彦)는 어린 시절 벌교의 기억을 이렇게 묘사한다.

　　우리 집은 경찰서 부근이었다. 빨간 벽돌 담장을 넘어 조선인의 "아이고! 아이고!"라는 비명이 죽도로 마구 때리는 둔탁한 소리와 함께 들려왔다. "아, 또 조선인이 당하고 있구나!"라며 거리의 소년들은 노는 것을 멈추고 벽돌 담장으로 달려가 귀를 기울였다. "일본인에게 덤벼들기 때문이다"고 제일 나이가 많은 아이가 중얼거렸다. 8월 15일 이후 수일이 지나자 가장 먼저 그 경찰서 순사들이 마을에서 도망쳤다. (…) 경찰서 빨간 벽돌 담장에 귀를 기울이던 소년의 모습이 눈에 아른거린다. 죽도 소리, "아이고!"라는 비명. 그리고 8월 15일의 "만세!" 소리의 환성. 땅거미에 펄럭이는 태극기.[48]

아나이 후미히코의 회고는 조선인과 일본인 사이에 일상적으로 벌어진 불평등한 관계를 단적으로 보여준다. 재조일본인의 식민지에 대한 기억은 물론 다양하다. 재조일본인 가운데는 패전 이후 일본으로의 귀환의 어려움과 식민자로 군림한 기억을 뒤로한 채 폐허 속에서 '새로운 삶'의 터전을 일구기 위해 엄혹한 현실에 직면했지만, 제국 일본과 식민지 조선의 관계는 여타 식민지 권역과는 다른 양상으로 기억된 것으로 보인다. 제국 일본의 범주에서 차지하는 조선의 '위치'와 '임무'는 '제국의 생명선'이라 간주될 만큼 중대했다. 다른 어느 지역보다도 지리적 접근성이 용이했던 조선을 지배한 경험을 지닌 많은 일본인들은 식민지배자 특유의 의식과 정신세계 속에서 식민자의 특권을 향유했다.

2. 조선총독부 치안 관계자의 체험과 기억

2.1 육성증언으로 드러난 역사적 '사실'

최근 과거 조선총독부 관계자의 녹음기록이 문자화되어 주목을 끌고 있다. 일본 소재 가쿠슈인대학(學習院大學) 동양문화연구소(東洋文化硏究所)가 펴낸 '미공개 자료 조선총독부 관계자 녹음기록'이 그것이다.[1] 동 연구소에 소장되어 있는 '우방협회(友邦協會)·중앙일한협회문고(中央日韓協會文庫)'에는 옛 조선총독부 정무총감과 경무국장, 식산국장 등 한국 통치 정책을 실제로 집행했던 고위 관료의 개인소장 자료나 메모가 다수 포함되어 있다. 특히 여기서 소개하는 녹음기록은 1958년 이후 총독부의 정책 입안과 실행 과정에 직접 관여했던 고위 관료들의 회고담을 몇 년에 걸쳐 채록한 희귀자료이다.[2]

녹음자료 가운데 일부는 부분적으로 문자화되어 연구에 활용되고 있다.[3] 하지만 자료가 오픈릴테이프 형태로 보존되어 왔기 때문에 연구자가 실제로 이용하기는 어려웠다. 녹음자료의 본격적인 이용은 1999년 외부 연구단체인 소화사연구소(昭和史硏究所)가 녹음기록 대부분을 CD로 제작한 이후 가능하게 되었다. 소화사연구소는 "역사적 증언을 기록으로 남긴다"는 슬로건 아래 독쿄대학(獨協大学)의 나카무라 아키라(中村粲)를 대표로 한 연구단체이다.

하지만 동 연구소는 그들이 발행하는 회보와 각종 강연회를 통해 왜곡된 역사 인식을 전파하고 있다. 홈페이지에서[4] 그들은 "선생, 부모, 학생, 근로자, 정치가, 관리, 매스컴 관계자, 좌익사관에 의문을 지닌 좌익인(左翼人)"을 환영한다는 궤변을 늘어놓으며, 과거 일본의 식민지 지배와 침략 전쟁을 미화하는 '자유주의사관' 역사 인식을 전파하고 있다. 그들이 옛 조선총독부 고위 관료의 육성 증언을 자료화한 것도 이를 통해 일본의 한국 지배를 정당화하기 위해서인 것으로 보인다.

그럼에도 조선총독부 관계자 녹음기록의 자료적 가치는 높다. 당시 한국인과 직접 접촉한 관계자들의 증언이라는 점과 일반 문헌자료에서는 감지할 수 없는 정황과 정책 결정의 후일담을 간접적으로 파악할 수 있기 때문이다. 특히 식민지 지배 정책을 최전선에서 지휘 감독한 정무총감, 민족운동을 탄압하던 치안 책임자인 경무국장과 경찰부장 등의 증언이 포함된 것도 흥미롭다. 우리는 녹음기록을 통해 문헌자료에서는 찾아볼 수 없는 새로운 사실들을 밝혀낼 수 있게 되었다.[5]

자료를 이용하는 데는 몇 가지 주의점이 있다. 녹음기록은 자료로서 높은 가치를 지니고 있지만, 사실관계에 일부 오류가 있다고 판단되기 때문이다. 무엇보다 녹음된 시점이 일본의 '패전' 이후였다는 점이 크게 작용했을 것이다. 당시 학생 신분으로 대담에 참여한 가지무라 히데키(梶村秀樹)가 지적한 것처럼,[6] 그들의 증언에는 식민지 지배자로서의 '자기 합리화의 감정'이 녹아들었을 가능성이 크다. 식민지 지배 체재가 붕괴된 시점에서 '부'(負)의 유산을 물려받은 녹음 당사자의 한국 인식은 자신이 몸담았던 과거의 지배질서를 정당화하기 위해 '진실'을 왜곡하거나 숨기는 경우도 많았을 것으로 추측된다. 따라서 녹음기록을 자료로 활용할 때 무엇보다 정교한 검증이 필요하다. 다음에 소개하는 치바 사토루(千葉了)의 몇몇 증언을 살펴보아도 그렇다.

치바 사토루는 3·1운동 이후 서울을 비롯한 경기도 일원의 치안책임자로 부임했다. 그는 미야기현 출신으로 1908년 도쿄제국대학 법과대학을 졸업한 다음, 1911년 내무성 산림국 사무관으로 관료로서의 첫발을 내디뎠다. 이후 시즈오카현(靜岡)현 이사관과 아키타(秋田)현 경찰부장을 지내다, 3·1운동 직후 조선총독부 도사무관으로서 경기도 제3부장으로 부임한다. 그에게 부여된 임무는 치안 질서의 회복이었다.[7]

1921년 치바는 총독부 사무관 자격으로 구미에 출장한 뒤 귀국하여 총독부 감찰관 겸 참사관으로 근무했다. 치바의 한국 체류 경력은 관료로서의 승진의 발판을 만들었다. 그는 1924년 일본 귀국과 더불어 잠시 니가타(新潟)현 내무부장을 지냈고, 1935년 퇴임할 때까지 차례로 미에(三重)현, 나가노(長野)현, 히로시마현, 니가타현 지사를 거쳤다. 역대 조선 총독들이 귀국한 뒤 일본정치계를 주도한 것처럼, 한국에서 경찰 관료를 지낸 치바의 경력은 내무성 관료로서의 화려한 승진을 예고한 것이었다.

치바는 1961년 7월 중앙일한협회(中央日韓協會) 회의실에서

열린 좌담회에서 1919년 3월 1일 당일의 상황에 대해 보고받은 내용을 다음과 같이 증언했다.

다이쇼(大正) 8년입니다. 서력으로 1919년에 해당합니다. 3월 1일 날이 채 밝지 않았을 무렵, 천도교주 손병희(孫秉熙) 등 33명이 서명한 한 장의 독립선언서가 어떤 첩보망으로부터 당시 고지마 소지로(兒島惣次郎)라는 경무총장에게 도착했습니다. 첩보망에 대해서는 잘 알고 있습니다만, 구태여 밝히지 않겠습니다. 독립선언서를 접한 고지마는 정무총감 야마가타 이자부로(山縣伊三郎)와 나중에 도쿄도지사(東京都知事)가 된 우사미 가쓰오(宇佐美勝夫) 내무국장과 회의를 열어 독립선언문의 사실 여부를 확인하려 했습니다. 논의 끝에 선언서에 서명한 33명의 집을 정찰시켰는데, 그들은 모두 집을 비우고 없었습니다. 정말 이상한 일이라는 생각과 더불어 선언문이 사실일지도 모른다는 우려가 들었습니다. 그런데 명월관(明月館)에서 몰래 만나던 자들이 있었습니다. 독립선언에 서명한 33명이었습니다. 그들은 명월관에서 술을 앞에 놓고 선언서를 만들었습니다. 그곳에서 우리가 여기에 있다는 전화가 걸려왔습니다. 경무총감부는 비로소 헌병을 급파하여 그들 모두를 자동차로 데려와 총감부 구치소에 수용했습니다. 그런데 그들은 자동차 안에서 독립선언서를 모두 뿌렸습니다. 이것이 사건의 발단입니다.[8]

우리는 치바의 증언을 통해 3월 1일 당일의 긴박한 정황을 엿볼 수 있다. 3·1운동은 잘 알려진 것처럼 일본의 식민지 지배 정책에 커다란 충격을 주었다. 운동은 이후 1년여에 걸쳐 한반도만이 아니라, 간도·중국·시베리아·일본 등 한국인이 거주하는 동아시아 전역에서 전개되었다. 당시 일본은 한국강점 이후 헌병경찰을 동원하여 소위 '무단 통치 체제'를 확립한 상태였다. 그런데 한국인을 완전히 장악했다고 자부하던 조선총독부 고위관료들조차도 당일 새벽에 이르러 '첩보망'이 입수한 독립선언서를 앞에 두고 대책에 분주했다. 사전에 어떤 구체적인 정보도 입수하지 못한 상태에서 벌어진 3·1운동은 너무도 갑작스러운 일이었다. 전혀 예상하지 못했던 사태가 현실로 벌어지자 일본 제국주의는 물론 일선 '치안' 관계자의 자존심은 땅에 떨어지고 말았다. 치바는 3월 1일 당일의 급박한 정황을 증언함으로써 새로운 역사적 '비화'를 밝힌 것이다.

또 다른 증언을 들어보자. 치바는 이어 1919년 9월 2일 정국을 수습하기 위해 새로 부임한 제3대 총독 사이토 마코토(齊藤實)에게 폭탄을 투척한 강우규(姜宇奎)에 대해 다음과 같은 평가를 내렸다.

강우규에 대해 소위 총독을 죽이려 했던 가증스러운 놈이라는 느낌은 하나도 들지 않았습니다. 증오할 마음이 없습니다. 일단 입장을 바꾸어 말하면, 그는 역시 우국지사입니다. 강우규의 뜻은 형가(荊軻)의 태도와도 같습니다. 그의 고백은 뭔가 제 마음을 찡하게 만들었다고 말하지 않을 수 없습니다. 저는 1시간 이상 그의 지사다운 고백을 듣고 "정말 고생했다"고 말했습니다. 그리고 그 자리에 있던 경찰관에게 이 노인을 친절하게 대하라고 말했습니다. 절대로 욕보이는 일이 없도록 하라는 주의를 주었습니다. 그는 이후 공관에 회부되어 결국 사형선고를 받았습니다. 약 1년 후 사형이 집행되었습니다.[9]

강우규는 평남 덕천(德川) 출생으로 을사늑약 체결로 일본의 침략이 본격화되자 북간도로 이주한 인물이다. 그는 지린(吉林)·시베리아·연해주 등지를 돌아다닌 다음, 지린 라오허(饒河)현에 동광학교(東光學校)를 설립하여 동포 교육에 전력했다. 3·1운동 당시에는 만주·러시아령 등지에서 활약하다가 1919년 5월 블라디보스토크에서 조선 총독의 암살을 결의했다. 8월 5일 서울에 도착한 강우규는 내외정세와 총독의 동정을 살피던 중, 신임 총독으로 해군대장 사이토가 부임한다는 소식을 탐지했다. 9월 2일 신임 총독이 남대문 정거장에 도착하여 마차에 오르는 순간 강우규는 미리 준비한 폭탄을 던졌다. 이 폭탄 투척 사건에서 사이토 총독은 무사했지만 경찰과 신문기자 등 환영 인파 가운데 37명의 사상자가 발생했다.[10]

이 증언에서 치바는 강우규를 중국 전국시대 말기의 자객이었던 형가[11]에 비유하고 있다. 좌담회 참석자에게 형가에 대해 장황하게 설명한 다음, 『사기열전』(史記列傳)에 실린 그의 유명한 시구인 "바람 쓸쓸하니 역수(易水) 또한 차갑구나. 장사(壯士) 한 번 가면 다시 돌아오지 못하리"[12]라는 유명한 구절도 소개한다. 치바는 '총독을 죽이려 했던 가증스러운 놈'이 아니라 '우국지사'로서의 강우규의 모습을 묘사한 것이다.

그런데 이들 증언을 유심히 살펴보면 약간의 의문이 생긴다. 3·1운동 이후 일본은 소위 문화적 제도의 혁신을 명목으로 기존의 헌병경찰제도를 폐지하고 보통경찰제도를 도입했다. 일반 행정기구에서 독립된 경무총감부와 각 도의 경무부를 폐지하고 총독 직속의 경무국을 설치했다. 도지사에게 경찰권을 부여하여 각 도에 제3부(1921년에는 경찰부로 이름을 바꿈)를 신설했다. 총독부의 새로운 간부 선정은 사이토 총독과 함께 한국에 부임한 정무총감 미즈노 렌타로(水野錬太郞)의 주도 아래 이루어졌다. 그들은 일본 정부의 신진 내무관료 30여 명을 경찰의 핵심 간부로 대거 기용했다. 특히 신설된 각 도의 제3부장은 국경 3도를 제외하고 모두 일본 현지의 관료를 영입했다.

치바의 또 다른 증언을 보면, 미즈노는 "가장 중요한 일은 무엇보다 경성의 경찰, 치안 문제이다"[13]는 전보를 보내 자신을 치안의 핵심인 경기도 제3부장으로 영입했다고 한다. 미즈노는 치바에게 식민지 지배의 총본산인 조선총독부가 있는 서울과 경기도 일원의 치안을 맡긴 것이다. 정무총감은 한국에 부임하기 전 아키타현 경찰부장으로 활약하던 치바의 능력을 높이 평가했기 때문일 것이다.

이런 정황을 고려하면 치바의 증언에 의문을 품지 않을 수 없다. 체포된 강우규에게 마치 '선량한 사람'으로 보이려는 속셈이

역력하다. 문제는 증언의 진위 여부이다. 위에서 소개한 증언들은 기존의 문헌자료에서는 파악하기 어려운 뒷이야기를 제공한다는 점에서는 주목할 필요가 있다. 그러나 당시의 급박한 상황에 비추어 볼 때 의아한 부분 또한 적지 않다. 특히 치바가 경찰의 현장 책임자였다는 면에서 보면 더욱 그렇다.

먼저 3·1운동 당일의 움직임과 관련된 재판기록과 비교해 보면, 손병희를 비롯한 민족 대표 33명은 당일 명월관에 모두 모이지는 않았다는 사실이 확인된다. 민족 대표 가운데 일부는 불참하거나 대리인을 보냈고, 이것은 분명한 역사적 사실이다. 3·1운동은 민족 대표 33명의 한계를 극복한 민중의 독립운동이라는 평가[14]가 역사학계의 납득을 얻고 있는 점을 보더라도 그 부분에 관한 치바의 증언은 그대로 믿기 어렵다.

또 "명월관에서 이들 33명은 술을 앞에 두고 선언서를 만들었습니다"라는 증언은 잘못된 것이다. 육성증언을 문자화하는 과정에서 혹시 오류가 생겼는지도 모르지만, 정확히 말하면 민족 대표는 파고다 공원에서의 낭독요청을 거부하고 독자적으로 독립선언서를 낭독한 다음 이를 축하하기 위해 건배를 들었다. 더욱이 치바의 증언 중에 "그들은 자동차 안에서 독립선언서를 모두 뿌렸습니다"라는 대목은 그동안의 연구에서는 소개되지 않은 대목이다. 치바의 증언을 그대로 받아들인다면 민족대표의 '대표성'에 대해 새로운 평가를 내릴 수 있는 근거로 활용될 수도 있겠다. 하지만 증언의 전반부에 역력히 드러나듯이 관헌 당국은 3·1운동의 발발에 적잖이 당황했다. 그런 상황에서 붙잡혀 호송되던 민족 대표들이 과연 자동차 안에서 선언서를 배포할 수 있었을지 의문이다. 철저한 무단통치를 펼치던 헌병경찰이 민족 대표의 행동을 자유롭게 방임했을 리 없기 때문이다.

강우규에 대한 심문 과정과 그에 대한 인물평에도 의문이 생긴다. 물론 개인적인 차원에서라면 강우규에 대한 평가는 가지각색일 수 있다. 하지만 당시는 신임 총독에 대한 폭탄테러가 발생한 최고의 위기상황이었다. 더구나 치안당국은 강우규를 현장에서 즉시 체포하지 못했다. 다른 연구 사례를 비추어 보면 당시의 정황은 강우규의 신속한 체포와 공모자와의 협조 여부가 수사의 핵심이었다. "정말 고생했다"는 식의 표현이 허용될 분위기는 결코 아니었다. 또 무엇보다 현장에서 강우규를 체포하지 못한 것에 대한 징계 내지는 문책의 위기감이 컸을 것이다.

강우규에 대한 치바의 평가는 그가 일본 귀국 후에 기술한 문헌과 비교해 보면 확연히 다르다. 치바는 1925년 한국에서의 경험을 기술한 단행본, 『조선독립운동비화』(朝鮮獨立運動秘話, 이하『비화』)를 간행한다.[15] 한국에 부임하여 귀국할 때까지 일어난 주요 사건들에 대해 문자 그대로 치안 담당자로서의 '비화'를 서술한 것이다. 치바는 이 책에서 강우규의 총독암살기도에 대해 이렇게 말했다.

　　총독을 암살하여 민족의 자유를 얻겠다는 것은 정신 나간 어리석은 행위이다. 이토(伊藤) 통감이 하얼빈에서 참혹하게 죽었다고 해서 조선은 과연 무엇을 얻었는가? (…) 뜻은 가상할지 모르나 이러 정신 나간 어리석은 짓은 민족을 망하게 만든다. 이것이 민족의 공적(公敵)이 아니고 도대체 무엇이겠는가? 설령 조선 총독이 목숨을 다하여 10명이 바뀌더라도 조선이 얻는 것은 무단의 역행이지 문명의 혜택이 결코 아니다. 조선은 멸망에 이를 것이고, 자유의 건설은 오히려 멀어질 것이다. 어리석은 강우규는 뜻은 있으나 슬기롭지 못하고, 혈기가 넘쳐 분별력이 없다. 남대문 정거장 앞의 폭탄은 조선에 대한 세계의 동정을 저하시키고, 조선 문화의 개발에 직간접적으로 좋지 않은 영향을 미칠 것이다. 진정 조선 민족을 사랑하는 자는 깊이 반성해야 할 것이다.[16]

앞의 녹음기록과는 전혀 다른 평가이다. '우국지사' 강우규의 모습은 결코 찾아볼 수 없고, 반대로 '정신 나간 어리석은' 강우규의 모습을 만날 수 있을 뿐이다. 심지어 폭탄 투척으로 인해 "조선은 멸망에 이를 것이고, 자유의 건설은 오히려 멀어질 것이다"고 경고하면서 반성을 촉구한다. 강우규를 심문한 치안 책임자로서의 전형적인 모습이다. 지배자와 피지배자라는 관계 속에서 강우규의 총독암살기도를 '백주의 흉악한 짓'으로 간주하고, "조선 정치는 음모의 정치이다. 옛날부터 암살의 재앙을 맞은 자, 몇 수천에 달하는지 헤아릴 수 없다. 그러나 폭탄을 흉기로 사용한 것은 이번 사건이 처음이다"[17]라고 말한 것에서 오히려 한국에 대한 치바의 인식이 명백히 드러난다. 강우규에 대한 '우국지사' 운운은 어디까지나 일본의 '패전' 이후 식민지 지배자 치바의 자기연민에서 나온 '선심'에 불과하다.

2.2 인식의 전제로서의 '민족본능', 그리고 '투쟁'과 '협동'

치바의 한국 인식의 실체는 무엇일까? 먼저 치바의 한국 인식의 출발점부터 살펴보자. 치바는 앞에서도 언급한 것처럼 일본에서 내무 관료를 거친 뒤, 3·1운동 이후 한국으로 임명되었다. 신임 총독 사이토 마코토를 정점으로 정무총감 미즈노 렌타로, 경무국장 아카이케 아쓰시(赤池濃)와 함께 한국에 부임한 치바는 서울과 경기도 일원의 신속한 치안 회복과 보통경찰 제도의 확립 임무를 맡게 되었다. 치바는 부임 이후 3년간 경기도 제3부장으로서 경찰 업무를 수행한 다음, 1922년에는 구미로 임지를 옮겨 워싱턴 회의에 참석할 정도로 관료로서의 두터운 신임을 받았다.

귀국한 뒤 치바는 한국에서의 '업적'을 인정받아 일본 미에현 지사로 승진하는 등 내무 관료로서의 길을 나아간다. 그의 직속 상관이었던 미즈노와 아카이케가 일본에 귀국하여 각각 내무대신과 경시총감으로 승진하여 1923년 관동대지진 당시 한국인 학살의 '주도자'가 된 것 역시 이들의 한국에서의 화려한 '업적'과 무관하지 않을 것이다.[18]

앞에서도 말했듯이 치바는 1925년 한국에서의 활동 회고담을

'제국지방행정학회'에서 단행본으로 간행했다. 이 단행본 자료는 연구자의 흥미를 불러일으킨다. 1925년에 활자화된 이 단행본의 기술 내용과 1961년에 녹음된 앞의 육성기록을 면밀히 대조해 보면 치바의 한국 인식의 특징을 파악할 수 있기 때문이다. 치바는 『비화』의 첫 마디에서 한국 문제의 중요성에 대해 이렇게 말했다.

조선 문제는 정치적으로나 경제적으로나 또 사상적으로 보더라도 말 그대로 일본의 급소를 찌르고 있다. 특히 조선의 독립 문제는 세계의 민족자결 사조에 조응하는 것이기 때문에 무단으로 대응하면 된다는 식의 단순한 것이 아니다. 조선 문제를 어떻게 해결할 것인가? 이는 단지 관료만의 일이 아니라 일본 국민 전체에게 던져진 커다란 시련이라 말할 수 있다.[19]

치바는 한국 문제가 '일본의 급소'에 해당한다는 말로 한국의 중요성을 강조한다. 그는 3·1운동 이후의 민족운동에 대해 효율적으로 대처하기 위해 내놓은 헌병 경찰제도로 상징되는 '무단통치'의 한계를 인정한다. 부임하자마자 발생한 강우규의 폭탄 투척 사건을 비롯하여 재임 기간에 발생한 '대한민국 애국부인회 사건'(1919년 11월), '대동단 사건'(1919년 11월), '대한독립 애국단 사건'(1920년 1월), 그리고 3·1운동 1주년을 맞이하여 각지에서 일어난 '시위 사건' 등은 치바에게는 '커다란 시련'의 연속이었음에 틀림없다. 치바는 이 시기를 '폭탄 치안 시대'[20]라고 이름 붙일 정도였다.

치바는 한국 문제를 둘러싼 일본의 인식 현황에 대해, "조선 문제는 변하지 않는 조야(朝野)의 논제인데, 마음으로부터 납득할 만할 논의는 정말 많지 않다"[21]고 평가한다. 그가 이렇게 평가한 것은 '논리와 실제, 그리고 감정'이 착종되어 있기 때문이라는 분석에 근거한다. 3·1운동 이후 한국의 치안상황을 현장에서 '실제'로 경험한 사람이 느끼는 일종의 '자신감'도 가세했을 것이다. 치바는 한국 인식에 대한 자신의 논리를 전개하면서 '민족본능'과 '투쟁' '협동'이라는 것을 전제로 삼는다. 우선 치바는 한국강점 이후 한국인의 저항에 대해 '민족본능'과 관련시키며 이렇게 말한다.

병합 이후 교통이 열려 산업이 발달하고, 문명적 시설이 착착 보급되어 생명과 재산의 안전은 과거에 비할 수 없을 정도로 커졌다. 그 복리와 은혜에 대해 위아래가 모두 기뻐하고 감사해야 함에도 일본으로부터 벗어나려는 무모한 짓을 여전히 일삼는 자들이 있다. 이는 정말로 이해할 수 없고 놀랄 일이다. 즉 조선 문제는 먼저 민족본능의 잠재를 인정하지 않고서는 위험하고 피상적인 비방으로 끝날 수밖에 없다.[22]

치바는 한국인의 '무모한 짓'의 근원을 살펴 '피상적인 비방'이 아닌 '논리적인 비판'으로 대응하기 위해서는 '민족본능'의 의미를 깨닫는 일이 필요하다고 말한다. 그런데 여기서 말하는 '민족본능'이란 매우 상식적인 수준의 개념이다. 모든 인간에게는 자주 독립을 추구하려는 본능이 있고, 그것은 선악으로 판단할 문제가 아니라는 것이다. '경찰 간부'로서가 아니라 외국에 파견될 정도의 식견을 갖춘 관료라면 누구라도 말할 수 있는 내용이다.

나아가 치바는 독립운동을 '반역 행위'라 규정하면서, "감히 반역 행위를 일삼는 독립운동이 존재하는 것도 민족본능이 작동한다는 관점에서 바라보면 합일점을 찾을 수 있다"[23]고 말한다. 한국인의 '민족본능'을 이해해야 한다는 그럴 듯한 주장처럼 보이지만, 치바가 말하는 '민족본능'이란 어디까지나 일본인의 '민족본능'이었다. 서구에 눈을 돌린 일본인의 '민족본능'을 강변하기 위해서라도 한국인의 '민족본능'을 언급할 필요가 있었을 것이다. '투쟁'과 '협동'에 바탕을 둔 한국강점에 대한 그의 평가를 보면 '민족본능' 내용이 더욱 명확해진다.

치바는 한국문제를 논의할 때 '민족본능'과 더불어 생물계에서 말하는 '투쟁'과 '협동'이라는 상호작용의 미묘한 이합관계를 이해해야 한다고 주장한다. 치바는 생물체의 생존을 '투쟁'의 관점에서 주장한 다윈(Charles R. Darwin)과 '협동' 내지는 '상호부조'가 생존의 중심적인 힘이라는 제정러시아의 무정부주의 이론가인 크로포트킨(Pyotr A. Kropotkin)의 주장을 비교한다.[24] 서구적인 식견을 갖춘 치바는 일본 국내에서만 식민지 지배를 논하던 다른 치안 관계자의 견해와는 색다른 측면을 보여준다.

결론적으로 그는 사물을 바라보는 근본 개념으로, "세계는 우월한 생물이 생존하고 발달하는 것이 세계 생물계의 이상일 수밖에 없다"[25]고 주장한다. 이것이 민족 사이에서는 민족 투쟁으로 나타난다고 한다. 치바는 "투쟁은 죄악이 아니다. 우등 생물이 생존 발달하여 세계문화를 진보시키는 합리적 과정"[26]이라고 주장한다. 평화를 달성하기 위한 '투쟁'의 문화적 의의를 피력하기 위해서였다. 유명한 예링이 『권리를 위한 투쟁』에서 "권리의 목적은 평화에 있지만, 이를 달성하는 수단은 투쟁이다"라고 말한 구절을 인용하여 치바는 자신의 논리적 근거로 삼는다. 결국 치바에게는 민족간의 '투쟁'이 중요할 뿐, '협동'은 이상적 사론(史論)에 불과했다.[27]

치바는 이런 인식을 바탕으로 한국강점 역시 '투쟁'과 '협동'이라는 두 작용의 이합을 고려하지 않고서는 결코 이해할 수 없다고 말한다. 치바는 "조선 민족은 그 지질이 오래된 것처럼 늙었다. 늙은 민족은 그 사명을 젊은 민족에게 넘겨주고 물러나는 것이 당연한 순서이다. (…) 일본의 일원으로서 서로 손을 맞잡고 나아가는 것이야말로 조선이 나아갈 운명일 것이다"[28]라는 무라타(村田懋麿)의 주장에 동의한다. 그리고 일본의 한국강점을 합리화한다.

조선은 옛날부터 일본의 목구멍에 비수를 겨누었다. 만약 조선이 완전한 독립국이어서 지나(支那)의 간섭을 배제함은 물론 서방의 동진에 항거하여 용감히 독자적인 입장을 잃지 않고 일본과 제휴하여 소위 공존공창(共存共昌)을 도모했더라면 일본은 조선을 침략할 수도 없고, 더욱이 병합하여 귀찮은 짐을 떠안을 필요도 없었을 것이다. 하지만 불행하게도 조선은 원래부터 사대 사상에 지배당했다. 지나가 강하면 지나에 붙어 의지하고, 일본이 왕성하면 일본에 정성을 쏟았다. 이조 말엽에 이르러서는 영국, 미국, 러시아를 번갈아 따르며 국가의 뿌리가 동요되고 민심이 하나 되지 못했다. 일본이 만약 조선의 버팀목이 되어주지 않았다면 지나 또는 서방의 위력 앞에 분명 굴복했을 것이다. 그렇게 되면 일본의 발달이 방해받음은 물론 생존 또한 위협받기에 이른다. 일본민족은 이를 결코 용납할 수 없다. 일본이 보호정책을 펴고 병합이라는 대사를 결행한 것은 바로 이 때문이다.[29]

일본은 한국을 보호하는 '버팀목'의 입장에서 한국강점을 단행하기에 이르렀다는 것이다. 치바에게 한국은 '늙은 민족'으로, 일본은 '젊은 민족'으로 투영되었다. 한국은 '사대주의'와 '사대사상'에 물든 '늙은 민족'일 뿐이다. 그대로 두면 한국은 서방 제국의 식민지로 전락하여 일본의 발달을 '방해'하는, 말을 바꾸면 한국은 일본의 '민족본능'을 저해하는 존재가 된다는 것이다. 치바는 일본의 한국강점을 일본의 '민족본능'이 '투쟁'을 통해 발휘된 것으로 인식했다.

치바의 인식은 '민족본능'과 관련한 다음 주장을 통해서도 확인된다. 치바는 한국강점 이후의 한국의 앞길에 대해 이렇게 말했다.

병합의 목적은 첫째로 일본의 생존 발달을 위한 것이지, 조선을 착취하고 빼앗아 고사시키려는 것이 아니다. 오히려 조선을 계발하고 지도하려는 목적과 앞뒤를 이룬다. 즉 우리는 일본의 민족본능을 자각함과 더불어 조선에 잠재하는 민족본능에 대해서도 충분히 이해한다. 조선인의 문화를 발달시키고 실력을 충실히 육성하여 양 민족의 협동을 촉진함으로써 일본의 생존과 발달을 보호하고 조성하려는 것이다. (…) 조선 민족도 열강의 압박으로 인한 국가 뿌리의 동요에서 벗어나 일본민족과 협동하여 앞으로 살아나갈 길을 찾을 수 있다.[30]

치바의 한국인식은 전통적인 일본인의 한국인식과 궤를 같이한다. '사대주의사관'과 '정체성사관'이 곳곳에 배어 있다. 치바는 '민족본능' '투쟁'과 '협동'이라는 논리를 거창하게 제시했지만, 이것은 일본의 한국강점을 합리화하는 말장난에 불과하다. 치바에게 한국강점의 최대 목적은 일본민족을 위한 한국의 '협동'을 바탕으로 한, 일본의 생존과 발달에 있다. 한국의 '민족본능'은 단순한 '동정'의 대상일 뿐이다. 치바가 강조한 것은 일본의 '민족본능'과 '투쟁'에 한국이 '협동'하는 것으로, 한국의 '민족본능'은 안중에 없었다.

2.3 '문명적 정치'와 '내선상애'(內鮮相愛)

1919년 9월 치바는 3·1운동 이후 와해된 치안질서를 회복하기 위해 신임 총독을 비롯한 정무총감과 각 국장과 함께 서울에 도착했다. 그들이 도착하자마자 맞닥뜨린 일은 강우규의 폭탄투척 사건이었다. 특히 경기도 치안을 담당할 책임자 치바는 무척 당황했음이 분명하다. 그의 증언에 따르면 총독에게 폭탄 파편이 빗나간 것은 말 그대로 '천우신조'[31]였다. 치바는 사건 직후 관사로 가던 도중, 민심의 동향에 대해 이렇게 말했다.

> 내가 경성에 도착하여 정거장에서 관사로, 관사에서 총독 관저로 가는 도중 살핀 민심은 험악하기가 말할 수 없었다. 내가 탄 자동차에는 제복을 입은 경시(警視)가 동승했다. 그럼에도 불구하고 하얀 옷을 입은 조선인들은 대로 한가운데에 주저앉아 투덜거리며 자동차를 피하려 하지 않았다. 경시가 큰소리를 치자 비로소 천천히 일어나 길옆으로 피했다.[32]

3·1운동의 열기가 아직도 식지 않았음을 짐작할 수 있는 대목이다. 이런 움직임은 '총독부 시정 개시 기념일'인 10월 1일을 전후한 종로상점가의 '폐점시위운동'으로 이어진다. 치바는 이에 대해 "소문 이상으로 험악한 공기가 가두를 뒤덮었다. 혁명적 기운이 일고 있음을 간파했다"[33]며 조기 강경 진압에 나선다. 치바는

경무국 사무관으로 임명된 마루야마 쓰루키치(丸山鶴吉)[34]와 함께 직속상관인 경무국장 아카이케를 앞세워 정무총감 미즈노의 소위 '무간섭주의'를 설득한 것이다. '폐점시위운동'의 진압은 아카이케를 중심으로 한 경무국 라인의 능력을 테스트하는 '첫 시험대'였다.

3·1운동 이후 총독부의 지배 정책은 '문화통치'였다. 총독 사이토는 시정방침 연설을 통해 '무단통치'의 상징적인 존재인 '헌병경찰 제도'를 폐지하고 '보통문민 경찰 제도'를 확립하겠다는 방침을 밝혔다. 치바의 표현에 따르면 '문명적 정치'[35]의 시작이었다. 치안 관계자 치바에게 부여된 임무는 당연히 보통경찰 체제의 제도적 확립이었다. 치바는 먼저 한국에 부임하기 직전 '무단통치'와 3·1운동의 발발에 대한 자신의 견해를 이렇게 피력한다.

독립운동은 전격적으로 일어났지만 이것은 마침내 올 것이 닥친 것이다. 사람들은 데라우치(寺內)와 하세가와(長谷川) 양 총독의 시정 10년을 평가하여 무단정치라고 말한다. 소위 무단정치는 당시 민심과 국가의 정세를 비추어 어쩔 수 없이 필요한 방도에서 나온 것이다. 사람들이 마음대로 비난하거나 평가할 성질의 것이 아니다. 다만 온순하고 잘 따르던 민심과 풍속의 내면에 고동치는 오래되고 저력이 강한 민족본능의 선율은 신비롭게 느껴질 지경이었다. (…) 우리는 헌병경찰에 의한 조선 10년의 치안은 당국의 공로로 찬미한다. 그러나 경찰의 위력은 필요하지만, 경찰 운용의 진리는 총검이 아니라 동정이다. 위엄 있는 명령이 아니라 이해이다. 우리는 조선의 모든 사정에 정통하지는 않지만, 동정과 이해 그리고 위력으로 나아간다면 분명 신경찰을 건설할 수 있다는 자신감에 불탔다.[36]

치바는 한국강점 이후 '무단통치'의 당위성을 인정하고 옹호했다. 치안 유지 책임을 떠맡은 경기도 제3부장의 입장에서 본다면 당연한 인식일지도 모르겠다. 또 '민족본능'이라는 관점에서 치바는 3·1운동에 대해 한국의 "내면에 고동치는 오래되고 저력이 강한 민족본능의 선율은 신비롭게 느껴질 지경이었다"고 고백할 정도였다. 강우규의 폭탄 사건을 경험한 치바는 일종의 '공포감'을 절감하면서, 총독부 당국의 무단통치의 한계를 인정한다. 이후 헌병경찰제도의 대안으로 입안된 것은 '총검'과 '위엄 있는 명령'이 아니라, '동정과 이해 그리고 위력'을 바탕으로 한 '신경찰'의 확립이었다.

치바는 '신경찰'의 확립에 분주했다. 육성녹음의 상당부분도 당시의 정황을 설명하는데 많은 시간을 할애했다. 치바는 경찰서 증설, 소방대 확장, 기마경찰대 증설, 경찰견 제도 강화, 지문과 사진제도 신설, 순사파출소 신설, 자동차 배치, 경찰전화 개통, 경성 경찰경비대 편성 등 재임 기간의 업적을 자세히 나열할 정도이다. 그 가운데에는 헌병경찰 시절의 한국인 순사보의 순사로의 승격과 그들의 소위 '동맹결근' 에피소드도 소개한다.[37] 물론 이것은 문헌 자료로 증명할 수 없는 '사실'이지만, 3·1운동 이후의 급격한 치안 붕괴현상과 '신경찰' 제도 확립의 필요성을 말해주는 대목으로 받아들일 수 있다. 3·1운동은 한국인 순사보의 '동요'를 자아낼 정도의 파급력을 지닌 운동이었던 것이다.

'신경찰' 제도의 확립으로 총독부는 소위 '1부군 1경찰서'와 '1면 1주재소'를 표준으로 삼은 경찰력의 증강과 주밀한 배치를 실현했다. 개편 이전 경찰력은 약 1만3,000명에서 약 2만 명으로, 경찰 기관 수는 약 1,800개에서 약 3,000개 규모로 증강되었다. 치안유지체제는 외형적으로 무단통치 시절보다 오히려 강화되었다.[38] 녹음기록을 들어보면 이 과정에서 치바의 역할이 두드러졌음을 알 수 있다. 치바는 '신경찰'의 특색으로 "힘을 바탕으로 먼저 사태를 종합적으로 판단하여 중요한 곳을 파악하고, 인심의 동향을 살펴 인정과 도리를 다하는 것"[39]이라 평가했다. 그리고 치바는 '기동성'과 '인간성'의 겸비를 통한 '힘'에서 '신경찰'의 방향성을 찾았다. '기동성'이란 "어떤 사태가 일어나더라도 대처할 수 있는 힘"이고, '인간성'이란 "민심을 사로잡아 동화시킬 수 있는 힘"이었다.[40] 한편 치바는 '인간성'과 관련하여 '문명적 정치'의 한 축으로 '동화'를 거론한다. 먼저 치바는 통치 기조의 근본 방침을 동화정책, 내지 연장주의, 내선 융화책, 내정 독립방침 등으로 설명하고, 한국강점 이후 일본의 통치방침은 동화정책이었다고 평가한다. 동화정책의 추이는 관제 개정 이후 '동화'라는 문자를 피해 겉으로는 '내지 연장'의 취지를 내세우면서 '일선 융화'를 주장하고 있다고 판단했다.[41] 치바는 무단통치 시절의 동화 정책에 대해 "동화가 혹시 가능하다면 일본을 위해 좋을 뿐만 아니라 조선도 형식과 내용 모두 일본의 일부로서 대등한 권리와 의무, 사회적 지위를 획득하여 발달할 수 있으므로 결코 불이익이 없다"[42]고 말한다. 동화 정책은 일본인의 '심오한 이상'으로 그 누구도 이론을 제기할 수 없었기 때문이다. 그럼에도 치바는 결론적으로 '동화 정책의 불가능성'을 주장했다. 이것은 앞에서 언급한 '민족본능'이라는 논의와도 관련된다. 특히 3·1운동 이후 고양된 한국의 민족의식을 감안하면 명령적으로 주입하는 동화주의를 '성급한 동화 정책론'이라 비판하며 이렇게 말했다.

생각건대 이민족의 동화는 간단하고 성급한 세공을 통해 이루어지는 것이 아니다. 동화정책은 결코 불가능하지 않고 또한 절대로 불가능한 것이라 생각하지 않는다. 그러나 가능하게 되려면 내선의 통혼이 보급되고 자손이 수대에 걸쳐 적어도 백년 내지 천년의 세월이 걸리지 않으면 안 된다. 이 정도의 끈기가 필요하다. 그런데 일본 국민은 시정 10년 만에 일본 국민정신이 조선 곳곳에 빛을 비추었다며 동화정책의 성공을 기뻐하기도 하고, 때로는 비도(匪徒)의 습격과 폭탄 피스톨 사건이 일어난 것을 예로 들어 조선 통치가 실패라고 떠들어대기도 한다. 심지어 진재에 편승하여 무계한 유언이 퍼지자 많은 상하 관민은 자제하지 못했다. 성급한 일본 국민은 오래 기다릴 수 없을 것이다. (…) 요컨대 동화 정책론이 원래 높은 이상으로 아무 이의를 제기할 수 없다. 하지만 창

공의 무지개를 좇아 빗속을 헤매지 않으면 다행이다.[43]

치바는 '동화'의 요체가 누대에 걸친 통혼이라 주장한다. 하지만 현실적으로 '오래 기다리지 못하는 일본 국민'에게는 이것은 결코 받아들이기 어려운 "창공의 무지개를 좇아 빗속을 헤매는 이상"에 불과하다고 말한다. 또 치바는 "야마토(大和) 민족은 구마소(熊襲), 이즈모(出雲), 아이누 등 타민족을 쉽게 동화시켰다"는 주장에 대해서도 의문을 제기한다. 치바는 "이런 주장은 학자의 논의로서는 동화정책의 한 기조를 이루는 것이기 때문에 연구의 필요성을 인정한다. 하지만 실제의 시정에 과연 어느 정도 기여했는지 의문이다"[44]며 현실적인 비판을 가한다. 나아가 치바는 내지 연장주의에 대해서도 "이는 동화정책을 형이상학적으로 표현한 것에 불과하다"[45]며 다른 대안을 내놓았다. '내선상애'(內鮮相愛)가 그것인데, '내선상애'의 요점은 다음과 같다.

내선 융화책은 내선에 양 민족의 병립을 전제로 한 방침이다. 양 민족의 공존공창이고, 부조협동이다. 조선통치는 동화정책에 의해서만 이루어지지 않는다. 말을 바꾸면 동화정책과 내지 연장주의를 취하지 않으면 일한병합의 취지가 달성되지 못하고, 통치 성적을 올릴 수 없다고 생각해 버리는 것은 너무 단순한 생각이다. 조선의 통치는 일본 자위의 경계를 침범하지 않는 한도 내에서 내선 양 민족의 병립을 긍정하고 민족본능의 잠재를 시인하여

양 민족의 융화, 즉 공존공창 부조협동을 도모하면 된다.[46]

이미 언급했듯이 치바는 '민족본능'과 '투쟁' '협동'을 통해 일본의 한국강점을 합리화했다. 그런데 여기서 치바는 '민족본능의 잠재'를 시인한다는 기존의 동화주의자들과는 다른 논리를 전개한다. '내선상애'라는 개념으로 마치 한국의 '민족본능'을 시인하는 듯한 논법이다. 하지만 이는 어디까지나 '일본 자위의 경계를 침범하지 않는 한도'에서의 제한된 '민족본능의 잠재'일 뿐이라는 것에 주의할 필요가 있다. 기존의 동화정책에 대한 비판을 위해 '민족본능의 잠재'를 거론한 것으로 받아들일 수 있겠다. 이것은 좌담회에서 '민족본능'이라는 화두를 전혀 언급하지 않은 것을 보아도 명백하다. 치바가 말하는 '민족본능'은 어디까지나 '일본의 자위'를 전제로 한 논의였다.

실력 방면으로 보거나 자위 및 조선의 국운이라는 점에서 보더라도 조선의 독립은 일본이 세계에 있는 이상 절대 허용할 수 없다. 독립의 욕구는 민족본능의 극치이다. 하지만 이는 늙은 인간이 죽지 않으려 하는 욕구와 마찬가지이다. 가련하고 어리석기 그지없다. 사려 깊은 조선인이 시장에서 늙어도 죽지 않는 약을 찾는 것처럼 몽상에 도취되어 있음이 분명하다. (…) 독립은 절대 실현되어서는 안 된다. 아니 독립을 실현하려고 날뛰는 흉폭비적(兇暴匪賊)과 같은 존재는 단순한 국권의 반역자일 뿐 아니라, 조선민

족에게도 불충불신(不忠不信)의 무리이다. 경찰이 단호하게 이를
탄압할 수밖에 없는 이유가 여기에 있다.[47]

치안 관계자답게 치바는 경찰이 '국권의 반역자'들이 벌이는
독립운동을 탄압해야 할 정당성을 역설한다. 그가 말하는 '민족본
능'의 실체는 어디까지나 일본 민족의 '민족본능'이었다는 사실을
거듭 확인할 수 있다. 또 치바는 안정적인 한국 지배의 현안 문제
로 사회주의 문제에 대한 대책을 거론한다. 독립운동에 대한 탄압
에도 불구하고 3·1운동 이후 새로 대두한 사회주의 운동에 일종의
'위협'을 감지했을 것이다. 치바는 "조선도 언젠가 적화(赤化) 혁
명이라도 일어나 결국 독립을 성취하여, 문명적 정치와 같은 모든
것이 붕괴될 날이 오지 않을까 걱정하는 사람들이 없는 것은 아니
다"[48]라고 주의를 환기시킨다. 한국을 둘러싼 이후의 전개 양상은
치바의 예견대로 진행되었다.

2.4 식민지를 둘러싼 '기억'

과거 역사적 사실에 대한 증언과 증언 기록을 활용하는 작업은
대단히 중요하다. 특히 기록으로 당시 정황을 남길 수 없는 경우라
면 더욱 그럴 것이다. 우리는 전 '군대위안부' 고(故) 김학순(金學
順) 할머니의 증언이 일본의 전쟁 책임과 전후 보상 문제를 사회화

한 결정적 계기가 된 일을 기억한다. 한 할머니의 증언을 계기로 그동안 침잠해 있던 수많은 기억들이 역사 앞에 되살아났다. 그것은 문헌자료의 검증과 더불어 새로운 역사상을 창출했다. 한 식민지 관료의 증언에서 알 수 있듯이, 증언 기록을 통하여 우리는 숨겨져 있던 과거의 많은 '비화'를 살필 수 있다. 물론 증언에는 본인이 직접 경험한 일과 간접적으로 전해들은 이야기가 포함되어 있다. 과거를 회고하면서 증언자 나름의 사실 평가 부분이나, 증언이 없었다면 역사 속에 흔적을 남기지 못한 채 사라져버렸을 진실도 발견할 수 있다. 증언의 긍정적 의미이다. 반면 증언 기록의 부정적인 의미도 간과해서는 안 된다. 특히 지배자의 증언을 접할 때는 각별한 주의가 요구된다. 피지배자의 '고의'적인 위증도 문제일 수 있고, 과거 기억의 오류로 잘못 전해진 경우도 있다. 과거 사실 자체를 왜곡하거나, '자신의 합리화'도 작용할 수 있다. 치바처럼 민족운동을 탄압한 치안관료의 경우 더욱 '숨기고 싶은 과거'가 분명 있을 것이다. 또 그들의 증언에는 지배자로서의 오만함도 엿보인다. 치바가 '문명적 정치'를 설명하면서 '교육령' 문제에 대해 말한 다음 대목이 그 한 예이다.

교육령은 일본이 아니라면 시행할 수 없는 제도입니다. 소위 식민정책이라는 것이 대개는 백성을 어리석게 만들어버리기 쉽습니다. 그런데 일본은 성심성의껏 조선인의 계발을 고려했습니다. 그래서 경성제국대학도 일본의 돈으로 창설했습니다.[49]

식민지 지배 정책에서 '교육령'이 추구하려는 의도는 굳이 설명할 필요가 없을 것이다. 일본인과의 차별화된 교육, '황민'을 양성하기 위해 교육이 실시되었음은 주지의 사실이다. 더불어 치바는 '민족본능'의 실현으로 한국의 자치 제도를 실현했다며 이렇게 덧붙인다.

> 지금 일본 정치를 말하면 길어지니 그만두겠습니다. 하지만 돈을 생각하지 않고 하고 싶은 것만 주문합니다. 세상은 그렇게 움직이지 않습니다. 그런 것부터 차근차근 훈련해야 합니다. 자치는 스스로 책임을 져야 합니다. 의무를 져야 합니다. 그들은 권리를 주장하고 의무를 떠안을지 모릅니다. 그들이라는 것은 조선을 말합니다. 그런 것부터 시작해서 실시 기관까지 자치제도를 성장시킨 것은 바로 일본의 힘입니다.[50]

치바는 마치 일본이 한국의 자치제도를 실현한 것처럼 말한다. 치바는 이런 한국 인식을 지니고 식민지 지배자로 군림했을 것이다. 치바의 증언은 해를 거듭하며 되살아나곤 하는 '식민지 시혜론'의 원형에 다름 아니다. 증언 기록을 살펴보면 최근 자주 거론되는 일본의 역사 왜곡과 관련하여 과거의 '사실'을 올바로 해석하는 일이 얼마나 중요한지 새삼 일깨워준다. 증언에 대한 세심한 주의가 필요함은 아무리 강조해도 지나치지 않을 것이다.

3. 후지카이(不二會) 기억 속의 '제국'과 '식민지'

3.1 체험에서 '기억'으로

1910년부터 1945년까지 35년간 조선을 식민지로 지배한 제국의 서민인 재조일본인은 제국과 식민지의 관계 속에서 조선에 대한 고정된 이미지와 부조리한 의식을 형성해왔다. 패전 후 반세기 이상의 시간이 흐르고 세대 교체도 몇 번이나 이루어진 지금, '흘러가버린 과거사'를 다시 문제 삼는 일은 의미가 없다고 강변하는 사람도 많지만, 역사학의 본령인 '기억을 둘러싼 투쟁'만큼 현재적인 이슈는 없을 것이다. 제국과 식민지의 구체적 현실을 몸소 체험한 당사자들은 역사의 뒤안길에 묻혔지만, 그들을 통해 형성되고 수용된 인식은 지금도 무의식적으로 재생산되고 있기 때문이다.[1] 문제는 '기억을 둘러싼 투쟁'이 단순히 '조상의 부채를 후손이 물려받는' 민족적 책임윤리로서만이 아니라, 향후 세계평화 구축과 한일 관계의 미래와도 직결되는 사안이라는 점이다. 제국과 식민지라는 공간에서 이루어진 집단적 기억의 문제와 개인적 기억의 복원-증언의 문제에 주목하는 연유도 바로 여기에 있다.

제국 일본과 식민지 연구를 한마디로 정리하기는 어렵지만, 그 어느 분야든 '식민자의 지배와 피식민 민족의 저항'이라는 구도 속에서 이루어져왔다. 식민지에 거주한 일본인은 제국의 식민지 침략과 수탈이 국가 권력과 국가 권력이 지원하는 민간인이 결합하여 총체적으로 수행되었음을 실증하기 위한 주요 연구 대상이었다. 이런 연구 시각은 일본 사회 내부에 '식민지 시혜론'이라는 비정상적인 역사 인식이 여전히 존재하는 한, 지배와 피지배의 역사적 경험의 극복과 식민지배의 비판이라는 측면에서 현재성이 있다.

그러나 연구 시야를 20세기 한국 근대로 확대하여 제국과 식민지의 변화 양상에 초점을 맞추면, 지배와 저항의 관점은 일본인을 매개로 발현되는 다양한 사회적 현상을 이해하기에는 일정한 한계를 지닌다.[2] 더욱이 제국 일본과 식민지 조선의 기억 방식을 둘러싸고 패전 이전에 형성된 차별적인 고정 관념이 어떻게 전후에 무비판적으로 계승되고 재생산되는지의 구체적 양태는 아직 충분히 해명되었다고 말하기 어렵다.

이것은 곧 일본의 식민지 지배 방식의 특성에서 유래한다. 일본의 식민지 지배는 총독을 비롯한 고위 관료 등 명망 있는 정치가 집단이나 군부에 의해서만 이루어지지 않았다. 식민지 지배는 메이지유신 이후 '정한론'(征韓論)으로 상징되는 침략사상에 물든 정치가 집단과 군인들에 의해 주도되었지만, 일본의 많은 서민들이 조선에 건너와 식민지 지배 체재에 동참함으로써 유지 강화되었다. 일본의 식민지 지배는 다카사키 소지(高崎宗司)가 지적했듯이 '풀뿌리 침략' 내지는 '풀뿌리 식민지 지배와 수탈'이라 말할수 있다.[3] 따라서 식민지 지배 체재의 총체적 규명이나 현대 일본과 일본인의 정체성을 연속적으로 파악하고자 할 때, 식민자로서의 일본 서민의 역사적 체험과 제국을 기억하는 의식구조의 해명은 빼놓을 수 없는 과제 가운데 하나이다.[4]

이런 문제의식을 반영하듯, 한국 학계에서도 기억과 구술, 회고와 증언의 문제가 주요 의제로 부상했다. 기억에 기반을 둔 구술사는 역사 서술의 새로운 영역으로 부각되었고,[5] 당사자의 증언이나 수기 등을 대상으로 하여 전후 일본 제국과 식민지에 대한 기억방식을 둘러싼 다양한 논의가 시작되었다.[6] 이는 '식민지 수탈론'에 대한 문제 제기=‘공적 기억에서 사라진 사건’을 부각함으로써 공적 기억을 단일회로 속에서 조직하는 저항사나 민족사 개념을 비판하려는 시도, 그리고 일국 중심주의적 역사 서술 과정에서 강화된 공적 기억과 내셔널리즘에 대한 탈구축 작업의 일환으로 이루어졌다. 요컨대, 제국=일본과 식민지=조선의 관계를 ‘지배 대 피지배’ 또는 ‘수탈 대 저항’이라는 이항 대립적으로 해석하는 기존의 틀을 뛰어넘어 사회사·미시사적인 연구 패러다임을 구축하려는 시도로 평가할 수 있다.

제국의 일반 서민이 식민지를 기억하는 회로는 다양하다. 식민지 기억은 ‘식민지 권역’과 ‘비식민지 권역’이라는 기억 대상에 따라, 또 본국으로의 귀환과 현지 억류 등 원체험의 차이에 따라 재편될 수 있다. 전후 일본의 만주 기억의 경우, 미국의 점령과 동아시아 냉전이라는 틀 속에서 1960년대 전반까지는 기억이 억제되었다가 고도 경제 성장과 중일 국교 재개를 계기로 기억이 부상했다. 전쟁 기억은 패전과 점령에 의해 왜곡된 형태로 변형되었고, 식민지 귀환의 기억은 피해자 의식에 입각한 반전 사상과 결합하여 일본인의 고난 체험으로서 '일국 평화주의'의 자장 속으로 흡수되었다. 그리고 그 기억의 내용은 '침략'과 '식민'의 이미지와 대립되는 '고난'과 '향수'의 이미지로 표출되었다. 또한 원폭 신화를 정점으로 한 수동적 '평화 국가'의 구호 아래 피해의식이 부상하고 식민지 지배의 가해 의식은 괄호 속에 봉인되는 '기억의 분리'가 일어났다.[7]

제국 서민의 조선에 대한 기억은 어떠했을까. 조선의 경우도 식민자로 살아온 역사를 봉인한 채 '경계인'(境界人)으로 살아갈 수밖에 없었지만, 제국과 식민지의 관계는 여타 식민지 권역과는 다른 양상으로 기억된 것으로 보인다. 제국 일본의 범주에서 차지하는 조선의 '위치'와 '임무'는 '제국의 생명선'이라 간주될 만큼 중대했다. 지리적 접근성이 좋아 어느 지역보다도 조선 식민지를 용이하게 경험한 많은 일본 서민은 식민 지배자 특유의 의식과 정신 구조를 구축하고, 조선인과 격리된 채 자신들만의 생활 공간에서 식민자의 특권을 향유했다. 물론 패전 직후에는 만주 귀환자들의 경우와 유사하게 '고난'과 '향수' 기억도 표출하지만,[8] 조선에 대한 뿌리 깊은 '멸시'와 '차별' 의식이 그보다 더 컸고, 이런 의식은 왜곡된 형태로 지속적으로 남아 있었다. '식민지 근대화론'이나 역사 교과서 문제에서 드러나듯이, 조선에 대한 왜곡된 의식은 식민지에 대한 제국의 '시혜'로 여전히 강조되고 있으니, 일본인의 식민지 조선에 대한 기억은 '현재진행형'으로 재구성되고 있다고 말할 수 있다.

여기서는 이런 문제의식 위에서 전후 일본의 식민지 기억을 한일회담 전후에 결성된 후지카이(不二會) 관련자들이 남긴 기록을 중심으로 살펴본다. 후지카이는 러일전쟁 직후 조선에 진출하여 각지에 대농장 경영에 착수한 후지이 간타로가 설립한 불이흥업주식회사(不二興業株式會社) 관련자들이 결성한 모임이다. 후지카이는 후지이의 조선에서의 '훌륭한 업적'을 기리기 위해 후지이의 딸, 이노하라 도시코(猪原とし子)를 비롯해 본사 직원, 각 농장 관계자와 그 후손들의 모임으로 소식지를 발행하는 등 지금도 부정기적으로 모임을 갖고 있다.[9] 이하에서는 후지카이의 기록, 특히 이노하라의 회고록을 통해 식민지로부터 귀환한 그들이 어떻게 '자기합리화'를 강변하고 '제국'과 '식민지'를 기억하고 바라보았는지 살펴보겠다.

3.2 패전과 귀환, 그리고 기억의 '재생'

후지카이 결성의 동기를 제공한 후지이는 조선 진출 이전에는 오사카를 중심으로 미곡 입찰에 관여하다가, 1904년 러일전쟁 와중에 '군대보다 실업가의 임무가 중요하다'는 기치 아래 조선에 진출한 모험상인이었다. 서울에 본점을 두고 전북농장, 서선농장, 옥구농장, 철원농장, 군산불이농장, 군산지소부 등 6개 농장을 설치

경영하는 한편, 미곡무역, 개간, 수리관개, 부동산 위탁 관리, 신탁
업도 겸한 대표적인 식민지 지주로 성장했다. 후지이는 이후에도
토지를 매입하고 간척 사업과 수리조합 사업에 적극적으로 참여하
고 만주에까지 진출했다. 패전 당시 조선에 소유한 회사의 소유 면
적은 농지와 산림을 포함해 1만6,099정보에 달했다.[10]

　1945년 8월 15일, 제국의 붕괴는 식민지 거주 일본인의 삶을 뒤
흔들어 놓았다. 식민지 조선은 이제 더 이상 지배의 대상이 아니었
다. 식민지에 군림하던 지배자의 지위는 순식간에 사라졌고, 신변
의 안전과 특권을 보장해주던 식민지 통치체제는 연합군에 의해
해체되었다. 일본인의 심층의식에도 '역전'이 일어나, 제국의 '일
등신민'으로부터 패전국의 '국민'으로 추락했다. 일본인들은 식민
지에 쌓아둔 경제적 기반을 포기한 채, 미래에 대한 보장 없이 본
국으로 귀환을 서두를 수밖에 없었다.

　패전 당시 한반도에 거주한 일본인은 북한에 약 50만 명, 남
한에 약 27만 명, 이 밖에도 만주로부터의 피란민 약 12만 명이었
다.[11] 특히 북한에 거주하던 일본인에게 1945년 8월 9일의 소련 참
전은 악몽의 시작이었다. 일본인들은 곧 안전지대를 찾아 피란길
에 올랐지만, 기차를 탈 수 있었던 것은 군인과 경찰관 가족 등 극
히 일부에 불과했다. 북한에서는 일본인 송환이 계획적으로 이루
어지지 않아 많은 사람들이 수용소 등지에서 겨울을 보낼 수밖에
없었다. 겨울을 넘기지 못하고 객사한 사람도 적지 않았다. 기록에
따르면, 사망자는 만주로부터의 피란민을 포함해 1946년 봄까지

함흥 6,261명, 평양 6,025명, 흥남 3,042명, 진남포 1,500명, 부평 1,486명, 원산 1,303명 등 약 2만5,000명에 달했다.[12] 남한을 점령한 미군은 일본에 대해 비교적 유화적이었지만, 일본인은 숨을 죽이고 재산을 정리하여 귀환될 날만을 기다렸는데, 귀국 시 가져갈 수 있는 재산은 제한되었다. 밀선을 타고 일본으로 향한 사람도 많았다. 1945년 말 남한의 일본인은 2만8,000명으로 감소했고, 1947년에 이르러 귀환은 완료되었다.[13]

불이흥업주식회사 관계자들도 귀환 길에 나섰다. 1945년 패전 당일 신의주 소재 서선농장에 부임한 야마다 이와오(山田巖)는 '마(魔)의 38도선'으로 인해 탈출이 불가능한 위기상황을 겪었다. 본사와의 연락이 두절되고 9월에 들어와 철원농장의 직원들이 소련군에 쫓겨 귀환할 수밖에 없던 긴급사태 속에서 결국 1년간의 억류생활을 보낸 다음, 1946년 2월 상순 미군 사령관의 포고로 힘겹게 부산을 통해 귀환했다. 그는 귀환하면서 "언제 또 밟을 수 있을지 알 수 없는 대륙의 땅과 풍경에 마지막 이별을 고하고 조선이여 안녕이라고 마음속으로 절규하면서 조선을 뒤로했다"[14]고 회상한다.

귀환의 기억은 제국 식민자로서의 우월감이 아닌 패배자의 아쉬움과 피해의식을 불러일으켰다. 일본 국내에서의 생활 기반이 취약했던 귀환자들은 식민지에서 삶의 기반을 남겨두고 본토로 귀국해야 한다는 위기 상황에 민감하게 반응했다. 특히 농장 경영을 포기하고 떠나는 불이흥업 관계자들의 상실감은 더할 수밖에 없었다. 1909년 9월 불이흥업에 입사하여 34년간 조선에서 근무하고, 1940년 중국 천진으로 발령받은 다음에 패전을 맞이한 다다 기이치로(多田儀市郎)는 일본인의 토지 소유권은 '부동산등기법'에 의해 소유권을 법적으로 확보했다고 전제한 다음, "일본인의 토지는 대동아 전쟁 종결 후 미군에 접수되어 조선인에게 분여되었다. 조선 부동산 등기법에 따라 개인의 소유권이 박탈당한 것은 용서할 수 없다"[15]며 식민지에 남겨둔 농장에 대한 아쉬움을 토로했다.

일본 사회의 재외국민에 대한 시각은 상당히 부정적이어서, 귀환자는 해외에서 '호의호식한 자'라는 식이었다. 일본으로 귀환한 사람들은 주거, 직업, 식량, 학교, 결혼 등 다방면에서 상대적인 차별을 받았고, 그들의 일본인으로서의 정체성은 크게 동요했다. 귀환자에 대한 편견은 전후 '평화주의'나 '평화교육'과 결합되면서 더욱 악화되었다. 만주 귀환자의 경우, '일본 제국주의의 첨병' '만주 침략의 실동(實動) 부대' '내지에서 실패한 망나니'라는 이미지가 유포될 정도였다.[16]

귀환자들은 이런 시선에 당연히 불만을 품을 수밖에 없었다. 귀환자들은 패전 이전에는 제국의 식민지에서 자신들이야말로 '제국 건설을 위해 최전선에서 고생했다는 자부심'을 갖고 있었다. '대일본제국'의 안전한 본토에서 자기들 덕분에 '편히 살던 사람들'의 곱지 않은 시선에 귀환자들의 불만은 당연히 컸다. 귀환자들은 "아무것도 모른 채 내지에서 편안하게 살던 사람들이 마음대로 말하지만, 현실은 그리 간단하지 않았다"는 말로 비난의 목소리를 회피하려 들었다. 제국 일본을 구성한 피라미드 구조 속에서 최하위층에 위치한 '외지인'으로서의 콤플렉스가 작용했기 때문이다. 이처럼 제국 일본의 해체와 귀환은 귀환자들을 정체성이 균열된 정신적 망명자로, 일종의 '경계인'으로 만들었다.

전후부터 1960년대 전반까지 일본 사회에 나타난 식민지에 대한 기억을 한마디로 요약하면, 임성모도 지적하였듯이 '체험적 기억'에 대한 '공공적 기억'의 억제라고 말할 수 있다.[17] 공공의 기억 속에서 조선의 식민지화는 제국주의 침략, 식민지에 거주한 일본인은 제국 침략의 첨병으로 인식되었다. '제국의 망령'으로서의 식민지 기억은 공공적 기억의 장에서 은폐될 수밖에 없었다. 이 시기 공적으로는 억제되어야 했던 기억을 사적으로 표출할 수 있는 공간은 조선 관련 모임에서였다. 1940년대 후반부터 제국의 식민자로서 조선 경험을 공유한 단체들이 각지에 결성되었다. 경성회, 인천회, 평양 낙랑회(樂浪會)처럼 조직이 큰 동향회로부터 여수회나 벌교회처럼 소규모 동향회에 이르기까지 다양한 모임이 결성되었다. 그중에는 과거 조선총독부 교통국에 속한 3만 명이 만든 선교회(鮮交會)와 같은 직장 동창회나 200개 이상의 학교 동창회도 존재한다.[18] 이들 단체는 정기적으로 모임을 갖고 소식지를 발간하면서 사망한 회원에 대한 위령제를 거행하는 등 소외된 식민지 기억을 공유하는 장을 형성했다. 이들 모임은 식민지에서의 체험적 기억을 공동으로 나누는 일종의 '기억 공동체'로 기능했다.

후지카이 또한 이런 맥락에서 결성되었다. 후지카이는 1965년

10월 한일회담 체결을 전후로 후지이의 딸, 이노하라를 중심으로 결성된 모임이었다. 모임의 목적은 회원 상호간의 연락과 친목도모에 있었지만, 오자와 유사쿠(小澤有作)가 지적한 대로 '민족 에고이즘'의 입장에서 조선 농업의 근대화에 기여한 '민족적 영웅', 불이흥업의 창시자 후지이의 업적을 기리기 위함이었다.[19] 후지카이는 결성과 함께 고문, 회장, 부회장, 간사 등 임원을 선출하고 총 10개 조의 「회칙」을 제정했다.[20] 이에 따르면 후지카이는 매년 총회를 개최하고, 회원의 동정과 회사 관련 자료와 사진 등을 알리는 회지 『후지』(不二)를 연 2회 발행했다. 모임은 일본 각지를 10개 구역으로 구분하여 간사가 이를 주관했고, 회원 수는 1966년 1월 현재 181명, 1968년 1월 현재 193명이었다. 이들의 직업은 대학 교수, 교사, 공무원, 회사원, 사업, 농업 등 다양했다.[21]

후지카이의 억제된 식민지 기억을 일본 사회에서 재생시킬 수 있었던 계기는 한일회담 체결이었다. 한일회담 교섭 과정의 공방은 식민지를 체험한 일본인의 기억을 일깨우기에 충분했다. 자신들이 직접 관여한 식민지 지배를 둘러싼 일본의 역사적 책임과 전후보상 문제 등 시급히 청산해야 할 과제가 제기되었기 때문이다. 특히 언론매체를 통해 연일 전해지는 보도내용은 그동안 억제되어 왔던 '이들의 과거'를 사회적 이슈로 부각했다. 조약의 결과에 따라서는 '식민지 침략자'로 낙인 찍힐 수도 있고, 반대로 '제국 건설과 총독부 선정(善政)의 대리자'로 인정받을 수 있었다.

이노하라는 1961년 한일회담이 체결되기 4년 전부터 자비로

소책자를 만들어 후지카이를 비롯해 주변 지인들에게 배포할 정도로 한일회담에 민감하게 반응하여 자신의 의견을 개진하고, 체험을 재생해 나가기 시작했다. 기억의 첫 출발은 조선에 남겨둔 어머니의 묘소에 대한 감상이었다. 그녀는 한일회담의 조기 체결에 대한 기대감을 표명하면서, "지금까지도 마음에 걸리는 것은 경성에 남겨둔 육친의 유골이다. 독립 이후 가장 배일적 기운이 극심했던 이승만 정권하에서 일본인의 묘소는 흔적도 없이 유린되었을지도 모른다고 생각하니 정말로 참담한 기분에 휩싸인다. 아무튼 기우였으면 하는 바람이다. (…) 나와 동일한 생각을 지닌 사람들이 분명 일본 내지에는 적지 않을 것이다. 하지만 그 누구도 이 문제를 거론하지 않는 것은 정말로 이상하다. 하루라도 빨리 한일회담이 체결되어 정상적인 국교하에서 지금은 이국에 잠든 친형제의 유골을 돌려받을 수 있는 날을 기다린다"[22]며 조속한 유골 반환을 기대했다. 이노하라의 모친은 그녀가 어렸을 때 조선에서 질병으로 세상을 떠났다. 식민지 지주의 부인이었던 모친이 과연 조선에 진정 뼈를 묻으려 했는지는 의문이지만, 이노하라는 모친을 마치 '조선의 흙'이 된 사람으로 형상화했다. 그러나 이노하라의 실제 모습은 남편을 따라 조선과 같은 '후진 지역'에 이주한 '미모의 여인', 초기 사업지인 군산에서 본사인 경성으로 이주할 때 '다이묘(大名) 행렬'[23]이라는 표현이 상징하듯이 식민지에 군림한 식민자의 모습일 뿐이었다.

이노하라에게 아버지 후지이는 불이흥업의 농장 경영을 통해 조선을 개발한 공로자이자 우상이었다. 그녀는 부친을 "한일병합 당초부터 한 민간인으로서 반도의 개척, 농민 구제에 뜻을 두고 반도 전토를 돌아다니다 반도의 북부, 중부, 남부 각지를 개척 간척하여 수리관개사업을 완성했다. 일생을 반도를 위해 몸 바친 사람이었다"[24]고 기억한다. 나아가 조선인들도 부친이 장기휴양을 위해 조선을 떠났을 때, 소작인 6,500호 가운데 유지 1인당 1원씩 갹출하여 부친의 업적을 기린 기념비를 농장사무소 뒷산에 건립했다고 소개하면서, "간척사업은 후지이 간타로의 필생의 대사업이었다. 한 인간이 이런 위업을 완성하여 미전(美田)으로 만들었다. 아울러 수리관개 사업을 시공하여 우리나라 식량 문제의 해결에 공헌한 수완은 조선 개발의 공로자이다. 역대 총독이 표창한 것은 당연하다"[25]며 조선인도 부친을 칭송했다고 강변한다.

후지카이 회원들을 비롯한 많은 식민지 귀환자들은 한일회담이 체결된 이후 조약 그 자체에 대한 부정적인 평가를 잇달아 내놓았다. 불이흥업 본사의 기획과장과 총무과장을 역임했고, 귀환 이후에는 식민사업 능력을 인정받아 에히메대학(愛媛大學) 농학부 교수로 재직 중이던 가도타 교노스케(門田協之介)는 "대망의 한일조약 내용을 보면, 정의감에 불타 조선의 국토 개발과 농민의 향상을 위해 젊은 청춘을 바친 우리 동지들의 입장이 완전히 무시당하고 말았다. 한국에 대한 압정이라는 죄악만을 드러내고 있다. 얼마나 패전적, 굴욕적인 것인가. 우리나라의 태도에는 정말로 성에 차지 않는다. 이는 비단 나만의 생각은 아닐 것이다"[26]라고 조약 체결

그 자체에 대해 울분을 토로했다. 한일회담을 일본 스스로가 '한국에 대한 압정'을 인정한 것으로 해석하고, '패전적' '굴욕적'이라는 표현을 통해 한일회담의 역사적 평가를 폄하한 것이다. 이들의 기억에는 '조선의 국토 개발'과 '농민의 향상'을 위해 젊음을 바친 식민자로서의 삶만이 투영되었다.

이렇게 후지카이를 비롯한 많은 식민지 귀환자들은 패전 이후 억눌려 왔던 기억을 한일회담을 계기로 '재생'하려 했다. 전후 일본 사회가 귀환자에게 던졌던 '싸늘한 시선'에 억눌려 살아온 자신들의 모습에 정당성을 부여하기 위한 시도였다. 한일회담을 통한 조약 체결은 식민지로부터의 귀환자들을 '식민지 개발 공로자'가 아니라 '침략자의 첨병'으로 인식하게 했지만, 후지카이를 비롯한 많은 귀환자들은 이에 반발하여 식민지에서의 자신들의 족적을 합리화하는 '언설의 공간'을 만들어 나갔다.

3.3 제국 서민의 왜곡된 우월의식

식민지에 대한 향수와 자기합리화

후지카이 회원들인 식민지 귀환자들이 조선에 대한 기억을 공적인 것으로 구축하려는 시도는 몇 가지 회로를 통해 이루어졌다. 하나는 조선에서의 생활을 회상하면서 자신들의 '업적'은 결코 식민지 착취와 무관하다는 것, 또 다른 하나는 후지이의 업적으로 상징되는 불이흥업이야말로 조선의 '개발'에 앞장선 '공헌자'라는 것이었다. 후지카이는 회보 발행을 통해 식민지에 대한 향수를 자극하고, 자신들이야말로 식민지의 진정한 '이해자'이자 '협력자'라는 것을 대내외에 알리기 시작했다. 후지카이는 식민지에 대한 귀환자들의 향수를 자극함으로써 무엇보다 일본 사회가 만든 '왜곡된 자화상'의 시정이 시급하다는 자기방어 논리를 펴려 했다.

식민지 조선에 대한 이들의 기억은 조선은 너무도 친근하고 그리운 곳이라는 것이었다. 귀환자들은 귀환 이후 한국의 변화 양상과 자신들의 족적에 어떤 변화가 생겼는지를 궁금해 했다. 1963년 신문사 특파원으로 한국 땅을 밟은 니시무라 도시오(西村敏夫)는 서울의 첫인상에 대해 "나는 서울에서 태어나 서울에서 자라다가 패전 후 일본으로 귀국했다. 그리고 17년 만에 서울의 모습을 다시 볼 수 있었다. 그래서인지 외국에 왔다는 느낌이 전혀 들지 않았다"[27]라고 말하고 있다. 그는 불이흥업 본사를 중심으로 서울의 일본인 거리의 변모를 자세히 서술하면서 "일본에 돌아와 처음으로 서울이 좋다는 것을 느꼈다. 뛰어난 산수에 둘러싸인 서울이 부러웠다. 하늘은 잘 아는 것처럼 높고, 공기도 쾌적하여 도쿄와 같은 스모그가 없다. 맑은 공기를 가슴 한가득 쉴 수 있다"[28]고 말하며 식민지 조선의 향수를 자극한다.

식민지 기억은 자의적인 것으로, 일본에 대한 조선의 저항에 대한 기억도 지배민족의 입장에서만 재생될 뿐이었다. 3·1운동에 대한 기억이 그 한 예이다. 강경의 토지관리소 책임자였던 다다 기이치로(多田儀市郞)는 강경 부근 임천(林川)에서의 정황을 기억해냈다. 그는 일선 농장의 관리소장으로서 조선인의 저항에 두려움과 공포심을 뼈저리게 느꼈을 테지만 애처 태연한 척했다. 무자비한 진압과 더불어 각인된 두려움은 오히려 '무모한 망동'으로 폄하되었다. 그는 서울에서 시작된 '소동'이 이렇게 빨리 임천에 영향을 준 것에 놀랐다고 했다. "당시 일반 사회는 표면상 냉정했다. 열심히 일하면서 조금이라도 저축하는 사람들은 독립하여 무엇이 만세인가라고 말했다. 합방 이전 시대는 관리가 바뀔 때마다 불려가 이런저런 이유로 착취당했다. 정강이의 고문 상처를 내보이면서, 합방 이후 오늘날은 근로를 통해 얼마든지 많은 돈을 저축할 수 있다. 누구로부터도 협박받지 않고 생활은 안정되어가고 있다. 평온한 세상이 되었는데 지금 떠드는 사람들은 일부 한심한 불량분자이다. 그들은 양민의 적(敵)이라고 갈파했다"[29]며 관내 소작인들은 운동에 참가하지 않았다는 것을 강조한다. 그는 이어 운동의 진압 과정에서 일어난 에피소드를 소개했다. 운동의 무대였던 장시에서 주모자를 식별하기 위해 빨간 잉크를 뿌린 사실과 군경과 협력하여 주모자 검거에 나선 일본인 친구 가운데, 검거 과정에서 자신의 옷에도 빨간 잉크가 묻어 오해 받지 않기 위해 옷을 바꿔 입은 것을 마치 무용담처럼 회고했다.

일본은 패전 직후 심각한 식량난에 직면했다. 후지카이 관계자들은 식량 부족과 고미가 현상을 직접 피부로 느꼈다면서, 농장관리자로서의 식민지 기억을 재생했다. 자신들이 근대 일본의 식량 문제 해결을 위해 조선에 건너가 농장을 개설했다는 자부심을 부각시키기 위해서였다. 회사에서 회계감사와 산미 제조, 판매에 33년간 근속한 네기시 기이치(根岸喜一)는 "불이흥업의 창시자 후지이 간타로는 1902년부터 우리나라의 인구 문제 해결과 식량 증산 계획에 대해 몸과 목숨을 바쳐 국가에 공헌했다. 이에 협력하여 어려운 간척, 개간, 수리관개 사업에 분골쇄신하여 청춘을 바친 사우 각위의 희생 또한 고귀한 것이었다"[30]며 자신들의 업적을 자화자찬한다. 그리고 제1차 대전 이후의 특수에 편승하여 회사의 액면가 주가가 50원에서 330원으로 상승되었고, 사원들의 급료도 두 배로 올랐던 것을 회상하며 과거 호황기에 대한 향수를 불러일으켰다.

이노하라는 조선에서의 생활을 회상하면서 '자신들의 업적은 착취와 무관하다'는 것을 강조하기 위해 식민지 지배의 부당성을 지적한 연구에 강력히 반발했다. 이노하라는 자신의 생활 경험을 가치판단의 기준으로 삼아 전후 역사학의 '좌편향'에 분개한다며 이렇게 말했다.

중학생 딸아이의 책장에 최근 출판된 『일본역사』 전집이 놓여 있어 일한병합에 대해 어떻게 서술되어 있는지 그 부분을 펼쳐보고 정말 놀라고 말았다. 일본은 조선에 대해 엄청난 착취정치를 실시한 것처럼 서술하고 있다. 그 악정의 근거로 한국인의 미곡 소비량이 병합 당시를 정점으로 차츰 저하한 숫자를 내건다. 조선인의 생활이 합방 이전보다 얼마나 나빠졌는지 판단을 내리도록

하는 것이다. 이는 실정을 조금도 모르는 탁상공론의 무서움이다. 많은 사람들은 고명(高名)한 프로페서의 말이라면 믿을 것이기 때문이다. 일본인은 쌀을 먹을 수 없다는 것을 비통하게 생각한다. 그러나 조선에서는 장기간에 걸친 식량 부족의 결과, 잡곡의 주식화가 아주 교묘하여 잡곡으로 조리한 것을 우리 쌀을 먹는 일본인조차도 맛있다고 생각할 정도이다. 어떤 사람들은 예전에 조선의 시골 농가에 숙박하면서 도토리로 만든 빵이나 냉면만을 한 달 동안 먹고도 조금도 질리지 않고 그 맛을 그리워할 정도이다. 심지어는 보리로 만든 막걸리를 식량 대용으로 삼는 관습도 있다. 조선인은 미곡보다 오히려 이를 좋아하는 경우가 많은 것 같다. 이처럼 잡곡의 주식화가 일반적이라는 사실을 학자는 모르는 것일까.[31]

이노하라는 '착취 정치'라는 비판에 대해 "실정을 조금도 모르는 탁상공론"이라고 비난한다. 조선인은 미곡을 먹지 않아도 살수 있다는 '편견'이 마치 '사실'인 것처럼 주장한다. 이는 앞에서 지적한 전후 일본 사회의 재외국민에 대한 부정적인 시각, 즉 귀환자는 해외에서 '호의호식한 자'로 비쳐진 풍조에 대한 역비판이기도 하다. 귀환자를 향한 비난의 중심에 식민지 경험이 없는 '프로페서'(Professor)가 존재했고, 그들은 '잡곡의 주식화'라는 조선인의 식생활을 모른다는 것이다. 그녀는 총독부 시책이었던 '산미 증식 계획'의 결과, 식량 부족에 허덕이던 조선인이 생존을 위해 잡곡을 주식으로 삼을 수밖에 없었던 현실에 '교묘히' 눈감고, 제국 일본의 식민지 지배의 원인과 결과를 혼동하여 '잡곡의 주식화'가 현실인 것처럼 왜곡했다. 조선의 '산미왕' '수리왕'이라 불렸던 부친의 행적에 대한 비난을 면하고 싶었기 때문일 것이다. 이노하라는 이어 식민지 지주와 그 휘하에 있던 사람들을 침략자로 낙인찍은 '프로페서'의 지적과는 다른 방식으로 조선인의 미곡 소비량의 감소 요인을 장황하게 설명한다.

병합 후는 미곡을 높은 가격으로 사주는 일본이라는 고객이 생겼다. 그래서 쌀에 집착하지 않는 조선인들은 가능한 한 쌀을 먹지 않고 상품으로 내다 팔게 되었다. 일본은 이를 자유경제하에서 적정 가격으로 조선으로부터 일본 내지에 이입했기 때문에 조선 인구의 8할을 차지하는 농민의 수입은 매년 증가했다. 미곡 소비량의 감소는 곧 굶주림으로 이어졌다는 잔박하고 피상적인 지식으로 역사를 서술하면 안 된다. 역사가가 일본과 한국의 문제를 논할 때, 병합 이전과 독립 당시까지의 추이를 포함한 인문자산의 총결산표로 시정의 시비를 논해야 한다. 조선인의 인구 증가, 체위의 향상, 교육의 보급과 진보, 기타 상공광공업의 현격한 발달은 어떤 한국인이라도 병합 이전과 비교하여 부정할 수 없을 것이다. 붉은 풍조에 물든 프로페서가 많다는 사실에 놀랐지만, 굳이 미곡 소비량 감퇴의 표를 들어 일본인 스스로 조선에 악정을 실시했다고 서술해야만 하는 것일까.[32]

이노하라의 기억과 의식 세계에는 식민지 지배자 특유의 '조선에 관한 일이라면 모든 것을 전부 안다'는 자부심이 작동하고 있었고, 이런 자부심은 제국과 식민지의 관계를 근저에서 부정하는 논리로 재생되었다. 부친과 후지카이 회원들이 관여한 조선에서의 농장 경영과 소작미의 일본 유출 구조를 "상품으로 내다 팔았다"는 시장경제 논리로 재해석한다. 자신들을 향한 비판에 대해서는 "인문자산의 총결산표"를 내세워 비난을 회피할 구실을 마련한다. 그리고 자신들과 다른 의견을 밝히면, 자민족을 자학하는 "붉은 풍조에 물든 프로페서"라고 공격한다. 이노하라의 조선 인식 체계는 조선인과 조선 경험에 대한 마음으로부터의 총체적인 이해를 목적으로 하지 않고, 지배질서를 유지하고 자기 정당화를 목적으로 한 일면적인 기억일 뿐이다.

더욱이 이노하라는 제국 일본의 식민지 지배에 대한 비판적인 여론은 '식민지 통치에 대한 선전 부족'으로 인해 착취라는 오해가 형성되었다고 주장한다. 일본인 스스로 일본을 악선전하는 것은 "붉은 풍조에 물든 프로페서"의 주장일 뿐, 일본의 조선 통치에 관한 선전 부족으로 인한 오해라는 것이다. 그녀는 부친이 일본인 이민을 유치하기 위해 설립한 군산 부근의 불이농촌의 '성공적' 사례를 제시하면서 "조선 통치에 대한 악선전만을 수없이 들어왔다. 이에 반해 정부의 시설에 대한 광고 등은 아직까지도 전혀 볼 수 없다. 이 때문에 미국인이 조선 통치를 아무리 선의로 해석해도 아주 나쁜 것으로 오해할 수밖에 없다. 이 오해는 결국 일본 정부의 책임이다. 일본인이 이렇게 훌륭한 사업을 전개하면서도 이를 세계에 선전하지 않은 것은 정말로 감심해야 할 국민성이지만, 결과로서는 세계를 향해 오해를 불러일으킨 것이다"[33]며 일본 정부를 향해 불만감을 표출했다.

요컨대 후지카이 회원들처럼 패전 직후 귀환자들은 패전, 귀환, 점령 등 격변기를 거치면서 자기 정체성의 갈등과 모순에 고뇌하며, 삶의 터전이자 일상생활을 영위한 식민지에 대한 향수를 지니고 살아나갔다. 그러나 냉전 체제의 고착에 따른 일본 사회의 변화는 귀환자의 기억을 다시 일깨웠다. 샌프란시스코 조약에 따른 일본의 국제사회 복귀와 1965년의 한일조약의 체결 등 동아시아 정세의 변화, "이제 전후가 아니다"는 일본 정부의 선언이 상징하는 고도경제성장으로 인해 그동안 침묵을 지켜왔던 귀환자들은 다양한 형태로 자신들의 식민지 경험, 귀환의 아픔을 재생하기 시작했다. 이는 그동안 봉인되었던 제국의식과 식민지에 대한 인식을 새롭게 표출하는 계기로 작용했다. 전후 일본 사회의 귀환자에 대한 따가운 시선과 식민지에 대한 향수, 자기합리화의 감정은 이제 새로운 제국의식으로 형태를 바꾸어 표출되었다. 그것은 단순히 자기합리화의 감정을 넘어 신생 한국에 대한 차별적인 고정관념의 고착화라는 '기억'의 역전으로 나타난다.

차별 의식으로의 기억의 '역전'

전후 식민지 조선에 대한 일본의 차별적인 고정관념의 고착 과정은 가지무라가 지적했듯이 크게 두 가지 경로로 이루어졌다.[34] 하나는 식민통치를 합리화하고 관철하기 위해 식민지 권력 세력이 고의로 전파하는 '위로부터의 교화' 경로이다. 이런 관념의 대량 침투는 왜곡된 역사 교육과 영화, 만화 등 미디어 영역에서 영향을 발휘했다. 다른 하나는 개인적인 차원에서 이루어진 피식민자와의 만남 체험에 대해 부정적인 의미를 강화하는, 소위 '아래로부터의 전파'이다. 피식민자들이 표출한 부당한 지배와 차별에 대한 대항을 오히려 피식민자 측의 문제인 것처럼 간주하여 차별적인 부정 감정을 심화하는 것이다. 피식민지인들과의 부정 감정과 대립의 요인이 식민자였던 일본인에게 있다는 것을 망각하고 피식민지 조선의 '민족성'에 문제가 있는 것처럼 날조하는 자세는 현재도 드물지 않게 드러나곤 한다. 전후 일본의 제국의식은 이 두 요소가 하나로 융합되어 추상화되고 광범히 사회적으로 유포되었는데, 후지카이와 같은 식민지 사업에 동참한 민간인 단체의 회보 등은 식민지에 대한 부정적인 차별의식을 개인의 입에서 입으로 전파하고 확대, 강화한 대표적인 '아래로부터의 전파' 경로였다.

이노하라는 식민지 지배에 대한 역사적 평가를 둘러싸고 일본의 일방적인 침략이 아니라 합의에 의한 양국 간의 합의라는 것을 강조하며 일본의 책임을 회피하려 들었다. 즉 그녀는 "애당초 무력으로 조선을 영유한 것이 아니라는 사실은 잘 알려져 있다. 그런데 오늘날 그 부분이 아주 희미해지거나 잘못되는 것이 아닌지 모르겠다. 일본이 일방적으로 영유한 것이 아니라, 합의 위에서의 합방이었다. 당시 상태로 그렇게 하지 않으면 언젠가는 러시아나 중국에 종속될 수밖에 없었을 것이기 때문에 그 지위는 분명 훨씬 비참했을 것이다"[35]며 전후 역사학이 지적한 한국강점의 부당성에 반발했다. 러시아나 중국의 지배보다 오히려 일본의 지배가 한국으로 볼 때 훨씬 다행스러운 일이었다는 주장이다.

그 근거로 이노하라는 식민지 지배 정책의 공정성을 예로 들었다. 일본의 식민지 지배 정책은 여타 제국의 그것과 달랐다며, "일본의 조선에 대한 정치는 여러 외국의 우민 정책과는 반대로 조선인의 향상에 많은 힘을 기울였다. 실력 있는 자는 어떤 방면으로든지 진출할 수 있었기 때문에 보통 관리는 물론 도지사가 된 사람도 적지 않았다. 더욱이 기차나 전차에는 외국과 같은 차별이 없어 어디에라도 자유롭게 출입할 수 있었다. 모두 일본인과 동등한 대우를 받았다"[36]고 말한다.

식민지 조선에 대한 이노하라의 기억 표출은 무엇보다 조선 사회의 후진성을 강조함으로써 일본 지배의 필연성을 주장하기 위해서라는 의미가 컸다. 먼저 그녀는 "조선에서는 불쌍하게도 가렴주구의 정치가 오랫동안 이루어졌다. 이는 한반도가 지나와 일본 두 세력의 중간에 위치하여 예전부터 진정한 자주적 독립국을 형성할 기회를 갖지 못해 정치 권력이 책임감과 결부될 수 없었던 사실에서 유래할 것이다. 정치가의 권력이 정치가의 개인적 이권과 동일시되는 것은 인간 공통의 약점이기 때문에 정부가 부패하겠지만, 소위 부속국(附屬國)에서는 그러한 현상이 더욱 심각하다. 조선에는 오랫동안 정치다운 정치가 없었다. 국가 백년대계를 세우는 일이 없었기 때문에 민생은 그날 살아가는 것에 그치는 악순환에 빠져 헤어날 수 없게 되었다"[37]며 조선의 정치를 '가렴주구의 정치'로 규정한다. 이로 인해 정부의 부패 현상이 심각해져 일본과는 달리 '국가 백년대계'를 세우지 못했다는 것이다. 선진=일본, 후진=조선이라는 '조선사회정체론'적 인식 구조의 단면을 드러낸 것이다.

식민지 지배의 필연성을 강조하려는 이노하라의 의도는 피식민 조선인에 대한 부정적이고 왜곡된 이미지 형성으로 정당화되었다. 당시 부친 후지이가 운영한 불이농장은 일종의 '제국의 이상향'으로 선전되었고, 이 농장에 일본인이 집단으로 이민하여 농장 운영에 동참했다. 한편 일본인 이민자와는 달리 이노하라의 눈에 조선인은 어떻게 보였을까? 이노하라는 "조선인은 전통적으로 노동을 비하하는 악풍이 있다. 무엇보다 노동이 필요한 백성조차도 주인이 되면 머슴이나 소작인을 가혹하게 사용하는 습관이 있다. 이런 곳에 주인 스스로 거름통을 매는 일을 당연시하는 일본인이 들어와 아침 일찍부터 저녁 늦게까지 일하는 것을 조선인들은 놀란 눈으로 바라보았다"[38]며 '노동을 비하하는 악풍'에 빠져 있는 조선인상을 강조했다. 식민지 지주의 딸로서 조선에서 유년시절을 보낸 그녀의 눈에 조선인은 한낱 근면한 일본인 이민의 이미지에 놀란 사람쯤으로만 비쳐진 것이다.

더욱이 이노하라에게 남성은 여성에게 군림하는 가부장제에 찌든 '게으름뱅이'에 불과했다. 그녀는 집안의 몸종으로 일하던 어떤 조선인 '어머니'에 대한 회상 속에서 "그 여인의 남편은 연돌 청소를 하는데 술주정뱅이로 그녀의 급료 대부분을 술로 다 마셔 버린 모양이었다. 일반적으로 반도의 남성은 게으름뱅이가 많고, 여성은 헌신적으로 일한다. 많은 여성들이 술에 취해 폭력을 휘두르는 남편이라면 차라리 없는 편이 좋겠다고 입버릇처럼 말했다"[39]며 마치 조선인 남성은 모두 게으르고 가족에게 봉건적인 태도만을 지닌 사람들로 기억되어 있을 뿐이다.

이런 이노하라의 기억이 사실과 다르다는 것은 말할 필요도 없다. 패전 이전, 조선인에 대한 식민지 일본인들의 인식은 제국의 첨병으로서의 지나친 모멸과 오만한 태도로 요약할 수 있다. 1933년 조선 헌병대 사령부도 조선인에 대한 일본인의 차별적인 태도에 대해 우려를 표명할 정도였다.[40] 조선에 거주한 일본인의 조선인에 대한 일상적인 차별 구조가 조선인의 저항을 초래하여 식민지 통치에 커다란 장애물로 작용할 것이 명백했기 때문이다.

이처럼 이노하라의 귀환자로서의 식민지 기억들은 자신의 체험이 '정말로 진실'이라고 착각한 것이었다. 그녀는 지배자와 피지배자라는 관계 속에서만 조선인과 접촉했고, 체험이 많아질수록 자신의 인식이 전부가 아니라는 사실을 자각하지 못했다. 일본의 우월성만을 강변하고, 조선 민족은 모두 열등하며 무가치한 것으로 바라보는 인식 체계였다. 식민지 기억은 이제 향수나 자기합리화의 영역을 넘어 차별 의식으로 '역전'되어 극단적으로 표출된다.

이노하라는 1952년 1월에 설정된 '이승만 라인'에 대한 분노를 여과 없이 드러낸다. 그녀 자신이 소책자를 만들어 후지카이 회원 등 지인에게 배부한 것도 바로 '이승만 라인'의 부도덕함을 알리기 위해서라고 말할 정도였다. 이노하라는 이승만의 대일 정책에 대해 이렇게 말했다.

> 한국인은 대체로 어육에 그다지 집착하지 않는다. 먹는 물고기의 종류도 일본인처럼 많지 않다. 어장을 지켜야 할 그럴만할 이유가 없는데도 그렇게 나오는 것은 울화가 치민다는 것일까? 그러나 내지인이 조선 요리에 맛을 들였던 것처럼 일본 시정(施政) 40년 동안 한국인도 일본인의 음식에 맛을 들였을 것이기 때문에 예전보다 먹는 물고기 종류도 많아졌을 것이다. 한국의 일본에 대한 심술궂음은 과거 지배 이민족에 대한 반발의 표현으로 받아들여도 좋을 것이다. 이는 이성적으로 바라보면 한국인의 어쩔 수 없는 공통감정일 것이다. 동정해야 할 일인지도 모르겠다.[41]

"한국인은 대체로 어육에 그다지 집착하지 않는다"는 이노하라의 판단에는 식민지 지배로 인한 조선인의 궁핍 문제가 아예 들어 있지 않았다. 원인과 결과를 맞바꾸어 사물을 판단하는 것은 조선인을 얕보는 발상법이다. '한국인에게는 물고기가 필요 없다'는 전제 위에서 "이승만 할아버지가 선을 그은 다음에도 라인을 여전히 철회하지 않는 한국인의 마음은 어린아이의 심술궂음과 비슷하다"[42]며 한국인의 열등감에 동정한다고 말한다.

향수나 자기합리화를 넘어 차별의식으로 표출되는 이노하라의 의식세계에는 '조선 개발의 은인'으로서의 부친이 남아 있고, 이것은 '일본의 지배를 통해 조선이 비로소 개발되었다'는 인식으로 이어진다. 이와 관련하여 이노하라는 5·16 쿠데타와 관련하여 "40년의 일본 통치는 조선 민중에게는 처음으로 주어진 혜택이었다. 2차 세계대전 이후 일본의 손에서 벗어나 독립한 다음부터 한국 민중은 한일병합 이전보다 나빠졌다. 아니 이를 훨씬 웃도는 악정에 시달릴 수밖에 없었다"[43]며 한국의 정황을 '악정'이라고 비아냥거린다. 나아가 식민지 이전의 토지 매매 관행의 후진성, 화폐 제도의 후진성, 사법 제도의 후진성, 의료 기관의 부재 등을 강조하면서, "한일병합 당시 일본인이 가져다 준 조선 민중에 대한 은혜를 지금의 젊은 세대 한국인은 알려고 하지 않는다. 일본이라면 '착취'의 대명사로 앙갚음하려고 한다. 또 현재 일본의 잘났다는 사람들조차 이에 완전히 위축되지 않았나 생각할 수밖에 없다"[44]며 한국 내의 반일 감정은 물론 일본 사회의 귀환자에 대한 비난에 분노한다. 이노하라의 '일본에 의한 조선의 개발'이라는 확신은 지배자의 역사 인식의 방법에 의해 보강되어 '일본의 조선 통치는 조선에게 은혜였다'는 인식으로 통합되는 것이다.

3.4 왜곡된 '기억'의 재생산

식민지 조선은 제국 일본의 최대 이주 식민지였다. 일본인들이 조선에 건너와 일본인 사회를 형성한 속도는 빨랐다. 패전 당시 조선에 거주한 일본인 수는 75만 명을 상회했다. 이는 당시 일본의 작은 부현 정도의 규모로, 일본인 전체에서 차지하는 비중은 결코 적지 않다. 여기에 조선 출장이나 단기파견, 여행, 조선 경유 만주 이주 등 다양한 형태로 식민지 조선에 일시적으로 체재한 사람은 그 몇 배에 달할 것이다. 더욱이 대만과 만주 등지의 식민지 권역에 거주한 식민자를 포함하면, 일본인 가운데 직간접적으로 식민지를 체험하고 귀환한 사람은 엄청난 수에 이를 것이다.

식민 사업에 동참했던 제국 서민들은 귀환 직후 귀환자에 대한 일본 사회의 비판적인 시선과 현실적인 삶의 고통에 휩싸이면서 제국과 식민지 사이에 끼인 '경계인'으로서 정체성의 혼돈이라는 뼈아픈 경험을 하지 않으면 안 되었다. 어쩌면 이때가 유일하게 자신의 식민 사업 경험의 의미가 무엇인지, 왜 귀환 이후 자신들이 비판을 받지 않으면 안 되었는지를 철저하게 반성할 수 있었던 기회였는지 모른다. 식민지에서든, 귀환 이후 일본 사회에서든 귀환자들이 경험했다고 말하는 삶의 고통은 아무 의미 없이 이루어진 것은 아니다. 그 고통이 가혹하고 독특하면 그런 만큼 그 고통을 통해 배우게 될 교훈 역시 독특하고 의미 깊을 것이다.

그러나 귀환자들의 체험은 후지카이의 사례에서처럼 자신들만의 왜곡된 '기억 장치'를 매개로 '조선 개발에 대한 향수와 자부심'으로 재생되었다. 이노하라의 기억에서 보이듯이, 이들은 기억의 재생 과정에서 자신의 식민지 체험과 족적이 무엇에 기반하고 있는가, 향수를 느끼거나 고통을 겪었다면 그 의미는 무엇인가, 식민지 체험을 통해 배운 것은 무엇인지에 대해 근원적으로 성찰하지 않는다. 식민지 조선으로부터 귀환한 제국 서민들에 대한 비판의 핵심은 이들의 체험과 기억속에 식민지를 지배했던 제국 서민으로서의 자부심과 자기합리화의 감정, 피식민지인에 대한 잠재된 차별 의식만이 부상되어 있을 뿐, 자신의 행위와 사고방식에 대한 근본적 반성과 평가는 찾아보기 어렵다는 점이다.

이상 후지카이로 대표되는 식민지 체험 기억을 담은 회고록과 수기를 바탕으로 귀환자의 자신과 식민지 체험에 대한 인식이 어떻게 전이되고 왜곡되었는지를 검토했다. 수기나 회고담 등의 구술자료가 역사 자료로서는 상당한 가치를 지니고 있지만, 주관성이라는 근본적인 한계를 지니고 있다는 사실 또한 간과해서는 안 된다. 이런 의미에서 제국주의 지배자의 수기는 주관성의 극대화라는 특성을 적나라하게 보여주기 때문이다.

결론적으로 말하면, 제국의 서민인 귀환자들은 식민지 체험을 천황제 이데올로기로 상징되는 '사악한 국가 권력'으로부터 외지로 밀려난 '선량한 서민'이라는 도식으로 굴절시켜 재구성한다. 이노하라와 후지카이의 회고담에서 보이듯이 식민지 시대를 언급한 수기의 공통성은 수기의 주인공인 자신이나 자기 육친은 하나같이 조선인에게 차별 의식을 품지 않은 '착한 일본인'으로 형상화되었다. 그것은 패전으로 인한 좌절과 우울한 기억, 귀국의 지체로부터의 생사(生死)의 공포, 내지인에 대한 콤플렉스, 식민지에 대한 지배자로서의 향수, 귀환자를 인정하고 보호하려 하지 않는 국가에 대한 원망, 면죄받을 수 없는 체험에 대한 자기합리화 등이 복합적으로 얽히면서 생겨난 자신과 현실에 대한 왜곡된 인식이었다. 식민지 지배 체재가 붕괴된 시점에서 '부'(負)의 유산을 물려받은 식민지 귀환자가 자신의 과거 행태를 정당화하기 위해 '진실'을 숨기거나 왜곡하려는 심리를 작동시킨 것은 자신의 활동을 방어하려는 인간의 본능적인 태도의 반영이기도 하다.

실제로 역사에 등장하는 조선 식민자의 삶은 변호의 여지가 없는 사악함 그 자체였다. 식민 지배자들은 때로는 서민 역시도 관헌 이상으로 강렬한 국가주의자였다. 그들은 조선인에 대해 국가의 논리로 무장한 냉혹한 에고이스트이자 편견의 소유자, 차별과 박해의 실행자였다.

조선에 대해서는 누구보다도 해박하다고 자부했지만, 사실은 조선인의 심정을 전혀 파악하지 못했다. 귀환자들은 자기 체험에 대한 근본적인 반성과 평가의 기회를 상실한 채 지금도 왜곡된 기억과 역사 인식을 재생산하고 있다. 일본의 네오내셔널리즘을 대표하는 '자유주의사관연구회'(自由主義史觀硏究會)가 운영하는 홈페이지를 확인하면 이것이 잘 드러난다. 이들은 '한국강점 정당화론'을 내세우며 이렇게 말한다.

나는 통치자 민족이 누구이든 통치 기간에 생활이 좋아졌는지, 차별이 개선되었는지, 자기실현의 기회가 늘어났는지, 그 전후 시대와의 비교를 통해 평가받아야 한다고 생각한다. 일본의 통치로 인해 산업혁명이 일어나고 공업의 기반이 만들어졌다. 관개 설비의 정비, 농업기술의 개선을 통해 면적당 수확량은 대폭 증가했다. 박정희 시대의 급격한 발전은 일본 통치시대에 기초가 만들어지고, 한일기본조약의 체결에 따라 일본과의 통상이 시작되었기 때문에 이루어졌다. 또 일본인과 조선인과의 차별이라는 새로운 문제가 발생했지만, 양반과 상민과의 차별은 없어졌고, 노비는 해방되었다. 교육의 보급을 통해 노력하면 보상받을 길이 열렸다.[45]

식민지 지배를 정당화하는 '악의적인 언설'이 단적으로 드러나는 대목이다. 소위 '식민지 근대화론'의 원형을 보는 듯하다. 일본의 통치는 비판받을 대상이 아니라, 한국이 감사하고 고마워해야 할 대상일 뿐이다. 이들에게 지배 민족의 불법성 그 자체는 전혀 문제되지 않는다. 오히려 그러한 노력이 정당하게 평가받지 못한 것에 대해 유감을 표명한다. 이들 또한 이노하라처럼 식민지 지배를 통해 산업이 발전되었다고 강조하고, 한국 경제 발전의 출발점을 한일기본조약에서 찾고 있다. 왜곡된 '기억'의 재생산은 이렇게 노정되고 있다.

과거의 삶에 대한 근본적인 반성과 평가가 제대로 이루어지지 못하는 한, 앞으로의 삶에 대한 새로운 의미를 찾는 일이나 후손에게 무엇을 가르쳐야 할지의 방향성을 잡는 일도 훨씬 어려워진다. 식민지 귀환자들의 역사적 체험과 기억을 평가하는 일에 의미를 부여하는 이유도 이 때문이다. 물론 식민지 귀환자 가운데 자국의 얼룩진 과거사에 대한 근본적인 자기반성과 평가를 하려는 사람이 전혀 없는 것도 아니다.

한일회담 체결 이전에 한국을 방문한 후지카이의 한 회원은 "만약 옛날의 서울을 방문하고 싶은 사람이 있다면, 한국인의 가슴속에는 여전히 대일 증오감이랄까 대일 불신감이 뿌리 깊게 남아 있다는 사실을 알고 한국인과 대하기를 바란다. 이제 와서 무슨 일이냐고 생각하는 사람도, 또 일본이 나쁜 일만 벌인 것은 아니라고 말하는 사람들도 있을 것이다. 하지만 타민족을 지배했다는 것 그 자체가 악이다. 더욱이 일본은 무단 통치에 이어 창씨개명이라든가 조선어 사용을 금지했고, 황거요배를 타민족에게 강요했다. 나는 그 피해자의 입장에 서서 생각하고 싶다"[46]며 식민지 지배에 대한 반성적인 심경을 밝히기도 했다.

한일 간의 '기억을 둘러싼 역사 전쟁'은 아직 '휴전' 상태이다. 완전한 '종전' 상태를 맞이하기 위해 우리는 기억을 공동으로 재생시킬 수 있는 장치가 필요하다. 후지카이의 식민지 기억에 관한 검토는 해방 전후 연속과 단절의 문제와 관련하여 한국인의 식민지 기억과 비교 작업을 바탕으로 이루어져야 한다. 해방 이후 '왜정시대'에 대한 한국인의 기억은 일본인 개인에 대한 호감과 일본 국가에 대한 분노라는 양면적인 것이기 때문이다. 따라서 이 문제는 해방 이후 한국 민족주의의 국민통합 과정을 고려하면서, 일본으로 귀국한 일본인의 조선과 조선인, 한국과 한국인에 대한 기억과 연관하여 고찰해야 할 것이다.

미주

I부 재조일본인 연구와 존재 양태

1. 연구의 현황과 과제

1_　일반적으로 '내재적발전론'은 경제사적인 입장에서 조선후기 이후 성장해온 자본주의적 관계가 일본의 침략이 없었다면 더욱 성장, 발전했을 것이나 침략으로 인해 좌절되었다는 것으로 인식하고 있다. 그러나 '내재적발전론'의 원래 의미는 한국사의 주체적 발전을 추구해나가는 시각이고, 한국사회 내에 근대 사회를 생성시킨 요소를 발견하고 그 궤적을 추적하는 것을 과제로 삼는 시각이다. 이에 대해서는 梶村秀樹, 「朝鮮近代史研究における內在的發展論の視角」, 『東アジア世界史探求』, 汲古書院, 1986; 梶村秀樹, 「一九二〇~三〇年代の民族運動」, 『朝鮮の近代史と日本』, 大和書房, 1987 참조.

2_　'식민지 근대화론'을 둘러싼 양측의 논쟁에 대해서는 다음 글들을 참조할 수 있다. Carter J. Eckert, Offspring of Empire:The Koch'ang Kims and the

Colonial Origins of Korean Capitalism, 1876-1945, Seattle, Washington University Press, 1991; 安秉直,「한국근현대사 연구의 새로운 패러다임」,『창작과비평』98, 1997; 고동환,「근대화논쟁」,『한국사시민강좌』20, 일조각, 1997; 권태억,「'식민지 조선 근대화론'에 대한 단상」,『한국민족운동사연구 (우송조동걸선생정년기념논총 2)』, 나남출판, 1997; 김동노,「식민지시대의 근대적 수탈과 수탈을 통한 근대화」,『창작과비평』99, 1998; 정병욱,「역사의 주체를 묻는다 : 식민지근대화론 논쟁을 둘러싸고」,『역사비평』43, 1998; 주종환,「일제 조선토지조사사업에 관한 '식민지근대화론' 비판-근대성을 강조하는 나까무라 교수의 역사이론에 대하여」,『역사비평』47, 1999; 정연태,「'식민지근대화론' 논쟁의 비판과 신근대사론의 모색」,『창작과비평』103, 1999; 安秉直 편,『한국경제성장사-예비적 고찰』, 서울대출판부, 2001; 정연태,「식민지근대화론의 새로운 성과에 대한 비판적 검토」,『역사비평』58, 2002; 박섭 외,『식민지 근대화론의 이해와 비판』, 백산서당, 2004; 박찬승,「식민지시대 역사연구의 쟁점」,『한국사연구 50년』, 혜안, 2005; 정태헌,『한국의 식민지적 근대 성찰』, 선인, 2007; 허수열,「식민지근대화론의 쟁점-근대적 경제성장과 관련하여」,『東洋學』41, 2007; 신용하 외,『식민지 근대화론에 대한 비판적 성찰(이화학술원학술총서 1)』, 나남, 2009 등을 참조.

3_ 이에 대해서는 신기욱,「식민지조선 연구의 동향」,『한국사시민강좌 20』일조각, 1997; Gi-Wook Shin and Michael Robinson (eds.), *Colonial Modernity in Korea*, Havard University Press, Cambridge, 1999(신기욱, 마이클 로빈슨 외·도면회 옮김,『한국의 식민지 근대성-내재적 발전론과 식민지 근대화론을 넘어서』, 삼인, 2006) ; 김동노,「식민지시 일상생활의 근대성과 식민지성」,『일제의 식민지지배와 일상생활』, 혜안, 2004; 조형근,「한국의 식민지 근대성 연구의 흐름」,『식민지의 일상-지배와 균열』, 문화과학사, 2006 등을 참조.

4_ 윤해동·천정환·허수·황병주·이용기·윤대석 엮음,『근대를 다시 읽는다 1·2』,

역사비평사, 2006; 윤해동·황병주 엮음, 『식민지 공공성-실체와 은유의 거리』, 책과함께, 2010.

5_ 黑瀬悅成, 『知られざる懸け橋』, 朝日ソノラマ, 1996; 김충렬·백영훈·최종설, 『마스토미 장로 이야기』, 한국장로교출판사, 2009. 이들에 의하면 마스토미 야스쟈에몽(桝富安左衛門)은 식민지 지주이자 한국의 전도사업과 교육에도 관여한 인물로, 한국과 일본의 '알려지지 않은 가교(架橋)'였다고 평가된다. 마스토미는 다른 일본인과는 달리 기독교 신앙에 의거하여 한국의 독립을 지지했고, 교육, 농업, 선교활동 등을 펼치며 한국을 위해 하나의 밀알과 같은 헌신적인 삶을 살았다고 평가한다. 이에 대한 비판은 이규수, 「일본인 지주 마스토미 야스자에몽(桝富安左衛門)과 '선의(善意)의 일본인'론 재고」, 『아시아문화연구』 19, 2010 참조.

6_ 예를 들어 곽건홍, 「한일노동자 연대의 개척자, 이소가야 스에지」, 『노동사회』 32, 1999; 이규수, 「후세 다츠지(布施辰治)의 한국인식」, 『한국근현대사연구』 25, 2003; 이준식, 「재조(在朝) 일본인교사 죠코(上甲米太郞)의 반제국주의 교육노동운동」, 『한국민족운동사연구』 49, 2006 등을 참조.

7_ 지배와 저항의 관점에 입각한 재조일본인 연구는 일본 사회 내부에 '식민지 시혜론'이라는 역사인식이 현존하는 한, 지배와 피지배의 역사적 경험의 극복과 식민지배의 비판이라는 측면에서 현재성이 있다. 그러나 연구 시야를 20세기 한국 근대로 확대하여, 식민지 시기의 변화 양상에 초점을 맞추면, 지배와 저항의 관점은 식민지에서 재조일본인을 매개로 발현되는 다양한 사회적 현상을 이해하는 하는데 일정한 한계를 지닌다. '식민지수탈론'에 입각한 재조일본인 연구의 현황과 의의에 대해서는 이규수, 「'재조일본인' 연구와 '식민지수탈론'」, 『일본역사연구』 33, 2011을 참조.

8_ 梶村秀樹, 『朝鮮史と日本人(梶村秀樹著作集1)』, 明石書店, 1992.

9_ 木村健二, 『在朝日本人の社會史』, 未來社, 1989

10_ 高崎宗司,『植民地朝鮮の日本人(岩波新書790)』, 岩波書店, 2002.

11_ 内田じゅん,「書評 高崎宗司著 植民地朝鮮の日本人 」,『韓国朝鮮の文化と
社会』 2, 2003.

12_ 야마나카 마이,「서울 거주 일본인 자치기구 연구(1885~1914년)」, 가톨릭대학
교 석사학위논문, 2001; 박양신,「통감정치와 재한일본인」,『역사교육』 90,
2004; 방광석,「한국병합 전후 서울의 '재한일본인' 사회와 식민권력」,『역사
와 담론』 56, 2010; 李東薫,「在朝日本人社会の『自治』と『韓国併合』-京城
居留民団の設立と解体を中心に」,『朝鮮史研究會論文集』 49, 2011; 박양신,
「재한일본인 거류민단의 성립과 해체」,『아시아문화연구』 26, 2012.

13_ 전성현,『일제시기 조선 상업회의소 연구』, 선인, 2011.

14_ 기유정,「일본인 식민사회의 정치활동과 '조선주의'에 관한 연구-1936년 이
전을 중심으로」,『서울대학교 대학원 정치학과 박사논문』, 2011.

15_ 李昇燁,「全鮮公職者大会-1924~1930」,『二十世紀研究』 4, 2003; 李昇燁,「
三·一運動期における朝鮮在住日本人社会の対応と動向」,『人文学報』 92,
2005; 이승엽,「'문화정치' 초기 권력의 동향과 재조일본인사회」,『일본학』
35, 동국대학교일본학연구소, 2012.

16_ 우치다는 '브로커'라는 분석용어를 다음 세 가지 측면에서 사용했다고 밝히
고 있다. 먼저, 일상적인 상업 활동으로부터 대규모 진정운동에 이르기까지
재조일본인들을 추동했던 이윤 지향적 심성(the profitoriented mentality)을 드
러내기 위해, 두 번째로 거류민들의 자치에 끊임없는 제한과 제약을 가하
는 식민 권력의 대행자(agents)이자 하수인(pawns)인 거류민들의 중간자적 위
치를 포착하기 위해 사용했다. 즉, 식민 국가(=관)와 거류민 사회(=민)의 경계
가 고정되지 않고 모호하기 때문에 제국의 브로커들은 중간적 존재로서 영
향력을 가지게 된다는 것이다. 세 번째로 거류민의 권력과 그들의 식민주의
그 자체가 피식민자와의 관계 속에서 어떻게 구성되는 것인가를 보여주기 위

해서 이 개념을 사용했다고 한다. 内田じゅん, 「植民地期朝鮮における同化政策と在朝日本人-同民会を事例として」, 『朝鮮史研究会論文集』41, 2003; Uchida, Jun, Brokers of Empire :Japanese Settler Colonialism in Korea, 1876-1945, Harvard Univ. Council on East Asian, 2011.

17_ 식민지권력과 지역사회와의 연관구조에 대한 연구에 대해서는 松田利彦, 「植民地支配と地域社会-朝鮮史研究における成果と課題」, 松田利彦·陳姃湲編, 『地域社会から見る帝国日本と植民地-朝鮮 台湾 満洲』, 思文閣出版, 2013 참조.

18_ 홍순권, 『근대도시와 지방권력-한말·일제하 부산의 도시발전과 지방세력의 형성』, 선인, 2010.

19_ 이준식, 「일제강점기 군산에서의 유력자집단의 추이와 활동」, 『동방학지』 131, 2005.

20_ 加藤圭木, 「一九三〇年代朝鮮における港湾都市羅津の『開発』と地域有力者」, 『朝鮮史研究会論文集』49, 2011.

21_ 송규진, 「일제강점 초기 '식민도시' 대전의 형성과정에 관한 연구-일본인의 활동을 중심으로」, 『아세아문제연구』45, 2002.

22_ Henny Todd, ‘Keijo’:Japanese and Korean Construction of Seoul and the history of its Lived space, 19101937,University of California Los Angeles Ph.D, dissertation, 2006

23_ 염복규, 「일제하 도시지역정치의 구도와 양상-1920년대 京城市區改修 이관과 수익세 제정 논란의 사례 분석」, 『한국민족운동사연구』67, 2011; 염복규, 「식민지시기 도시문제를 둘러싼 갈등과 "민족적 대립의 정치"」, 『역사와 현실』88, 2013.

24_ 木村健二, 「在外居留民の社會活動」, 『近代日本と植民地』5, 岩波書店, 1993; 木村健二, 「朝鮮居留地のおける日本人の生活樣態」, 『一橋叢論』115-

2, 1996; 木村健二, 「在朝鮮日本人植民者のサクセス·ストーリー」, 『歴史評論』 625, 2002.

25_ 손정목, 『한국개항기 도시변화과정 연구-開港場·開市場·租界·居留地』, 일지사, 1982; 孫楨睦, 『都市社會經濟史硏究-韓國開港期』, 一志社, 1982 하시야 히로시 지음·김제정 옮김, 『일본제국주의, 식민지 도시를 건설하다』, 모티브 북, 2005.

26_ 대표적인 연구로는 노영택, 「개항지 인천의 일본인 발호」, 『기전문화연구』 5, 1974; 橋谷弘, 「釜山·仁川の形成」, 『近代日本と植民地 3』, 岩波書店, 1993; 김학준, 「개항 시기와 근대화 노력시기의 인천」, 『한국학연구』 6·7합집, 1996; 정광하, 「개항장을 기반으로 한 일본의 대한침략사 소고」, 『통일문제와 국제관계』 8, 1997; 양상호, 「인천개항장의 거류지확장에 관한 도시사적 고찰」, 『논문집』 1, 1998; 강덕우, 「인천개항과 관련한 몇 가지 문제」, 『인천학연구』 1, 2002; 박찬승, 「조계제도와 인천의 조계」, 『인천문화연구』 1, 2003; 김윤희, 「개항기(1894~1905년) 인천항의 금융 네트워크와 韓商」, 『인천학연구』 3, 2004; 이규수, 「개항장 인천(1883~1910)-재조일본인과 도시의 식민지화」, 『인천학연구』 6, 2007; 문영주, 「20세기 전반기 인천 지역경제와 식민지 근대성-인천상업회의소(1916~1929)와 재조일본인(在朝日本人)」, 『인천학연구』 10, 2009 등을 참조.

27_ 김영정[외] 지음, 『근대 항구도시 군산의 형성과 변화 : 공간, 경제, 문화』, 한울아카데미, 2006.

28_ 坂本悠一·木村建二, 『近代植民都市 釜山』, 櫻井書店, 2007; 홍순권편, 『부산의 도시형성과 일본인들』, 선인, 2008; 아이 사키코, 「부산항 일본인 거류지의 설치와 형성」, 『도시연구』 3, 2010.

29_ 고석규, 『근대도시 목포의 역사 공간 문화』, 서울대학교출판부, 2004.

30_ Peter Duus, The abacus and the sword : the Japanese penetration of

Korea, 18951910, Berkeley : University of California Press, 1995.

31_ 기무라 겐지, 「植民地下 朝鮮 在留 日本人의 特徵-比較史的 視点에서」, 『지역과 역사』15, 2004; 이규수, 「재조일본인의 추이와 존재형태-수량적 검토를 중심으로」, 『역사교육연구』125, 2013.

32_ 안병태, 『한국근대경제와 일본 제국주의』, 백산서당, 1982.

33_ 浅田喬二, 『日本帝国主義と旧植民地地主制』, 御茶の水書房, 1968; 이규수, 「후지이 간타로(藤井寬太郎)의 한국진출과 농장경영」, 『大東文化研究』49, 2005; 홍성찬, 「일제하 전북지역 일본인 농장의 농업경영-1930, 40년대의 사례를 중심으로」, 『일제하 만경강 유역의 사회사-수리조합, 지주제, 지역 정치』, 혜안, 2006; 최원규, 「일제하 일본인 지주의 농장경영과 농외 투자-전북 옥구군 서수면 熊本農場 地境支場의 사례를 중심으로」, 『일제하 만경강 유역의 사회사-수리조합, 지주제, 지역 정치』, 혜안, 2006; 하지연, 『일제하 식민지 지주제 연구-일본인 회사지주 조선흥업주식회사 사례를 중심으로』, 혜안, 2010.

34_ 藤永壮, 「植民地下日本人漁業資本家の存在形態―李堈家漁場をめぐる朝鮮人漁民との葛藤」, 『朝鮮史研究会論文集』24, 1987; 여박동, 「일제하 통영, 거제지역의 일본인 이주어촌형성과 어업조합」, 『日本學志』14, 1994; 김수희, 『근대 일본어민의 한국진출과 어업경영』, 경인문화사, 2010.

35_ 홍성찬, 「日帝下 平壤지역 일본인의 銀行설립과 경영-三和·平壤·大同銀行의 사례를 중심으로」, 『延世經濟研究』3-2, 1996; 홍성찬, 「韓末·日帝初 在京 일본인의 銀行설립과 경영-京城起業·京城銀行의 사례를 중심으로」, 『한국사연구』97, 1997; 홍성찬, 「日帝下 在京 일본인의 朝鮮實業銀行 설립과 경영」, 『延世經濟研究』6-2, 1999.

36_ 木村健二, 「朝鮮進出日本人の営業ネットワーク-亀谷愛介商店を事例として」, 杉山伸也編, 『近代アジアの流通ネットワーク』, 創文社, 1999; 하야시

히로시게, 『미나카이백화점 조선을 석권한 오우미상인의 흥망성쇠와 식민지
조선』, 논형, 2007.

37_ 木村健二, 『戰時下植民地朝鮮における経済団体と中小商業者』東京国際大
学博士學位論文, 2006.

38_ 木村健二, 「在朝日本人史研究の現狀と課題-在朝日本人實業家の傳記から
讀み取り得るもの」, 『일본학』 35, 2012.

39_ 김명수, 「재조일본인(在朝日本人) 토목청부업자 아라이 하츠타로(荒井初太郎)의
한국진출과 기업활동」, 『경영사학』263, 2011. ; 김명수, 「한말 일제하 賀田家
의 자본축적과 기업경영」, 『지역과 역사』25, 2009.

40_ 고노 노부카즈, 「일제하 중부기차랑(中部幾次郎)의 임겸상점(林兼商店) 경영과
"수산재벌(水産財閥)"로의 성장」, 『동방학지』 153, 2011.

41_ 배석만, 「부산항 매축업자 이케다 스케타다(池田佐忠)의 기업 활동」, 『한국민
족문화』42, 2012; 배석만, 「일제시기 부산의 대자본가 香椎源太郎의 자본축
적 활동-日本硬質陶器의 인수와 경영을 중심으로」, 『지역과 역사』25, 2009.
한편 김동철은 일제시기 전체에 걸친 카시이의 활동을 자본가로서의 활동만
이 아닌 '지역의 대변자', '지역 일본인 사회의 대변자'로서 카시이의 사회경
제활동을 명확히 했다(김동철, 「부산의 유력자본가 香椎源太郎의 자본축적과정과 사
회활동」, 『역사학보』 186, 2005).

2. 재조일본인의 존재 양태

1_ 山田昭次, 「明治前期の日朝貿易」 『近代日本の國家と思想』, 三省堂, 1977,
70쪽.

2_ 大谷本願寺朝鮮開教監督部,『朝鮮開教五十年誌』1927, 22쪽.

3_ 일본의 조선도항 편의정책에 대해서는 木村健二, 前掲書, 19~26쪽 참조.

4_ 일본인 이민의 정확한 통계는 특정지우기 어렵다. 동일한 기준으로 모든 시기와 지역을 추계한 통계가 없기 때문이다. 중요한 사료 가운데 하나가 외무성 여권발급기록인데, 여권의 도항목적에 기입된 이민은 협의의 노동이민으로 한정되었다. 여기에서는 유학은 물론 농업경영, 상업, 직인 등도 비(非)이민으로 취급되었다. 오히려 유학, 상용, 공용 등 이민 이외의 도항자를 포함한 합계치가 실제 이민에 가까울 것이다. 조선을 포함한 일본인 이민의 지역별 도항자수의 추정을 통해 조선이 지니는 위치가 명확해질 것이다. 이에 대해서는 기무라 겐지,「植民地下 朝鮮 在留 日本人의 特徵-比較史的 視點에서」『지역과 역사』15, 2004 참조.

5_ 청일전쟁을 전후한 인천의 정황에 대해서는 이규수, 앞의 논문(2007) 참조.

6_ 仁川府,『仁川府史』1933, 1047~1048쪽.

7_ 계림장업단의 조직과 활동에 대해서는 한철호,「계림장업단(1896~1898)의 조직과 활동」『사학연구』55.56합집, 1998 참조.

8_ 후지이 간타로의 인천 진출과정과 농장경영에 대해서는 이규수,「후지이 간타로(藤井寬太郎)의 한국진출과 농장경영」『대동문화연구』49, 2005 참조.

9_ 不二興業株式會社,『不二興業株式會社農業及土地改良事業成績』1929, p. 5. 후지이 간타로는 "우리 군대가 전쟁에 승리하는 것이 최대 목적이다. 그러나 이 목적을 달성하기 위해서는 충용(忠勇)한 실업가가 대대적으로 조선에서 일해야 한다. 설령 전쟁에는 이기더라도 군대가 철수함과 동시에 실업가마저도 물러선다면 조선은 과연 어떻게 될 것인가. 실업가는 토지에 정착하여 군대보다도 훨씬 중요한 임무를 수행해야 한다. 이번 전쟁에서 우리를 대적할 적이 없다. 연전연승하는 우리 군대를 신뢰하고, 더욱이 실업방면에서 크게 활약하여 조선의 산업을 일으키고 생활을 향상시켜 총후(銃後)를 굳건히 지켜

냄으로써 일본경제 발전에 최선을 다하자. 여기에 내가 살아나갈 길이 있다"

(「開拓に先驅するもの, 藤井寛太郎氏の半生」『綠旗』6-5, 1941, 140쪽)며 조선 진출을

결심했다.

10_ 시가 시게타가의 조사여행에 대해서는 이규수, 「일본의 국수주의자, 시가 시

게타카(志賀重昴)의 한국인식」『민족문화연구』45, 2006 참조.

11_ 志賀重昴, 『大役小志』, 東京堂, 1909, 62쪽.

12_ 거류지 제도에 대해서는 木村健二, 「在外居留民の社會活動」『近代日本と植

民地』5, 岩波書店, 1993 참조.

13_ 高尾新右衛門, 『元山發達史』1916, pp.22~35. 이는 다른 개항지에서도 마찬

가지였다. 1902년 7월 부산에 유곽이 생겨나 같은 해 11월 현재 유곽 7곳의

예기 창기 수는 280명이었다. 12월에는 인천에도 부도(敷島)에도 유곽이 탄생

했다. 1912년 무렵에는 기루 5칸, 창기 58명이었다(손정목, 「개항기 한국거류 일본

인의 직업과 매춘업.고리대」『한국학보』1980년 봄호, 109~110쪽).

14_   京城居留民團役所, 『京城發達史』1912, 85~86쪽.

15_ 『通商彙纂』65, 1897, 21~22쪽.

16_ 『通商彙纂』112, 1898, 89~90쪽.

17_ 손정목, 앞의 논문, 1980년 봄호, 111~112쪽.

18_ 일본의 여권제도는 1899년 6월에 개정되어 조선에 도항할 때 여권이 필요 없

게 되었다. 조선 도항에는 여권을 소지하지 않아도 아무 문제가 되지 않았다.

이에 대해서는 木村健二, 前揭書, 21쪽 참조.

19_ 高尾新右衛門, 前揭書, 22~23쪽.

20_ 高尾新右衛門, 前揭書, 94~95쪽.

21_ 京城居留民團役所, 『京城發達史』1912, 430~432쪽.

22_ 森田福太郎, 『釜山要覽』1913, 12~13쪽.

23_ 木村健二, 前揭書, 40~43쪽. 이와 관련하여 부산 개항부터 한국강점에 이르

는 식민지화 과정에서 재조일본인의 위치와 역할이 어떤 것이었는지를 정치, 경제, 사회적 측면에서 고찰한 기무라 겐지(木村健二)의 연구가 주목할 만하다. 기무라는 일본정부의 이민에 대한 보호, 보호정책으로 상징되는 유입요소(pull factor)와 유출요소(push factor)를 함께 살펴야 한다고 말한다. 재조일본인을 통한 조선침략의 구조적 특징은 국가와 거대자본과의 관계 위에서 명확히 규정될 필요가 있고, 일본자본주의의 변천과 관련하여 진출에 이르는 구체적 양상을 밝혀야 한다는 것이다. 기무라 연구의 출발점은 일본사 입장에서 해외로 진출한 일본인 이민을 규명하기 위한 작업의 일환이었다. 멕시코 등 여타 지역에 진출한 일본인과의 비교 등에는 나름대로 유용한 방법론이다.

24_ 菊池謙讓, 『朝鮮諸國記』, 大陸通信社, 1925, 338쪽.

25_ 大邱府, 『大邱府史』1943, 188~190쪽.

26_ 李在茂, 「朝鮮に於ける'土地調査事業'の實體」, 『社會科學硏究』 7-5, 1955; 金容燮, 「수탈을 위한 측량-토지조사」, 『韓國現代史』, 신구문화사, 1969; 愼鏞廈, 『朝鮮土地調査事業史硏究』, 한국연구원, 1979.

27_ 裵英淳, 「日帝下 國有地整理調査事業에 있어서의 所有權紛爭의 발생과 전개과정」, 『人文硏究』 5, 1984; 裵英淳, 「朝鮮土地調査事業期間의 國有地紛爭에 있어서 所有權의 整理方向」, 『일제의 한국 식민통치』, 정음사, 1985; 趙錫坤, 「朝鮮 土地調査事業에 있어서 所有權 調査過程에 關한 한 硏究-金海郡의 事例를 中心으로-」, 『경제사학』 10, 1986; 裵英淳, 「朝鮮土地調査事業에 있어서 金海郡의 土地申告와 所有權査定에 대한 실증적 검토」, 『人文硏究』 8-2, 1987; 趙錫坤, 「朝鮮土地調査事業에 있어서 所有權調査過程에 대한 硏究-金海郡의 事例를 中心으로」, 『한국근대 농촌사회와 농민운동』, 열음사, 1988; 趙錫坤, 「토지조사사업 국유지분쟁의 유형화를 위한 시론」, 『大東文化硏究』 50, 2005.

28_ 이규수, 「후지이 간타로(藤井寬太郞)의 한국진출과 농장경영」, 『대동문화연구』

49, 2005.

29_ '한영수호통상조약' 제4조는 다음과 같다. 즉 "영국인 조계 밖에서 토지가옥을 임차하거나 혹은 구매할 때에는 조계로부터 한국 거리로 10리를 넘을 수 없다"는 규정을 통해 10리 밖의 외국인 토지소유를 법적으로 금지했다.

30_ 淺田喬二, 『(增補)日本帝國主義と舊植民地地主制』, 龍溪書舍, 1989.

31_ 吉川祐輝, 『韓國農業經營論』, 大日本農會, 1904, 122~123쪽. 러일전쟁 직후 농장경영에 착수한 후지이 간타로(藤井寬太郎)는 토지소유권 문제에 대해 "우리 일본인이 돈을 지불하고 토지를 구입한 이상, 가령 조선 정부가 뭐라 말하더라도 결코 우리는 토지에 대한 권리를 포기하지 않는다. 조선 관리의 항의와 같은 것은 원래부터 우리들 안중에 없었다. 빠른 시일 안에 일본 내지와 동일하게 우리의 소유권이 확정될 시대가 올 것으로 굳게 확신했다"(藤井寬太郎, 『朝鮮土地談』 1911, 17쪽)고 말할 정도였다.

32_ 1908년 말 현재 군산농사조합의 조합원은 165명, 토지소유상황은 논 172,940두락, 밭 27,960두락, 기타 12,200두락, 계 212,100두락에 달했다. 군산농사조합의 설립배경과 토지집적과정에 대해서는 李圭洙, 「日本人地主の土地集積過程と群山農事組合」, 『一橋論叢』 116-2, 1996 참조.

33_ 裴民植, 「韓國全羅北道における日本人大地主の形成」, 『農業史研究』 22, 1989; 李圭洙, 『近代朝鮮における植民地地主制と農民運動』, 信山社, 1996.

34_ 金容燮, 『(增補版)韓國近代農業史研究 下』, 一潮閣, 1988 참조.

35_ 鄭然泰, 「日帝의 韓國 農地政策(1905-1945년)」, 서울大博士學位論文, 1994 참조.

36_ 이에 대해서는 宮島博史, 앞의 책, 1991, 결론 참조. 金鴻植 외, 『조선토지조사사업의 연구』, 민음사, 1997, 總說; 鄭然泰, 「日帝의 韓國 農地政策(1905-1945년)」, 서울대박사학위논문, 1994, 종장 ; 林炳潤, 『植民地における商業的農業の展開』, 東京大學出版會, 1971, 제2장 참조.

II부 식민 정책론과 재조일본인 사회

1. 일본의 해외식민정책론과 이민 사업

1_ 木村健二,『在朝日本人の社會史』, 未來社, 1989, 10~29쪽.

2_ 外務省,「對韓方針並ニ對韓施設綱領決定ノ件」,『日本外交文書』37-1, 1904, 355쪽.

3_ 鄭然泰,「大韓帝國 後期 日帝의 農業植民論과 移住植民策」,『한국문화』14, 1993, 464~474쪽 참조.

4_ 木村健二,「明治期日本人の海外進出と移民・居留民政策(1)」,『商経論集(早稻田大)』35, 1978.

5_ 鄭然泰, 앞의 논문, 456~463쪽.

6_ 外務省,「對外政策方針決定ノ件」,『日本外交年表竝主要文書』上, 1908, 308쪽.

7_ 『第25回帝國議會衆議院議事速記錄』, 1909년 2월 3일.

8_ 木村健二,『在朝日本人の社會史』, 未來社, 1989, 13쪽.

9_ 최원규,「日帝의 初期 韓國殖民策과 日本人 農業移民」,『동방학지』77·78·79 합집, 1993; 淺田喬二,「舊植民地(朝鮮)における日本人地主の存在形態-石川縣農業株式會社の事例分析-」,『朝鮮歷史論集』下, 龍溪書舍, 1979.

10_ 田中喜男,「明治後期,『朝鮮拓殖』への地方的關心-石川縣農業株式會社の設立を通じて-」,『朝鮮史研究會論集』4, 1968; 최원규, 앞의 논문, 1993.

11_ 朝鮮總督府,『朝鮮總督府統計年譜(1912年)』, 30쪽.

12_ 「桂會頭及原內相の演說」,『東洋時報』제116호, 1908년 5월.

13_ 君島和彦,「東洋拓殖株式會社の設立過程(上.下)」,『歷史評論』282·285, 1973.

14_ 「報告書案」,『勝田家文書』71책, 1907.

15_ 「韓國開發と日本帝國の責務」,『東洋時報』11호, 1907년 11월, 8~10쪽.

16_ 君島和彦, 「日露戰爭下朝鮮における土地略奪計畵とその反對鬪爭」,『旗田巍先生古稀記念 朝鮮歷史論集』下, 龍溪書舍, 1979.

17_ 東洋拓植株式會社,『第三期營業報告書』, 1911.

18_ 東洋拓植株式會社,『東拓十年史』, 1918, 36쪽.

19_ 이규수, 「전남 나주군 궁삼면의 토지소유관계의 변동과 동양척식주식회사의 토지집적」,『한국독립운동사연구』14, 2000; 이규수, 「일제하 토지회수운동의 전개과정-전남 나주군 궁삼면의 사례」,『한국독립운동사연구』16, 2001.

20_ 不二興業株式會社,『不二興業株式會社農業及土地改良事業成績』, 1929, 8쪽.

21_ 藤井寬太郞, 「朝鮮獨立運動に就て(池辺龍一宛)」,『寺內文書(書翰之部)』No.429, 1919년 5월 12일.

22_ 藤井寬太郞, 「移民事業と不二農村の建設」,『藤井寬太郞自敍傳』.

23_ 위의 책.

24_ 위의 책.

25_ 藤井寬太郞,『國策と移民事業の重大性』, 1932, 3~4쪽.

26_ 藤井寬太郞,『滿州及朝鮮移民實行案愚見槪要』, 1932, 12~13쪽.

27_ 淺田喬二,『日本帝國主義下の滿州移民』, 龍溪書舍, 1976, 25쪽.

28_ 藤井寬太郞,『黃河末流平野水利灌漑計畵案』, 1939.

29_ 藤井水利興業公司,『藤井水利興業公司土地改良事業代行營業案內』, 1943.

30_ 藤井寬太郞, 「藤井水利興業公司土地改良事業代行部開業に際し謹告」,『天津東亞新報』, 1943년 3월 8일자.

31_ 「開拓に先驅するもの-藤井寬太郞氏の半生-」,『錄旗』6-5, 1941, 142쪽. 또 후지이는 만주이민의 실시과정에서의 조선의 위치에 대해 "일본인의 대륙진출은 필연적으로 불가피하다. 그렇다면 이 목적을 달성하기 위해서는 필

히 조선을 선량한 우리편으로 만들어야만 한다. 만약 조선이 이에 불평하거나 일본에 충실하지 않을 경우에는 그 어떠한 방법으로도 이 목적을 관철시킬 수 없고 일본의 존재는 위험해진다"고 말했다(藤井寬太郎, 「朝鮮統治の根本問題」, 『朝鮮統治問題論文集』1, 1929, 258쪽).

32_ 淺田喬二, 『日本帝國主義と舊植民地地主制』, 御茶の水書房, 1968, 88~89쪽.

33_ 不二農村産業組合, 『不二農村一覽』, 11쪽.

34_ 藤井寬太郎(1932), 『國策と移民事業の重大性』, 9쪽.

35_ 黑瀨郁二(1975), 「日露戰後の「朝鮮経營」と東洋拓殖株式會社」, 『朝鮮史研究會論文集』12, 122쪽.

36_ 不二農村産業組合, 『不二農村一覽』, 5~7쪽.

2. 식민도시 인천과 재조일본인

1_ 세 번째 개항지로 인천이 결정된 정황은 다음과 같다. 즉 "인천이 항구로 선정된 것은 주로 하나부사 요시타다(花房義質)의 의향 때문이었다. 하나부사는 항구 두 곳을 선정하는 임무를 맡았는데, 처음부터 수도 경성 부근에 한 곳, 함경도 방면에 한 곳을 마음에 두었다. 경성 부근에서 후보 항구를 찾는다면 바로 제물포가 예상되었다. 그곳은 일찍이 구로다(黑田)와 이노우에(井上) 양 전권대사가 조약 체결을 목적으로 지나가던 곳이었다. 하지만 해군 측에서 간만의 차가 너무 심하다며 이론을 제기했다. 이후 하나부사는 목포와 군산, 아산만 등지를 조사하여 아산만을 최적지로 결정했다. 그러나 결국 1881년 인천으로 결정되었다. 하나부사의 의향은 인천보다 아산만 쪽에 더 기울어졌으나, 결국 인천항으로 결정된 것이다. 정확한 진상은 알 수 없으나 여러 악

조건에도 불구하고 인천이 수도 경성에 가장 근접한 항구라는 점이 결정적인 이유였을 것이다"라고 전해진다. 仁川府, 『仁川府史』, 1933, 104~107쪽 참조.

2_ 信夫淳平, 『仁川開港二十五年史』, 1908, 33쪽.

3_ 『仁川開港二十五年史』, 序文, 4~5쪽.

4_ 『仁川開港二十五年史』, 5쪽.

5_ 한국강점을 전후한 일본의 식민지 지배계층과 지식인이 조선인식에 대해서는 이규수, 「한국강점 직후 일본 지배계층의 조선인식-잡지 『太陽』을 중심으로-」, 『대동문화연구』 54, 2006를 참조.

6_ 조선정부의 개항을 둘러싼 논의에 대해서는 강덕우, 「인천개항과 관련한 몇 가지 문제」, 『인천학연구』 1, 2002, 5~11쪽 참조.

7_ '거류지 차입 약서'의 주요 내용은 다음과 같다. 거류지 내 순포(巡捕) 비용은 한국 지방관과 일본 영사와 상정하여 차지주로부터 납입할 것(제3조), 지세 전액의 3분의 1은 한국 정부에 납입하고, 3분의 2는 거류지 적금으로 할 것, 이 적금으로 도로, 도랑, 다리, 거리등 등의 수선 기타 거류지에 관한 사업에 충당할 것(제4조), 택지, 경매의 원가 4분의 1은 한국 정부로부터 거류지 적립금에 조입하고 경매 원가에서 경상되어진 대가의 반액도 또한 적립금에 조입할 것(제5조), 도로, 다리, 거리등 등 기타 거류지에 관한 사업으로서 비상, 천재로 파손되어진 것에 대해서는 한국 정부에서 관계할 것(제6조). 『居留地關係書類(1908~1910)』, 1908년 2월 1일.

8_ 仁川府廳編, 『仁川府史』 1933, 121 ~ 122쪽.

9_ 『仁川開港二十五年史』, 6쪽.

10_ 『仁川開港二十五年史』, 36쪽.

11_ 『通商彙編』, 1884年 上半季, 363쪽.

12_ 『仁川開港二十五年史』, 7~8쪽.

13_ 藤田文平編發行, 앞의 책, 230쪽.

14_ 당시에는 조계, 지계, 거류지라는 용어가 혼용되었다. 조계라는 명칭은 1883년에 체결된 '조영수호통상조약' 본문에 조계에 관한 규정을 둠으로써 조선 정부의 공식명칭이 되었다. 이를 반영하듯, 일본과 체결된 '조계약서'(1883년 9월 30일)와 미국, 영국, 청국, 일본, 독일과 공동으로 맺은 '각국조계장정'(1884년 10월 3일)에서는 모두 조계라는 명칭이 사용되었다. 하지만 청국과의 '화상지계장정'(1884년 4월 2일)에서는 조계라는 명칭 대신 지계가 사용되었고, 또 일본과의 '조계약서' 이외의 모든 조약에서는 '거류지약서'와 같이 거류지라는 명칭이 사용되었다. 조계와 관련된 개념과 성격에 대해서는 손정목, 「개항장·조계제도의 개념과 성격-한반도 개항사의 올바른 인식을 위하여-」, 『한국학보』 8, 1982 참조.

15_ 『仁川府史』, 278쪽.

16_ 정광하, 「개항장을 기반으로 한 일본의 대한침략사 소고」, 『통일문제와 국제관계』 8, 인천대학교 평화통일연구소, 1997, 316~317쪽.

17_ 「釜山·仁川の形成」, 248쪽.. 각 조계지의 위치와 도시경관의 변화에 대해서는 최영준, 「개항을 전후한 인천의 지리적 연구」, 『지리교육』 2, 1974 참조.

18_ 『仁川府史』, 126~127쪽.

19_ 일본인 거류지의 확장에 관한 연구로는 양상호, 「인천개항장의 거류지확장에 관한 도시사적 고찰」, 『논문집』 1, 1998; 박찬승, 「조계제도와 인천의 조계」, 『인천문화연구』 1, 2003 등을 참조.

20_ 『仁川府史』, 445쪽.

21_ 일본조계 확대를 둘러싼 일본인 거류민과 조선인과의 분쟁에 대해서는 노영택, 「개항지 인천의 일본인 발호」, 『기전문화연구』 5, 1974 참조.

22_ 김용욱, 『한국개항사』, 서문문고, 1976, 155쪽.

23_ 「釜山·仁川の形成」, 249쪽.

24_ 「釜山·仁川の形成」, 251 ~ 252쪽. 인천의 화교에 관한 연구로는 김영신, 「개

항기(1883~1910) 인천항의 대외무역과 화교의 역할」, 『인천학연구』 2-1,
2003; 김영신, 「일제초기 재한화교(1910~1931)-인천지역 화교를 중심으로-」,
『인천학연구』 4, 2005 참조.

25_ 청국인도 1890년 47명에서 1891년에는 138명으로 늘어났고, 1892년에는 521
명으로 격증했다. 그들의 직업은 주로 잡화상이었다 (『植民地朝鮮の日本人』, 37쪽).

26_ 町田耘民, 「日本人から見たる三十五年以前の朝鮮」, 『會報』(朝鮮電氣協會),
16-2, 1927년 11월호, 40~41쪽.

27_ 仁川府廳編, 『仁川府史』上, 1933, 102쪽.

28_ 다른 통계에 의하면 1883년 4월 불과 14~16명이었던 인천의 일본인 인구는
같은 해 말에는 관원 관속을 제외하고 401명(남성 326명, 여성 74명)이었다고 한
다(『通商彙編』(1883年 下半季), 325쪽). 이에 의하면 불과 8개월 만에 인구가 약
27배 증가한 것이다.

29_ 『通商彙編』(1884年 上半季), 363쪽(『植民地朝鮮の日本人』, 23쪽에서 재인용).

30_ 『仁川開港二十五年史』, 33쪽.

31_ 『在朝日本人の社會史』, 10~19쪽.

32_ 『植民地朝鮮の日本人』, 64쪽.

33_ 『仁川開港二十五年史』, 66쪽.

34_ 『植民地朝鮮の日本人』, 13쪽 ; 『仁川開港二十五年史』, 66~67쪽.

35_ 『通商彙編』(1883年 下半季), 252쪽(『植民地朝鮮の日本人』, 18쪽에서 재인용).

36_ 『仁川開港二十五年史』, 67쪽.

37_ 『植民地朝鮮の日本人』, 22쪽.

38_ 北川吉昭編, 『山口太兵衛翁』, 山口太兵衛翁表彰會, 1934, 22면.

39_ 京城府編發行, 앞의 책, 524~525면.

40_ 『仁川開港二十五年史』, 67쪽.

41_ 『植民地朝鮮の日本人』, 22쪽.

42_ 『仁川開港二十五年史』, 68쪽.

43_ 『仁川開港二十五年史』, 70쪽.

44_ 「釜山.仁川の形成」, 250쪽.

45_ 『仁川開港二十五年史』, 53쪽.

46_ 『植民地朝鮮の日本人』, 65쪽.

47_ 유곽은 한성에서의 '성공' 소식을 듣고 각지의 민단도 유곽 설치에 나섰다.
1904년 진남포, 1906년 용산, 1907년 군산, 1908년 대구, 1909년 청진과 나남,
1910년 목포 신의주 대전에 각각 유곽이 세워졌다. 창기는 1908년 말, 한성에
244명, 부산 141명, 인천 141명, 평양 103명에 달했다. 또 작부는 한성 727명,
부산 350명, 인천 84명, 평양에서는 87명이 일했다고 한다. 이에 대해서는 손
정목, 「개항기 한국거류 일본인의 직업과 매춘업·고리대」, 『한국학보』 1980
년 봄호, 1980, 109~110쪽 참조.

48_ 青山好惠, 『仁川事情』, 朝鮮新報社, 1892, 21~23쪽.

49_ 『通商報告』 2706, 1892.

50_ 『公使館及領事館報告』 2965, 1893.

51_ 『通商彙纂』 4, 1894, 104~105쪽.

52_ 방곡령은 곡물을 매입하여 일본에 수출하던 거류지 상인에게는 대단히 불리
한 것이었다. 1876년부터 1894년에 걸쳐 일본으로의 총 수출액에서 곡물이
차지하는 비율을 보면 많을 때에는 88.9퍼센트, 그 가운데 미곡이 차지하는
비율은 58.2퍼센트에 달했다(唐澤たけ子, 「防穀令事件」, 『朝鮮史研究會論文集』 6,
1969, 66쪽).

53_ 唐澤たけ子, 「防穀令事件」, 『朝鮮史研究會論文集』 6, 1969, 66쪽.

54_ 하지만 거류 상인과 오사카 상인은 이에 만족하지 않았다. 그들은 배상을 요
구하기 위해 공사관과 외무성에 진정하고 정당 등에도 압력을 가했다. 이 결
과 1893년 5월 일본은 조선에 통첩을 보내 11만원을 지불하도록 했다. 이에

대해서는 『植民地朝鮮の日本人』, 35~36쪽 참조.

55_ 『通商彙纂』 4, 1894, 96~97쪽(『植民地朝鮮の日本人』, 43쪽에서 재인용).

56_ 『通商彙纂』, 1894, 29쪽(『植民地朝鮮の日本人』, 43쪽에서 재인용).

57_ 藤原彰, 『日本軍事史 上卷 戰後編』, 日本評論社, 1987, 95쪽.

58_ 『在韓成功の九州人』, 140~141쪽.

59_ 北川吉昭編, 앞의 책, 205쪽

60_ 高橋刀川, 앞의 책, 145쪽

61_ 『仁川府史』, 427쪽.

62_ 『仁川開港二十五年史』, 10쪽.

63_ 森啓助, 「在鮮四十有餘年夢の如し」, 『朝鮮公論』, 1935년 10월호, 37~39쪽

64_ 『植民地朝鮮の日本人』, 67쪽.

65_ 『植民地朝鮮の日本人』, 67쪽.

66_ 『通商彙纂』 16, 1895, 78쪽.

67_ 한우근, 「개국후 일본인의 한국침투」, 『동아문화』 1, 1963, 15~16쪽.

68_ 平壤商業會議所, 『平壤全誌 上』, 1927, 359쪽.

69_ 『植民地朝鮮の日本人』, 53쪽.

70_ 長富甚八郎他著發行, 앞의 책, 30~31쪽.

71_ 『仁川開港二十五年史』, 11~14쪽.

72_ 『京城府史 1』, 732쪽.

73_ 『仁川開港二十五年史』, 36쪽.

74_ 朝鮮銀行史研究會編, 『朝鮮銀行史』, 東洋經濟新報社, 1987, 3쪽.

75_ 「明治前期の日朝貿易」, 72쪽.

76_ 예를 들어 수출입 금은화와 지금의 수출 총계는 1906년 4,934,727원, 1907년
5,356,039원으로 1년에 421,312원 증가할 정도였다(『仁川開港二十五年史』, 26쪽).

77_ 『仁川開港二十五年史』, 27쪽.

78_ 1906년 현재 일본을 포함한 각 무역항의 수출입액은 다음과 같다. 상위 4
　　위는 요코하마(横浜) 349,917,752원, 고베(神戸) 302,795,459원, 오사카(大阪)
　　84,788,942원, 모지(門司) 40,442,912원이었고, 인천은 제5위로 24,049,573
　　원이었다. 인천의 무역액은 나가사키(長崎) 19,146,570원, 욧가이치(四日市)
　　8,588,616원, 시모노세키(下關) 5,849,288원을 앞질렀다(『仁川開港二十五年史』, 3쪽).
79_ 『仁川開港二十五年史』, 序文, 14쪽.

3. 일본인 지주의 진출과 군산농사조합

1_ 일본은 러일 전쟁 직후 1904년 5월말 원로회의와 각의에서의 논의를 바탕으
　　로 '대한방침 및 대한시설강령'(對韓方針竝＝對韓施設綱領決定ノ件)을 결정하였
　　다. 이 가운데 '척식' 항목에서는 농업식민정책의 기조를 "한국에서 일본인
　　기업 중 가장 유망한 것은 농사이다. 본래 한국은 농업국으로 식량과 원료품
　　을 일본에 공급했고, 일본은 공예품을 공급하였다. 생각건대 앞으로도 양국
　　의 경제관계는 이 원칙 위에서 발달해야 한다. 또 한국은 토지면적에 비해 인
　　구가 적어서 많은 일본인 이민을 충분히 받아들일 수 있을 것이다. 따라서 만
　　약 우리 농민을 한국 내지에 많이 들여보낼 수 있다면 한편으로는 우리의 초
　　과인구를 위한 이식지(移植地)를 얻고, 다른 한편으로는 우리의 부족한 식량공
　　급을 증가시켜 소위 일거양득이 될 것이다"고 강조하였다. 外務省, 「對韓方
　　針竝＝對韓施設綱領決定ノ件」, 『日本外交文書』 37-1, 1904, 355쪽.

2_ 러일전쟁 이전부터 각 지방 부현(府縣)은 중앙정부의 지원 아래 한국농업에
　　대한 조사를 실시하고 이를 토대로 농업식민회사 및 농업조합을 설립하였다.
　　지방자치단체는 회사나 조합에게 농업이민의 장려를 위해 이주자 보조, 회사

보조, 영업자금 차입보증, 이익배당 보조, 모범농장 경영보조 등 각종 명목의 보조금을 지불하였다. 1906년 7월 현재 각 이사청 관내의 농업 및 농업관계 회사와 조합에 대해서는 統監府農商工部農林課, 『韓國ニ於ケル農業ノ經營』, 1907, 41~42쪽 참조.

3_ 일본인 지주의 한국 진출에 관한 사례 분석으로서는 다음과 같은 연구가 있다. 淺田喬二, 「舊植民地.朝鮮における日本人大地主の變貌過程(上)」, 『農業總合研究』 19-4, 1965; 淺田喬二, 「舊植民地.朝鮮における日本人大地主の變貌過程(下)」, 『農業總合研究』 20-1, 1966; 田中喜男, 「石川縣農業株式會社(資料紹介)」, 『北陸史學』 15, 1967; 淺田喬二, 『日本帝國主義と舊植民地地主制』, 東京, 御茶の水書房, 1968; 田中喜男, 「明治後期『朝鮮拓殖』への地方的關心-石川縣農業株式會社の設立を通じて-」, 『朝鮮史研究會論文集』 4, 1968; 山崎隆三, 「地主制衰退期における一小地主の植民地地主への轉化」, 『經濟學雜誌』 64-23, 1971; 淺田喬二, 「舊植民地(朝鮮)における日本人大地主の存在形態-石川縣農業株式會社の事例分析-」, 『朝鮮歷史論集 下』, 東京, 龍溪書舍, 1979; 森元辰昭, 「日本人地主の植民地(朝鮮)進出-岡山縣溝手家の事例-」, 『土地制度史學』 82, 1979; 森元辰昭·田中愼一, 「朝鮮土地經營の展開」, 大石嘉一郎編, 『近代日本における地主經營の展開』, 東京, お茶の水書房, 1985; 千田稔, 「華族資本としての細川家の成立·展開」, 『土地制度史學』 116, 1987.

4_ 대표적인 저서로는 浅田喬二, 『日本帝国主義と旧植民地地主制』, 東京, 御茶の水書房, 1968; 李圭洙, 『近代朝鮮における植民地地主制と農民運動』, 東京, 信山社, 1996; 주봉규, 『근대 지역농업사 연구』, 서울, 서울대학교출판부, 1996; 홍성찬 편, 『일제하 만경강 유역의 사회사-수리조합, 지주제, 지역 정치』, 서울, 혜안, 2006; 하지연, 『일제하 식민지 지주제 연구-일본인 회사지주 조선흥업주식회사 사례를 중심으로』, 서울, 혜안, 2010 등을 참조.

5_ 종래 연구에서는 일본인 지주의 토지 소유권을 인정한 법률적 근거로 '토지
가옥증명규칙'과 '토지가옥소유권증명규칙'의 시행을 공통적으로 지적하고
있는데, 이를 통해 기존의 토지매매계약과 소유권 확인수속이 지역 레벨에서
구체적으로 어떻게 변화되었는지 명확하게 규명되었다고 말할 수 없다. 관계
법령의 제정 과정과 실시 이후의 상황 등에 대해서는 1910년대에 실시된 '토
지조사사업'과 관련하여 별고에서 언급할 예정이다.

6_ 필자는 일본인의 토지집적과정의 특질과 그 법적 근거 그리고 지주경영의 차
이나 소작계약조건, 소작인의 대응양식의 상위점 등을 기준으로 '기간지형
지주'와 '미간지형 지주'라는 지주유형구분을 상정하고 양 유형의 토지집적
과정을 구체적인 사례에 의거하여 파악하였다. 이에 대해서는 李圭洙, 『近代
朝鮮における植民地地主制と農民運動』, 東京, 信山社, 1996 참조.

7_ 군산농사조합의 설립과정에 대한 연구로는 裵民植, 「韓國·全羅北道における
日本人大地主の形成-群山農事組合を中心に」, 『農業史研究』22, 1989; 李圭
洙, 「日本人地主の土地集積過程と群山農事組合」, 『一橋論叢』116-2, 1996
참조. 군산농사조합은 설립과 동시에 1904년 8월 "군산지방에서의 농사 발전
에 따라 농사조합의 사업도 점차 실마리를 찾고 있음으로 이에 월보를 발행
하여 우리 조합의 중요한 사건과 조합원의 경영과 관련된 농장의 작황 등을
보고하여 농사개선에 도움이 되자"(「本組合創立以來の成績」, 『月報』1, 1쪽)는 취
지 아래 『군산농사월보』를 발행하였다. 이 글은 기존의 연구를 바탕으로 동
조합이 발행한 『군산농사월보』의 내용을 분석하면서 수정 가필한 것이다.

8_ 日本農商務省編, 『韓國土地農産調査報告-慶尙道·全羅道』1905, 347~348
쪽 참조.

9_ 吉川祐輝, 『韓國農業經營論』大日本農會, 1904, 131쪽.

10_ 金容燮, 『(增補版)韓國近代農業史研究 下』, 서울, 一潮閣, 1988 참조.

11_ 三輪規, 『富之群山』1907, 229쪽.

12_ 이러한 토지집적의 방법에 대해 고베 마사오(神戸正雄)는 "조선에서 거만(鉅万)의 부를 이룬 자의 이력을 듣건대, 시가지의 매수는 비교적 온당한 수단으로 이루어지고 있다. 그 밖에는 고리대, 백동화 위조, 인삼 도취와 밀매, 곡물의 양목(量目) 사기 등을 통해 부를 일으킨 자이다"(神戸正雄, 『朝鮮農業移民論』 1910, 30쪽) 고 말하고 있다.

13_ 加藤末郎, 『韓國農業論』 1904, 251쪽.

14_ 葛生修亮, 「韓南土地買入上之注意」, 『朝鮮之実業』 21, 1906년 6월, 48쪽.

15_ 위의 자료, 48~51쪽.

16_ 加藤末郎, 『韓國農業論』 1904, 249~250쪽. 당시의 토지매매 관행은 일본인이 직접 교섭하지 않고 매매중개인을 통해 간접적으로 거래되는 경우가 많았다. 동진강 유역 일본인의 토지매수에 관한 기록은 이를 잘 말해준다. 즉 일본인의 토지집적은 "평야 한가운데 서서 이번에 수천 두락(斗落)의 토지를 매입할 계획이라고 말한다. 그러면 각 마을에 지심(指審)이라는 매매중개인이 있어 2, 3일내에 필요 이상의 물건을 모아 목록을 작성해 온다. 목록에 따라 실지를 답사하여 기름진 토지만을 골라서 매입한다"(井上正太郎, 「東津平野の大觀」, 『東津江流域』 1928, 30~31쪽)는 정황이었다.

17_ 三輪規, 『富之群山』 1907, 228~229쪽.

18_ 藤井寛太郎, 「渡鮮より農場経営着手まで」, 『藤井寛太郎自叙伝』(私家本).

19_ 「群山農事組合の起原」, 『月報』 1, 1쪽.

20_ 「規則」 제3조.

21_ 三輪規, 『富之群山』 1907, 139~140쪽.

22_ 「規則」 제10조.

23_ 「規則」 제11조.

24_ 「規則」 제12조.

25_ 「規則」 제13조.

26_ 「細則」 제1조.

27_ 통지서 사본은 日本農商務省編,『韓国土地農産調査報告 – 京畿道·忠清道·江原道』1905, 738쪽.

28_ 「規約」 제4조. 당시 군산이사청의 관할구역은 행정구역 분할 이전의 전라도 북부 일대와 충청도 남부 일대이었기 때문에 군산농사조합의 조합원은 전북 전주, 남원, 고부, 김제, 태인, 익산, 임피, 금구, 함열, 부안, 무주, 순창, 임실, 진안, 만경, 옥구, 정읍, 용담, 운봉, 장수, 구례, 충남 남포, 비인, 서천, 한산, 보령의 지주가 대상이었다.

29_ 조합은 1905년 8월 조합장 나카니시를 중심으로 군산에 수원농사시험장 지소의 개설을 통감부에 청원할 것을 결의했으나 후지이 간타로(藤井寬太郎)와 같은 미간지형 지주의 조합원은 "수원의 농사실험장 지소를 군산에 개설하려는 청원은 분명 좋은 계획임에 틀림없다. 하지만 농사실험장과 같은 것은 자기가 경영하는 농장에서 각자 노력하면 될 일이다. 왜 이런 일에 조합 총회 결의가 필요한가. 생각건대 우리 국책에서 가장 중요한 식량문제를 해결할 수 있는 방책을 강구하는 일보다 시급한 것은 없다. 수리사업은 여러 사업 가운데에서도 가장 어려운 사업이다. 학식과 경험 두 방면에서 노련한 전문가가 일하지 않으면 안 된다. 따라서 이번에 수리관개의 기본 조사를 맡길 기사 파견을 청원하는 일이 첫째가 되어야 한다"며 나카니시에게 반론을 제기하였다. 이러한 양 유형의 충돌은 기간지대와 미간지대라는 토지집적지대의 차이에 따라 제약받을 수밖에 없는 농장경영방침에 의한 것으로 판단한다. 保高正記,『郡山開港史』1925, 29, 119~120쪽.

30_ 「規約」 제8조.

31_ 「細則」 제6조.

32_ 「細則」 제8조. 1906년도부터 논과 밭의 분담금은 2리로 증액되었다.

33_ 「内地在住者保護の請願」,『月報』1, 2쪽.

34_ 「対江景土地組合問題」,『月報』1, 3쪽.

35_ 위와 같음.

36_ 1907년에는 군산토지연합조합의 조합장 개선이 이루어졌는데, 조합장은 이
마노 기노스케(天野喜之助), 평의원은 사토 세이지로(佐藤政次郎), 다나베 히로
시(田辺浩), 사카가미 데이신(坂上貞信), 마츠나가 데이지로(松永定次郎)이었다.
三輪規,『富之群山』1907, 205~251쪽.

37_ 「連合組合評議員会」,『月報』1, 4쪽.

38_ 「江景組合へ引継ぎたる登録事務」,『月報』1, 6쪽.

39_ 全羅北道農務課,『内鮮人地主所有地調』1930.

40_ 「輸入穀物税案否決陳情書」,『月報』1, 2쪽.

41_ 「輸入穀物税廃止運動事件」,『月報』2, 9쪽.

42_ 게재항목은 농장소재지, 온도(최고, 최저, 평균), 날씨(맑음, 비), 강우량, 증발량,
수전 관개수 실황, 수전의 제초(회수, 시기), 수전 시비(회수, 종류, 분량, 비교성적),
수전 병충해(종류, 발생시기, 구제법, 피해도), 도작 성적(전년비교, 평년비교, 벼의 종
류성적) 등이었다.『月報』1, 9~10쪽.

43_ 「農淡会」,『月報』1, 4쪽.

44_ 熊本利平,「韓人の農法と肥料の鉄乏に就て」,『月報』3, 1쪽.

45_ 佐藤政次郎,「本年度の米作成績」,『月報』3, 12~13쪽.

46_ 「楠田農場に於ける不穏事件の落着」,『月報』3, 21쪽.

47_ 예를 들면 大和和明,「一九二〇年代前半期の朝鮮農民運動」,『歴史学研究』
502, 1985; 大和和明,「朝鮮農民運動の転換点」,『歴史評論』422, 1984; 이준
식,『농촌사회변동과 농민운동』, 서울, 민영사, 1993; 조성운,『일제하 농촌사
회와 농민운동-영동지방을 중심으로』, 서울, 혜안, 2002; 홍영기,『1920년대
전북지역 농민운동』, 서울, 한국학술정보, 2006 등을 참조.

48_ 「小作韓人暴行事件に関する請願書」,『月報』5, 10~11쪽.

49_ 「全州各地出沒暴徒鎭定策トシテ增兵派遣要請ノ件 (『來電第67號』)」, 1907년 11월 18일.

III부 식민자의 체험과 기억

1. 벌교지역 재조일본인 사회와 '풀뿌리' 침략

1_ 遠藤久之, 「わたしの故鄕」, 『思い出文集, 筏橋』, 全國筏橋會, 1989, 26쪽. 벌교회는 식민지기에 벌교에 거주했던 재조일본인의 친목단체이다. 1977년 히로시마에서 '구 벌교 재주자 전국 제1회 대회'를 개최한 이후, 격년으로 지역을 순회하면서 비정기적인 모임을 지속하고 있다. 1989년 현재 7회에 걸친 친목모임이 개최되었고, 회원은 274명·232세대이다(「筏橋會の設立·經過と向後」, 앞의 책, 120~126쪽).

2_ 다카사키 소지 지음 . 이규수 옮김, 앞의 책, 75~76쪽.

3_ 辻美沙子, 『無窮花を知らなかった頃』, 世界日報社, 1995, 34쪽.

4_ 목포의 무역 현황을 살펴보면 1898년의 주요 수출품은 미곡으로 약 33만원, 수출액 총액의 약 70퍼센트를 차지했다. 목면은 약 10만원으로 약 22퍼센트를 차지했다. 여기에 소금과 김을 더해 '3백 1흑'이라 불렀다. 수입품은 옥양

목이 약 7만원으로 약 44퍼센트, 면사가 약 4만원으로 약 29퍼센트를 차지했
다(배종무, 『목포개항사연구』, 느티나무, 1994, 81~84쪽)

5_ 片岡議編纂, 『寶庫の全南(完)』, 片岡商店, 1913, 196쪽.

6_ 上野晃, 「私の筏橋」, 『思い出文集, 筏橋』, 全國筏橋會, 1989, 11쪽.

7_ 安永新太郎, 「記憶の始まり」, 『思い出文集, 筏橋』, 全國筏橋會, 1989, 106
    쪽.

8_ 片岡議, 「寶城郡發展史」, 『南鐵沿線史(完)』, 片岡商店, 1933, 6쪽.

9_ 개항장을 중심으로 이루어진 상업자본가의 식민지 지주로의 전환과정에 대
    해서는 이규수, 「후지이 간타로(藤井寬太郎)의 한국진출과 농장경영」, 『대동문
    화연구』49, 2005 참조.

10_ 全羅南道, 『大正三年全羅南道統計要覽』, 1915, 86쪽.

11_ 片岡議, 「寶城郡發展史」, 『南鐵沿線史(完)』, 片岡商店, 1933, 60~61쪽.

12_ 全羅南道, 『大正三年全羅南道統計要覽』, 1915, 87쪽.

13_ 片岡議, 「寶城郡發展史」, 『南鐵沿線史(完)』, 片岡商店, 1933, 61쪽.

14_ 梁川覺太郎, 『全羅南道事情誌 全』, 全羅南道事情誌刊行會, 1930, 696~697
    쪽.

15_ 全羅南道, 『大正三年全羅南道統計要覽』, 1915, 89쪽.

16_ 吉川祐輝, 『韓國農業經營論』, 大日本農會, 1904, 122~123쪽.

17_ 井上正太郎, 「東津平野の大觀」, 『東津江流域』, 1928, 30~31쪽.

18_ 梁川覺太郎, 앞의 책, 693쪽.

19_ 위의 책, 693~694쪽.

20_ 위의 책, 694쪽.

21_ 위의 책, 694쪽.

22_ 위의 책, 694쪽.

23_ 위의 책, 695쪽.

24_ 위의 책, 694~695쪽.

25_ 위의 책, 695쪽.

26_ 위의 책, 695쪽.

27_ 위의 책, 696쪽.

28_ 위의 책, 696쪽.

29_ 위의 책, 696쪽.

30_ 위의 책, 696쪽.

31_ 위의 책, 696쪽.

32_ 「寶城 全郡은 三本亂離에 亡한다」, 『조선일보』1925년 11월 25일자.

33_ 「全南地方의 소작인 地主 橫暴를 非難」, 『조선일보』1920년 6월 23일자.

34_ 「地主 舍音輩 無理로 小農級困難 莫甚」, 『조선일보』1932년 5월 28일자.

35_ 「中間利得을 밧고 作權을 無理移動」, 『조선일보』1931년 5월 20일자.

36_ 「地主 變更에 作人은 二重稅納, 지세를 두번이나 무럿다, 呼訴 無處의 百餘 作人」, 『동아일보』1931년 3월 31일자.

37_ 「筏橋面 七洞 面民大會」, 『조선일보』1925년 4월 2일자.

38_ 「筏橋面民大會에서 郡當局 失策을 糾彈」, 『조선일보』1925년 6월 20일자.

39_ 「委員質問에 창황망조한 金郡守」, 『조선일보』1925년 6월 20일자.

40_ 「通路를 强占한 日人 中島의 頑悖」, 『조선일보』1925년 11월 1일자.

41_ 「詐欺的 行動하는 筏橋岡崎精米所」, 『조선일보』1926년 8월 11일자.

42_ 「日本人의 國有地貸付願과 萬余住民이 奮起」, 『조선일보』1929년 12월 24일자. ; 「筏橋防川經營에 住民極反對」, 『조선일보』1930년 2월 5일자.

43_ 「寶城沿海岸 製鹽場 四百萬坪 埋築認可」, 『조선일보』1930년 7월 9일자.

44_ 「筏橋爭鬪事件 18名 公判」, 『조선일보』1930년 12월 19일자.

45_ 「漸次로 擴大되는 寶城筏橋浦事件」, 『조선일보』1927년 4월 7일자.

46_ 「筏橋支會臨時大會」, 『조선일보』1927년 10월 16일자.

47_ 「新幹會 各地 消息」, 『조선일보』1928년 1월 17일자.

48_ 穴井典彦, 「筏橋のおもいで」, 『筏橋』1989, 全國筏橋會, 5~8쪽.

2. 조선총독부 치안관계자의 체험과 기억

1_ 모두 네 번에 걸쳐 14 주제로 공개된 자료의 내용은 다음과 같다. ① 南總督
時代の行政-大野綠一朗政務總監に聞く, ② 小磯總督時代の槪觀-田中武雄
政務總監に聞く, ③ 參政權施行の經緯を語る-田中武雄小磯內閣書記長官
ほか, ④ 阿部總督時代の槪觀-遠藤柳作政務總監に聞く, ⑤ 日本統治下の
在滿朝鮮人問題, ⑥ 安重根.間島問題, ⑦ 滿洲における朝鮮人問題-特に鮮
滿拓植株式會社について, ⑧ 朝鮮總督府の法制について, ⑨ 朝鮮の地方自
治について, ⑩歷代の朝鮮總督と政務總監-側近者の秘話第一講, ⑪ 朴重陽
について, ⑫ 三一事件後の朝鮮に赴任して(秘話體驗談), ⑬日本統治下の朝鮮
民族運動, ⑭朝鮮における警務行政の回顧. ①~④는『十五年戰爭下の朝鮮
統治』(未公開資料 朝鮮總督府關係者 錄音記錄 1), 『東洋文化硏究』2, 學習院大學
東洋文化硏究所, 2000, ⑤~⑦은『朝鮮統治における「在滿朝鮮人」問題』(未公
開資料 朝鮮總督府關係者 錄音記錄 1), 『東洋文化硏究』3, 學習院大學東洋文化硏
究所, 2001), ⑧~⑪은『朝鮮總督府.組織と人』(未公開資料 朝鮮總督府關係者 錄音
記錄 3), 『東洋文化硏究』4, 學習院大學東洋文化硏究所, 2002, ⑫~⑭는『民族
運動と「治安」對策』(未公開資料 朝鮮總督府關係者 錄音記錄 4), 『東洋文化硏究』5,
學習院大學東洋文化硏究所, 2003으로 각각 편집되었다. 이 가운데 ①~④는
한국어로 번역되었다(해설.감수 미야타 세츠꼬. 번역 정재정, 『식민통치의 허상과 실상』,
혜안, 2002).

2_ 소장자료 목록은『友邦協會.中央日韓協會文庫資料目錄』, 學校法人學習院, 1985를 참조. '우방협회.중앙일한협회문고'의 형성 경위는 다음과 같다. 동 문고는 일본의 패전 이후 조직된 사단법인 중앙일한협회와 재단법인 우방협 회가 수집한 자료이다. 자료수집사업은 주로 우방협회의 이사장이었던 호즈 미 신로쿠로(穗積眞六郞)의 주도로 당시 젊은 연구자를 중심으로 설립된 '조선 근대사료연구회'가 담당했다. 수집된 문고는 1970년 호즈미가 서거한 다음, 1983년 이사장으로 취임한 미즈다 나오마사(水田直昌)가 자료의 분산방지와 보관을 위해 가쿠슈인에 기탁하기에 이르렀다. 동 문고의 자세한 자료수집과 소장경위에 대해서는 宮田節子,「穗積眞六郞先生と『錄音記錄』」,『十五年戰 爭下の朝鮮統治』(未公開資料 朝鮮總督府關係者 錄音記錄 1),『東洋文化研究』2, 學習院大學東洋文化研究所, 2000을 참조.

3_ 友邦協會朝鮮史料研究會編,『朝鮮近代史料研究集成』1, 1959. 또 우방협회 는 소장 자료를 바탕으로 간행한 식민지정책관련 자료집인『우방시리즈』의「 속편」으로 통치회고담을 편찬하여 비정기 간행물로 출판했다. 예를 들면 古 庄逸夫,『朝鮮統治回想錄』, 友邦協會, 1964; 水田直昌,『朝鮮財政餘談』, 友 邦協會, 1981.

4_ http://www.showashi.org/index.html

5_ 한국의 언론을 통해서도 보도되었듯이 녹음기록의 많은 흥미로운 사실이 알 려졌다. 예를 들면 다음과 같다. 경찰통역관으로 시작해 후일 간도(間島) 일본 총영사관 경찰부장을 지낸 아이바 기요시(相場淸)의 증언에 의하면, 안중근(安 重根)이 이토 히로부미(伊藤博文)의 저격 장소로 하얼빈(哈爾濱)역을 선택한 것 은 당시 하얼빈이 중국 주권이 미치지 않는다는 사실에 착안, 러시아에 신병 이 인도될 것을 기대 했기 때문이라 한다. 그는 안중근이 "이토 살해범은 국 사범(國事犯)이고 국사범은 처형되지 않는다"는 전례까지 계산한 끝에 하얼빈 을 범행 장소로 택했다고 증언했다. 또 총독부 재무국 사무관 후지모토 슈조

(藤本修三)와 경기도 경찰부장 치바 사토루(千葉了)에 따르면, 한국의 국권을 일본에 넘겨주는데 앞장섰던 친일파 송병준(宋秉畯)은 이토 히로부미와 가츠라 다로(桂太郞) 일본 총리에게 "넓은 땅과 2천 수백만 명의 인구를 모두 일본의 손에 넣을 수 있다. 조금도 비싸지 않다"며 국권 양도의 대가로 1억 5천만엔을 요구하고, 나아가 일본의 한국강점 후에는 "합병시 일본이 한국측에 지불한 돈이 너무 적다"며 100만엔을 추가로 요구했다가 거절당했다고 한다. 이 밖에는 함경북도 경찰부장 츠츠이 다케오(筒井竹雄)의 증언에 의하면, 총독부는 1932년 요요기(代々木) 연병장 관병식(觀兵式)에서 히로히토(裕仁) 천황을 향해 이봉창(李奉昌)이 폭탄을 던진 사건의 배후로 김구(金九)를 지목, 막대한 인원과 비용을 들여 '생포'에 나섰으나 실패하자 군경에 생포 대신 '사살'을 명령했다는 그동안 알려지지 않은 많은 비화를 확인할 수 있다.

6_ 梶村秀樹, 「植民地支配者の朝鮮觀」, 『季刊三千里』25, 1975.

7_ 치바 사토루의 경력에 대해서는 秦郁彦編, 『日本近現代人物履歷事典』, 東京大學出版會, 2002를 참조.

8_ 千葉了, 「三一事件後の朝鮮に赴任して」, 『東洋文化硏究』5, 學習院大學東洋文化硏究所, 2003, 244쪽. (이하, 「秘話體驗」)

9_ 「秘話體驗」, 251쪽.

10_ 강우규에 대해서는 김창수, 『日愚 姜宇奎 義士의 思想과 抗日義烈鬪爭』, 『이화사학연구』30, 2003을 참조.

11_ 중국 전국시대의 자객(刺客). 위(衛)나라 허난성(河南省) 출신. 독서와 검술을 좋아했으며, 연(燕)나라 태자 단(丹)의 초청을 받아 형경(荊卿)·경경(慶卿)으로 불렸다. 단으로부터 진(秦)나라에 빼앗긴 토지를 되찾아 주거나 진시황을 암살해 달라는 부탁을 받고, 진나라에서 도망쳐 온 장수 번어기(樊於期)의 목과 연나라 독항(督亢 : 지금의 河北省 固安縣) 지도를 가지고 출발했다. 역수(易水) 근처에서 단과 헤어지며 "바람 쓸쓸하니 역수 또한 차갑구나. 장사 한 번 가면 다

시 돌아오지 못하리"라는 시구를 남겼다. 진나라로 들어가 진시황에게 지도를 보여주는 순간 비수를 꺼내 진시황을 찔렀으나 실패하여 신하들에게 살해되었다.

12_ 「秘話體驗」, 251쪽.

13_ 「秘話體驗」, 243쪽.

14_ 대표적으로는 姜德相, 「三·一運動における『民族代表』と朝鮮人民」, 『思想』537, 1969.

15_ 千葉了, 『朝鮮獨立運動秘話』, 帝國地方行政學會, 1925.

16_ 『秘話』, 18쪽.

17_ 『秘話』, 12쪽.

18_ 강덕상, 「1923년 관동대진재(大震災) 대학살의 진상」, 『역사비평』45, 1998; 강덕상, 「관동대진재 조선인 학살을 보는 새로운 시각-일본측의 '3대 테러사건' 사관의 오류」, 『역사비평』47, 1999.

19_ 『秘話』, 1쪽.

20_ 「秘話體驗」, 257쪽.

21_ 『秘話』, 197쪽.

22_ 『秘話』, 198쪽.

23_ 『秘話』, 198쪽.

24_ 이러한 치바의 논리적 근거는 1922년의 구미시찰에서 얻은 것이다. 그는 한국에 귀국하여 크로포트킨이 주장하는 '상호부조'와 서구 청년의 현황에 대해 경성실업청년회 강연석상에서 담화를 나누었다(千葉了, 「歐美靑年の社會的訓練」, 『朝鮮及滿洲』184, 1923년 3월호).

25_ 『秘話』, 199쪽.

26_ 『秘話』, 199쪽.

27_ 치바는 이를 사상적으로 추구하면 로맨티시즘(감정적 이상주의)과 내셔널리즘

(이론적 이상주의)으로 구분할 수 있다고 한다. 그리고 이는 국가를 무대로 바라보면 민족주의와 국민주의의 각축으로 표출된다. 근대국가 진화의 추세는 차츰 완성되는 민족국가가 국가주의에 의해 다시 민족이 뒤섞여 점차 국민을 기조로 하는 국민국가로 옮겨가 세계 연방국가를 꿈꾸기도 한다. 하지만 로맨티시즘은 원래부터 반동력이 있어 가만히 있지 않는다. 자유, 평등, 박애를 바탕으로 민족본능을 자극하여 민족의식을 환기시키거나 민족의 해방을 추구하는 민족자결의 요구나 민족통일의 운동으로 분출된다. 제1차 대전 이후 파리강화회의에서 민족자결이 국제협조의 원칙으로 중시된 것도 이 때문이라고 한다. 민족자결주의와 독립운동에 대해 "일본은 원래 야마토(大和)민족을 중심으로 구마소(熊襲), 이즈모(出雲), 아이누 등을 동화시킨 민족국가이다. 하지만 근대에 들어와 타이완을 획득하고 조선의 병합과 남양군도의 위임통치를 통해 점차 국민국가로 진화하고 있다. 이러한 추세에 대해 최근 일어나는 민족자결과 독립운동 등의 제창은 민족주의를 실현하려는 것이다. 투쟁을 통해 얻은 협동에 대해 다시 투쟁을 찬미하려는 로맨티시즘에 불과하다"고 말한다(『秘話』, 202쪽).

28_ 村田懋磨, 『朝鮮の生活と文化』, 目白書院, 1924.

29_ 『秘話』, 202~203쪽.

30_ 『秘話』, 204쪽.

31_ 「秘話體驗」, 246쪽.

32_ 『秘話』, 15쪽.

33_ 『秘話』, 38쪽.

34_ 마루야마의 경력과 독립운동에 대한 인식은 松田利彦, 「丸山鶴吉の朝鮮獨立運動認識-『文化政治』期の植民地警察官僚」, 『朝鮮民族運動史研究』8, 1992.

35_ 「秘話體驗」, 245쪽. 치바는 문화통치에 대해 '문명적 정치', '문명정치', '문화

정치' 등의 용어로 다양하게 사용되고 있으나 '문명적 정치'가 가장 옳은 표현이라 주장한다.

36_ 『秘話』, 2쪽 및 19쪽.

37_ 「秘話體驗」, 261쪽.

38_ 松田利彦, 「日本統治下の朝鮮における警察機構の改編-憲兵警察制度から普通警察制度への轉換をめぐって」, 『史林』74-5, 1991.

39_ 「秘話體驗」, 264쪽.

40_ 「秘話體驗」, 265쪽.

41_ 『秘話』, 206쪽.

42_ 『秘話』, 207쪽.

43_ 『秘話』, 210~211쪽.

44_ 『秘話』, 212쪽.

45_ 『秘話』, 212쪽.

46_ 『秘話』, 212쪽.

47_ 『秘話』, 232쪽.

48_ 『秘話』, 236쪽.

49_ 「秘話體驗」, 247쪽.

50_ 「秘話體驗」, 248쪽.

3. 후지카이(不二會) 기억 속의 '제국'과 '식민지'

1_ 임지현은 기억의 문제를 역사학의 중심 논제로 부각시키면서 "특정한 기억을 전유한 역사는 사람들의 삶과 욕망, 실천과 사유를 특정한 방향으로 유도하

는 기억의 정치학이다"고 주장했다. 임지현, 「전유된 기억의 복원을 위하여」 『기억과 역사의 투쟁』(서울: 삼인, 2002), 3~4쪽.

2_ 식민지 수탈론 및 식민지근대화론을 비판한 논고는 정재정, 「1980년대 일제 시기 경제사 연구의 성과와 과제」『한국의 '근대'와 '근대성' 비판』(서울: 역사 비평사, 1996) ; 권태억, 「'식민지조선근대화론'에 대한 단상」『한국민족운동사 연구』(서울: 나남출판, 1997) ; 신용하, 「'식민지근대화론' 재정립 시도에 대한 비판」『창작과비평』 98(1997) ; 정병욱, 「역사의 주체를 묻는다 : 식민지근대화 론 논쟁을 둘러싸고」『역사비평』 43(1998) ; 김동노, 「식민지시대의 근대적 수탈과 수탈을 통한 근대화」『창작과비평』 99(1998) ; 정연태, 「'식민지근대화론' 논쟁의 비판과 신근대사론의 모색」『창작과비평』 103(1999) ; 허수열, 「'개발과 수탈'론 비판」『역사비평』 48(1999) ; 신용하 외, 『식민지근대화론에 대한 비판적 성찰』(서울: 나남, 2009) 등을 참조.

3_ 다카사키 소지(高崎宗司)는 각 시기별 '재조일본인'의 존재형태를 개괄적으로 서술하면서 그 유형을 세 가지로 구분한다. 즉, 제1유형은 식민지에서의 자 신들의 행동이 훌륭한 것이었다고 말하는 부류, 제2유형은 식민지 조선을 순 진하게 그리워하는 부류, 그리고 제3유형은 식민지 지배민족으로서 자기 자 신을 비판하는 부류이다. 이에 대해서는 다카사키 소지 지음, 『식민지 조선의 일본인들』이규수 옮김(서울: 역사비평사, 2006) 참조.

4_ 가지무라 히데키(梶村秀樹)는 "일본 서민의 근대 100년 생활사에서 조선을 비 롯한 식민지 생활사 연구는 연구자가 회피해 온 영역이다. 최근 재일조선인 의 고난의 역사에 어느 정도 관심이 생겨났다. 그러한 인식은 오늘날 일본인 에게 매우 중요하다. 재조일본인사는 바로 이 문제와 표리관계에 있다. 식민 지에서 일본서민이 얼마나 어이없는 행동을 벌여왔는가에 대한 반성 없이 안 이하게 조선인의 처지를 동정하는 일은 수박겉핥기로 끝날 위험이 있다"고 지적했다. 梶村秀樹, 「植民地と日本人」『梶村秀樹著作集 1』(東京: 明石書店,

1992), 193쪽.

5_ 구술사 방법론은 연구자들에게 기존의 문헌 연구와는 별도의 자료와 시각을 제공한다. 구술이란 개인의 경험과 기억내용을 구술로 재현, 증언하고 그 자료를 체계적으로 수집, 해석하여 사료로 활용하는 것을 말한다. 그것은 공적 기록만큼이나 사적 기억도 동등하게 존중하기 때문에 사회적 약자의 과거를 훨씬 진실하고 공정하게 재구성한다. 지금까지 역사의 주류에서 벗어나 있던 평범한 사람(구술자)들의 이야기를 통해 새로운 생활세계의 역사를 재구성하고, 구술자 자신이 행위 주체가 되어 스스로 선택한 이야기 속에 나타난 의식구조를 통해 당대의 문화를 이해하면서 개인의 정체성, 사회의식 그리고 역사인식을 천착할 필요가 있다. 이에 대해서는 국사편찬위원회, 『현황과 방법 구술 구술자료 구술사』(과천: 국사편찬위원회, 2004) ; 한국구술사연구회, 『구술사 – 방법과 사례』(서울: 선인, 2005) ; 윤택림.함한희, 『새로운 역사 쓰기를 위한 구술사 연구방법론』(서울: 아르케, 2006) ; 이용기, 「역사학, 구술사를 만나다 – 역사학자의 관점에서 본 구술사의 현황과 과제」 『역사와 현실』 71(2009) ; 윤택림, 『구술사 기억으로 쓰는 역사』(서울: 아르케, 2010) 등을 참조.

6_ 예를 들어 일본 소재 가쿠슈인대학(學習院大學) 동양문화연구소(東洋文化硏究所)는 식민지 관계자의 녹음기록을 문자화하여 <미공개자료 조선총독부 관계자 녹음기록>을 간행했다. 동 연구소에 소장되어 있는 '우방협회(友邦協會).중앙일한협회문고(中央日韓協會文庫)'에는 옛 조선총독부 정무총감과 경무국장 및 식산국장 등 식민지 통치정책을 실제로 담당한 고위관료의 개인소장 자료나 메모가 다수 포함되어 있다. 식민지 조선을 경험한 일본인의 기억을 다룬 논고로는 정병욱, 「해방이후 식산은행원의 식민지 기억과 선택적 인식 – 행우회 잡지 『無窮』(1946~1953)을 중심으로」 『역사와 현실』 48(2003) ; 최인택, 「일제시기 부산지역 일본인사회의 생활사 – 경험과 기억의 사례연구」 『역사와 경계』 52(2004) ; 이규수, 「조선총독부 치안관계자의 한국인식 – 미공개 녹

음기록의 분석」『동학연구』18(2005) ; 나카네 다카유키, 「패전의 기억 - 재조
선(在朝鮮) 일본인의 심성(心性) 궤적(軌跡)」『일본학보』9(2004) ; 안병직, 「한국
사회에서의 "기억"과 "역사"」『역사학보』193(2007) ; 안홍선, 「식민지시기 사
범교육의 경험과 기억 - 경성사범학교 졸업생들의 회고를 중심으로」『한국
교육사학』29-1(2007) ; 황호덕, 「회고와 증언, 심문되는 기억의 정치학 - 우방
문고 녹음기록, 특히 <十五年戰爭下의 朝鮮統治>를 실마리로 하여」『한국사
연구』145(2009) 등을 참조.

7_ 이에 대해서는 임성모, 「전후 일본의 만주 기억, 그 배후와 회로」『일본비
평』2(2010)를 참조.

8_ 예를 들어 경성삼판소학교(京城三坂小學校) 동창회가 발행한 문집에는 "내게
다시 한 번 인생을 살 수 있는 기회가 온다면 아카시아 꽃향기 나는 경성거리
에 살 것이다. 우거진 남산 기슭의 삼판소학교에서 그리운 선생님을 모시고,
옛 친구들과 함께 배우는 길을 주저 없이 택할 것이다"와 같은 그리움을 표출
하고 있다. 京城三坂小學校記念文集編輯委員會編, 『鐵石と千草』(東京: 三坂
會事務局, 1983), 242.412쪽.

9_ 후지카이는 결성 초기부터 부정기적으로 회보 형식의 소식지『후지(不二)』를
발행하였고, 이노하라 도시코는 그 이전에 자비출판 형태로 猪原とし子, 『
昔の隣邦朝鮮の事ども』(東京: 自費出版, 1961)와 猪原とし子, 『あかしや(隨筆
集)』(東京: 南大門小學校同期會, 1979)을 각각 발행했다. 후지카이는 현재도 모임
을 지속하고 있는데, KBS가 <8.15특집 다큐멘터리 - 日人들의 이상향, 호남
평야 불이농촌>이라는 다큐멘터리를 2003년 8월 14일에 방영했다.

10_ 후지이 간타로는 '신천지 열풍'에 편승하여 일본 면포와 생활필수품을 조선
으로 반입하고, 미곡과 우피 등을 일본으로 반출하여 막대한 상업이익을 올
리면서, 또 한편으로 소작제 농장경영을 통한 고율의 토지수익률에 주목하여
투자대상을 농지로 바꾸어 나갔다. 토지집적과 소작제 농장경영으로부터 획

득한 소작미를 일본에 직접 수출하는 것이 상업활동보다 높은 수익률을 창출할 수 있다고 판단했기 때문이다. 1914년 불이흥업주식회사의 설립 당시 자본금은 100만 엔이고, 영업종목은 농장개간·부동산신탁업·쌀 수출업 이외에도 불이농촌으로 대표되는 이민사업 등이다. 후지이의 농장경영과 이민사업 등에 대해서는 李圭洙,『近代朝鮮における植民地地主制と農民運動』(東京: 信山社, 1996) ; 이규수, 「20세기 초 일본인 농업이민의 한국이주」『대동문화연구』43(2003) ; 이규수, 「후지이 간타로(藤井寬太郎)의 한국진출과 농장경영」『대동문화연구』49(2005) 등을 참조.

11_ 田村吉雄編,『秘錄大東亞戰史 朝鮮編』(東京: 富士書苑, 1953), 202~203쪽.

12_ 早野朝子,『遥かなる朝鮮38度線』(東京: 日本機關紙出版センター, 1990), 70쪽. 1945년 12월 평안북도 강계에서 약 300명이 집단탈출에 성공한 사례나 1946년 2월 남부 조선에 가까운 황해도 해주에서 탈출한 사례도 있지만, 많은 사람들이 북한에서 탈출한 것은 1946년 봄부터였다. 3월 함흥에서 '실험적 탈출'이 시작되어, 4월에 들어와 '소개(疏開)'가 이루어졌다. 5월에는 진남포에서 1인당 200원을 소련주둔군에게 지불하자 탈출이 '묵인'되었다. 이 때문에 4월에는 18,000명, 5월에는 24,000명이 경성에 들어올 수 있었다. 8월에는 평양에서도 귀환이 시작되었다. '집단 탈출'은 10월에 끝났다. 引揚體驗集編集委員會編,『死の三十八度線』(東京: 國書刊行會, 1981), 337.394쪽.

13_ 부산 일본인 세화회는 1948년 7월까지 '내선결혼'한 자들의 귀환 업무를 계속 담당했는데, 1949년에는 1,041명이 귀국했다. 上坂冬子,『慶州ナザレ園』(東京: 中公文庫, 1984), 46쪽.

14_ 山田巖·香野薫, 「終戰時の思い出」『不二』2(1966), 54~55쪽.

15_ 多田儀市郎, 「不二の歷史」『不二』2(1966), 36쪽.

16_ 蘭信三,『「滿洲移民」の歷史社會學』(東京: 行路社, 1994), 11쪽.

17_ 임성모, 「전후 일본의 만주 기억, 그 배후와 회로」『일본비평』2(2010), 142쪽.

18_ 다카사키 소지 지음, 『식민지 조선의 일본인들』 이규수 옮김(서울: 역사비평사, 2006), 192쪽.

19_ 小澤有作, 「舊日本人地主の朝鮮觀」 『朝鮮研究』 68(1967).

20_ 「不二會會則」 『不二』 2(1961), 73쪽.

21_ 不二會, 『會員名簿』(東京: 不二會, 1968).

22_ 猪原とし子, 「墓参」 『昔の隣邦朝鮮の事ども』, 1쪽.

23_ 猪原とし子, 「ミス日本の草わけ」 『昔の隣邦朝鮮の事ども』, 16쪽.

24_ 猪原とし子, 「古里はいかいの記」 『あかしや(隨筆集)』, 7쪽. 이노하라와 동창인 나카무라(中村喜重)도 "일본인으로서 당시 조선에 건너간 선구자이자 반도 개척의 제1인자로 일본과 한국을 위해 노력한 인물로 알고 있다"(中村喜重, 「御挨拶を兼ねて」 『あかしや(隨筆集)』, 머리말)고 회상한다.

25_ 根岸喜一, 「不二興業と藤井寬太郎氏の生涯」 『不二』 2(1966), 15쪽.

26_ 門田協之介, 「チョンゴシ」 『不二』 2(1966), 40쪽.

27_ 西村敏夫, 「ソウルの思い出」 『不二』 2(1966), 26쪽.

28_ 西村敏夫, 「ソウルの思い出」 『不二』 2(1966), 29~30쪽.

29_ 多田儀市郎, 「不二の歴史」 『不二』 2(1966), 38쪽.

30_ 根岸喜一, 「不二興業と藤井寬太郎氏の生涯」 『不二』 2(1966), 10쪽.

31_ 猪原とし子, 「米」 『昔の隣邦朝鮮の事ども』, 30~31쪽.

32_ 猪原とし子, 「米」 『昔の隣邦朝鮮の事ども』, 31쪽.

33_ 猪原とし子, 「宣傳下手」 『昔の隣邦朝鮮の事ども』, 8쪽.

34_ 梶村秀樹, 「植民地支配者の朝鮮觀」 『梶村秀樹著作集 1』(東京: 明石書店, 1992).

35_ 猪原とし子, 「ブ博士」 『昔の隣邦朝鮮の事ども』, 14쪽.

36_ 猪原とし子, 「ブ博士」 『昔の隣邦朝鮮の事ども』, 13~14쪽.

37_ 猪原とし子, 「韓國のクーデターに想う」 『昔の隣邦朝鮮の事ども』, 4쪽.

38_ 猪原とし子, 「不二農村の誕生」『昔の隣邦朝鮮の事ども』, 17쪽.

39_ 猪原とし子, 「伊金女」『あかしや(隨筆集)』, 15쪽.

40_ 조선헌병대사령부가 한정판으로 간행한 자료에 의하면, "조선 통치의 평온을 깨뜨리며, 조선의 인신(人身)을 문란케 하는 것은 소위 공산주의 사상도 사회주의 기구도 독립사상도 아니다. 무사려(無思慮), 무분별한 내지인의 경솔한 언동이다"라며 일본인의 '자각'을 촉구하고 있다. 朝鮮憲兵隊司令部, 『朝鮮同胞に對する內地人反省資錄』(京城: 朝鮮憲兵隊司令部, 1933).

41_ 猪原とし子, 「李ライン」, 앞의 책, 1961, 2쪽. 이와 관련하여 이노하라는 "반도인이 좋아하는 음식물은 중국인과 비교하여 담백한 음식을 먹는 경향이 있다. 먹는 물고기의 종류도 한정되어 일본인처럼 물고기라 부를 수 있는 모든 것을 먹지 않는다. 병합 당시 일본인은 거저 물고기를 손에 넣을 수 있었다"고 말한다. 猪原とし子, 「鯛舟」『あかしや(隨筆集)』, 11쪽.

42_ 猪原とし子, 「李ライン」『昔の隣邦朝鮮の事ども』, 2쪽.

43_ 猪原とし子, 「韓國のクーデターに想う」『昔の隣邦朝鮮の事ども』, 4쪽.

44_ 猪原とし子, 「藤井公の裁判」『昔の隣邦朝鮮の事ども』, 12쪽.

45_ 「異民族支配は悪いことか?」(http://www.jiyuu-shikan.org/).

46_ 西村敏夫, 「ソウルの思い出」『不二』2(1966), 30~31쪽.

참고문헌

■ 신문 · 잡지류

『シリーズ戦争孤児』

『家庭新聞』

『京南ニュース』, 京都府海外引揚同胞連盟下京支部会報

『更生新聞』, 新潟県更生合作社総連合社

『更生通信』, 引揚同胞更生会機関紙

『京城内地人世話会会報』

『京城日報』

『共助義会々報』, 南洋群島引揚者の互助親睦連絡機関

『広島県引揚同胞』, 広島県引揚同胞更生会

『広島県互助会報』, 広島県外地引揚者互助会会報

『国際人』, 静岡県外地引揚者互助会

『群馬引揚情報』, 群馬県海外引揚者同盟機関紙

『大陸タイムス』

『島根県外地引揚民報』, 島根県引揚同胞更生会機関紙

『都連時報』, 東京都引揚者団体連合会機関紙

『同盟新聞』, 熊本県引揚者総聯盟機関紙

『同胞救援議員連盟報』, 同胞救援議員連盟

『同和』, 社団法人同和協会

『励志新聞』, 海外引揚者自助団体励志社

『聯絡船』

『毎日新報』

『盟光』, 社団法人石川県海外引揚者同盟

『民生新聞』, 京都府海外引揚同胞連盟

『民衆報』, 山梨県外地引揚者協助会

『防長新聞』

『兵庫引揚同胞通信』, 兵庫引揚同胞通信社

『福島引揚者新聞』, 福島県海外引揚者聯合会

『北州民報·引揚者の新聞』, 北州民報社

『山陽新聞』

『西日本新聞』

『鮮交人』

『新建設』, 引揚者団体全国連合会

『新潟前進新報』

『引繼書及對借對照表』(1946. 9～1947. 3)

『引揚同胞新聞』

『引揚同胞』

『引揚民報』, 熊本県外地引揚者互助会

『引揚者だより』, 岡山県海外引揚者聯盟津山支部

『引揚者の声』

『引揚者総聯盟導報』, 熊本県引揚者総聯盟

『引揚者通信』, 大陸通信社

『引揚全連通信』(引揚者団体全国連合会)

『引揚促進だより』, 奈良県外地抑留者引揚促進連盟

『自興新聞』, 引揚·戦災者機関紙

『自興』, 長崎県海外引揚者連合会

『再起情報·引揚者の新聞』

『全国引揚者新聞』

『朝鮮引揚同胞世話會特報』, 朝鮮引揚同胞世話會

『中京ニュース』, 京都府海外引揚同胞聯盟中京支部

『平和·平和新聞』, 長崎海外引揚者更生連盟

『海外同胞』, 栃木県海外引揚者協会

『海外引揚者新聞』

『協生新聞』, 大分県海外引揚者団体連盟

『会報』, 海外引揚高級船員互助会

『厚生新聞』

■ 회고류

あの日を記録する会 編,『8月15日の子どもたち』, 晶文社, 1987.

江藤善章,「沈潜した差別意識」,『季刊三千里』13, 1978. 2.

岡本愛彦,「忘れ得ぬ人々: 心の中の朝鮮人たち」,『季刊三千里』16, 1978. 11.

高崎隆治,「朝鮮飴」,『季刊三千里』46, 1986. 1.

古庄逸夫,『朝鮮統治回顧録』, 1962.

谷進一郎,「私と朝鮮の木工」,『季刊三千里』33, 1983. 2.

関屋貞三郎,「引揚同胞にうったふ」,『引揚同胞』第1巻1号, 1946. 4.

菅原克己,「二人の朝鮮人の思い出」,『季刊三千里』22, 1980. 5.

橋川文三,「朝鮮と私の悔悟」,『季刊三千里』24, 1980. 11.

宮川寅雄,「朝鮮の友人たち」,『季刊三千里』14, 1978. 5.

宮下忠子,「山谷で出会った人びと」,『季刊三千里』37, 1984. 2.

今村勳,『私の敗戦日記: 京城六カ月』, 1981(일본국회도서관 소장).

磯谷季次,「民族と恩讐」,『季刊三千里』25, 1981.2.

磯谷季次,「出獄以後」,『季刊三千里』31: 特集15年戦争下の朝鮮, 1982. 8.

旗田巍,「私の朝鮮体験」,『季刊三千里』18, 1979. 5.

旗田巍,「二つの三十六年に想う」,『季刊三千里』23, 1980. 8.

箕浦郁代,「「故郷」への思慕」,『季刊三千里』38, 1984. 5.

吉野広造,「ある朝鮮人との出会い」,『季刊三千里』11, 1977. 8.

金子利三,「故郷で想ったこと」,『季刊三千里』19, 1979. 8.

金子定一全集刊行会 編,『金子定一集: 在鮮終戦日記抄』, 金子定一全集刊行会,

1958.

楠本利夫, 『海の向こうで: 少年の朝鮮引揚げ体験物語』, 1986.

戴国煇, 「私の朝鮮体験」, 『季刊三千里』 20, 1979. 11.

大津和子, 「私の夢」, 『季刊三千里』 11, 1977. 8.

藤野雅之, 「私の朝鮮体験」, 『季刊三千里』 19, 1979. 8.

藤田市郎, 「私と朝鮮」, 『季刊三千里』 28, 1981. 11.

鈴木道彦, 「或る指摘回想」, 『季刊三千里』 21, 1980. 2.

茂木又雄, 「敗戦前後」, 『季刊三千里』 31: 特集15年戦争下の朝鮮, 1982. 8.

寺尾五郎, 「一九四五年一〇月に出獄して」, 『季刊三千里』 15, 1978. 8.

寺井美奈子, 「はるかなる妣が国」, 『季刊三千里』 17, 1979. 2.

山野貞子, 「朝鮮との出会い」, 『季刊三千里』 19, 1979. 8.

山中恒, 「〈半島の小国民〉体験について」, 『季刊三千里』 31, 1982. 8.

森崎和江, 「まだ見ぬ人びとへの手紙」, 『季刊三千里』 23, 1980. 8.

上野清士, 「切手にみる植民地支配」, 『季刊三千里』 27, 1981. 8.

西順蔵, 「ぼくの朝鮮経験は」, 『季刊三千里』 4, 1975. 11.

西野辰吉, 「鉱山での一九四五年」, 『季刊三千里』 15, 1978. 8.

小谷盆次郎, 『仁川引揚誌: 元仁川在住者名簿』, 大起産業株式会批, 1952.

小山敦史, 「向かい風」の中で」, 『季刊三千里』 46, 1986. 1.

松岡洋子, 「朝鮮と私」, 『季刊三千里』 2, 1974. 5.

須藤宣, 「三十六年間の憶い出」, 『季刊三千里』 23, 1980. 8.

勝部千鶴子, 「第二の故郷」, 『季刊三千里』 16, 1978. 11.

永戸良一, 「私の朝鮮」, 『季刊三千里』 29, 1982. 2.

牛見信夫,「第二の故郷·江原道」,『季刊三千里』21, 1980. 2.

伊藤いずみ,「朝鮮との出会い」,『季刊三千里』37, 1984. 2.

日高六郎,「私の〈朝鮮体験〉」,『季刊三千里』13, 1978. 2.

長田かな子,「四五年八月十五日」,『季刊三千里』31: 特集15年戦争下の朝鮮, 1982. 8.

前谷史子,「朝鮮人との出会いから」,『季刊三千里』38, 1984. 5.

田川律,「祖父·黄鐡を尋ねる旅」,『季刊三千里』43, 1985. 8.

佐久間宏,「関釜連絡船の今昔」,『季刊三千里』13, 1978. 2.

中薗英助,「私の朝鮮経験: 再説·金史良との夜」,『季刊三千里』14, 1978. 5.

中村昌枝,「アボジ·ナラ」,『季刊三千里』19, 1979. 8.

秦正流,「関釜連絡船」,『季刊三千里』37, 1984. 2.

茜史朗,「朝鮮との出会い」,『季刊三千里』20, 1979. 11.

村松武司,「作戦要務令の悪夢」,『季刊三千里』31: 特集15年戦争下の朝鮮, 1982. 8.

村松武司,「朝鮮に生きた日本人: わたしの「京城中学」」,『季刊三千里』21, 1980. 2.

秋山駿,「朝鮮: 切れ切れの出会い」,『季刊三千里』23, 1980. 8.

太田哲男,「朝鮮人と日本の左翼」,『季刊三千里』29, 1982. 2.

波多野淑子,「朝鮮との出会い」,『季刊三千里』33, 1983. 2.

海地信,「私と朝鮮」,『季刊三千里』40, 1984. 11.

後藤均平,「子供を棄てた父」,『季刊三千里』31: 特集15年戦争下の朝鮮, 1982. 8.

後藤明生,「夢かたり」拾遺」,『季刊三千里』7, 1976. 8.

■ 자료·자료집 등 간행물

加藤聖文 監修·編,『終戰後朝鮮における日本人の狀況および引揚 国外篇』朝鮮
(전8권), ゆまに書房, 2002.

국가기록원 편,『중요 공개기록물 해설집Ⅴ: 국세청·성업공사 편』(1950~1980), 국
가기록원 기록정보서비스부 공개서비스과, 2005.

국가기록원 편,『해외수집기록물해제: 일본편Ⅱ』, 행전안전부 국가기록원 기록
편찬문화과, 2011.

국민대학교 일본학연구소 편, 동북아역사재단,『한일회담 외교문서 해제집Ⅱ: 평
화선·북송·6차회담(예비교섭·청구권)』, 2005.

大蔵省管理局 編,『日本人の海外活動に関する歷史的調査』, 大蔵省管理局,
1947.

大蔵省財政史室 編,『昭和財政史: 終戰より講和まで』(第1巻: 賠償·終戰処理),東
洋経済新聞社, 1984.

釜山日本人世話会,『職員名簿: 昭和20年12月1日以降』, [福岡市総合図書館所蔵]

引揚援護廳 編,『引揚援護の記錄』, 1950(復刻板,くレス出版, 2000).

日本外務省,『太平洋戰爭終結による內外人の保護引揚(本邦人)』, K'710Series
Microfilm.

日本外務省,『太平洋戰爭終結に伴う內外人保護引揚(舊日本國籍人)』, K'720
Series Microfilm.

朝鮮關係殘務整理事務所 編,『事務所の沿革と事務槪要』, 朝鮮關係殘務整理事
務所, 1950. 11.

朝鮮交通局長, 「管理局長殿電報課文」(1945. 9. 6) [일본외교문서 제16회 공개분 Reel no. K'003, 「太平洋戦争終結による在外邦人保護引揚関係雑件·国内受入体制の整備関係, 輸送関係」]

朝鮮引揚同胞世話舎 編, 『事業概況』, 朝鮮引揚同胞世話會, 1946. 3.

朝鮮引揚同胞世話舎 編, 『昭和二十一年度実行予算案』, 朝鮮引揚同胞世話舎, 1946.

平和祈念事業特別基金 編, 『資料所在調査結果報告書(I): 資料が示す今決大戦における恩給欠格者·戦後強制抑留者及び海外引揚者の労苦』, 平和祈念事業特別基金, 1993.

平和祈念事業特別基金 編, 『資料所在調査結果報告書(別冊)』, 平和祈念事業特別基金, 1999.

閉鎖機関整理委員会 編, 『閉鎖機関とその特殊清算』, 閉鎖機関整理委員会, 1954.

厚生省山崎引揚援護局 編, 『山崎引揚援護局史』, 厚生省山崎引揚援護局, 1946.

厚生援護局 編, 『續續引揚援護の記録』, 1963(復刻板, くレス出版, 2000).

厚生援護局 編, 『續引揚援護の記録』, 1955(復刻板, くレス出版, 2000).

厚生援護局 編, 『引揚げと援護三十年の歩み』, 厚生援護局, ぎょせい, 1978.

『一億人の昭和史 日本占領1: 降伏·進駐·引揚』, 毎日新開通社, 1975.

『一億人の昭和史4: 空襲·敗戦·引揚』, 毎日新聞社, 1975.

『在外父兄救出学生同盟』, 毎日新開枇, 1968.

『在外財産問題の処理記録: 引揚者特別交付金の支給』, 内閣総理大臣宮房管理室, 1973.

『在朝鮮日本人個人財産額調』, 朝鮮引揚同胞世話會, 1947.

『災害·引揚·共同募金基本資料』 전8권, 柏書房, 2014. 12.

『朝鮮ニ於ケル邦人引揚ノ狀況』, 朝鮮引揚同胞世話會, 1946. 9.

『朝鮮關係民間殘留者數調』, 1947. 3.

『朝鮮終戰の記錄』(資料編) 1~3卷, 森田芳夫·長田かな子 編, 巖南堂書店, 1979.

『終戰前後に於ける朝鮮事情概要』, 管理局, 1945. 12.

『閉鎖機關元朝鮮金融組合聯合會在日本殘留財産處分に関する陳情書』

■ 단행본 및 연구논문

Caroline Elkins·Susan Pedersen, Settler Colonialism in the Twentieth Century: Projects, Practices, Legacies, New York: Routledge, 2005.

Henny Todd, 'Keijo': Japanese and Korean Construction of Seoul and the history of its Lived space, 1910~1937, University of California Los Angeles Ph.D, Dissertation, 2006.

Jun Uchida, Brokers of Empire Japanese Settler Colonialism in Korea 1876~1945, Harvard Univ. Press, 2011.

Karl Moskowitz, 『植民地朝鮮における日本の銀行の従業員達』, 殖銀行友會, 1986.

Lori Watt, When Empire Comes Home: Repatriation and Reintegration in Postwar Japan, Havard University Asia Center, 2009.

Nicole Leah Cohen, Children of Empire: Growing up Japanese in Colonial Korea1876~1946, Columbia University Ph.D, Dissertation, 2006.

Peter Duus, The abacus and the sword: the Japanese penetration of Korea, 1895~1910, Berkeley: University of California Press, 1995.

なかにし礼, 『赤い月』, 新潮社, 2001.

加藤圭木, 「一九三〇年代朝鮮における港湾都市羅津の「開発」と地域有力者」, 『朝鮮史研究会論文集』 49, 2011.

加藤聖文, 『대일본제국 붕괴』, 바오출판사, 2010.

加茂治作, 『井原将軍言行録』, 新人物往来社, 1975.

가미야 미호, 「아베 요시시게(安倍能成)의 눈에 비친 조선」, 『세계문학비교연구』 18, 2007.

가미야 미호, 「재조일본인 작가의 소설에 나타난 '일제' 말기 일본 국민 창출 양상: 국민문학(國民文學)에 발표된 현직 교사의 작품을 중심으로」, 『일본문화연구』 39, 2011.

가세타니 도모오, 「재한일본인 처의 형성과 생활적응에 관한 연구 － 생활사 연구를 중심으로」, 고려대학교 사회학과 석사학위논문, 1994.

강명숙, 「1920년대 일본인 자본가들에 대한 조선인 자본가들의 저항(Ⅱ) － 상업회의소를 중심으로」, 『한국민족운동사연구』, 2002.

강혜경, 「일제하 부산지역 행정과 일본인 지배」, 『한국독립운동사연구』, 2005.

高崎宗司, 「在朝日本人と日淸戰爭」, 『近代日本と植民地』 5, 岩波書店, 1993.

高崎宗司, 『植民地朝鮮の日本人』, 岩波書店, 2002(이규수 역, 2006, 『식민지 조선의 일본인들: 군인에서 상인, 그리고 게이샤까지』, 역사비평사).

高崎宗司, 『朝鮮の土となった日本人 － 淺川巧の生涯』, 草風館, 1998(김순희 역, 2005, 『아사카와 다쿠미 평전: 조선의 흙이 되다』 효형출판).

高吉嬉, 「〈在朝日本人二世〉旗田巍における内なる朝鮮」, 『季刊日本思想史』 76, 2010.

高吉嬉, 『〈在朝日本人二世〉のアイデンティティ形成: 旗田巍と朝鮮・日本』, 桐書房, 2001(『하타다 다카시: 마산에서 태어난 일본인 조선사학자』, 지식산업사, 2005).

高杉志緒, 『日本に引揚げた人々』, 図書出版のぶ工房, 2011.

고석규, 『근대도시 목포의 역사 공간 문화』, 서울대학교 출판부, 2004.

古城剛之助, 『麗水の遭難』, 鮮交会(編), 1976.

古野直也,『朝鮮軍司令部 1904~1945』, 国書刊行会, 1990.

高浚石,『朝鮮1945~1950: 革命史への證言』, 社會評論社, 1985.

古川昭,『群山開港史 ― 群山開港と日本人』, ふるかわ海事事務所, 2004.

谷島清郎,『赤い夕日の満州で ― 少年の日の引揚手記』, 新興出版社, 1997.

広岡洋子,『時の風』, 明石書店, 2003.

廣瀬玲子,「植民地朝鮮における愛国婦人会 ― 1930年代を中心に」,『北海道情報大学紀要』22-2, 2011.

橋本孝,『死者との約束―満州帰還者の記憶』, 新風舎, 2005.

久木村久,『北朝鮮からの生還 ― ある10歳の少年の引き揚げ記録』, 光人社, 2006.

君島和彦 編,『近代の日本と朝鮮:「された側」からの視座』, 東京堂出版, 2014. 9.

宮内俊一,「京城における塾教育」, 森田芳夫·長田かな子 編, 1980.

권숙인,「식민지배기 조선 내 일본인학교: 회고록을 통해 본 소·중학교 경험을 중심으로」,『사회와 역사』77, 2008.

近藤剣一,「森田芳夫著『朝鮮終戦の記録』」,『国際政治』2号, 1964.

金明洙,「植民地期における在朝日本人の企業経営 ― 朝鮮勧農株式会社の経営変動と賀田家を中心に」,『經營史學』44-3, 2009.

金泰賢,『朝鮮における在留日本人社會と日本人經營新聞』, 神戸大學大學院文化研究科 博士論文, 2012.

磯谷季次,『良き日よ, 来たれ: 北朝鮮民主化への私の遺書』, 花伝枇, 1991.

磯谷季次,『植民地の獄革命家の経験的記録』, 郷土書房, 1949.

기무라 겐지,「식민지하 조선 재류 일본인의 특징 ― 비교사적 시점에서」,『지역과 역사』 15, 부경역사연구소, 2004.

기유정, 「서평: 조선상업회의소를 통한 식민 권력의 균열과 봉합에 대한 탐색 -
『일제시기 조선상업회의소 연구』(전성현, 선인, 2011)」, 『石堂論叢』 50, 2011.

기유정, 「식민지 對 모국 간 경제마찰과 在朝日本人 사회의 대응: 1929~1936년
'鮮米擁護運動'의 정치학적 함의에 대한 분석을 중심으로」, 『사회와 역사』 82, 2009.

기유정, 「식민지 조선의 일본인과 '조선의식'의 형성 - 3·1운동 직후 '내지연장
주의' 논의를 중심으로」, 『대동문화연구』 76, 2011.

기유정, 「식민지 조선의 일본인과 지역의식의 정치효과」, 『한국정치학회회보』
45, 2011.

기유정, 「식민지 초기 조선총독부의 재조선일본인 정책 연구: 속지주의와 속인적
분리주의의 갈등 구조를 중심으로」, 『한국정치연구』 20-3, 2011.

기유정, 「일본제국과 제국적 주체의 정체성 -『綠旗』(『綠人』 속 모리타 요시오(森
田芳夫))의 국체론과 정체성 분석을 중심으로」, 『일본학』 35, 2012.

기유정, 『일본인 식민사회의 활동과 '조선주의'에 관한 연구 - 1936년 이전을 중
심으로』, 서울대학교 정치학과 박사학위논문, 2011.

吉野 誠, 「与謝野鉄幹の朝鮮体験」, 『東海大学紀要』 90, 文学部, 2006.

吉澤佳世子, 「在朝日本人敎師·上甲米太郎の日記と史料」, 『日本植民地研究』
16, 2004.

김 승, 「개항 이후 부산의 일본거류지 사회와 일본인 자치기구의 활동」, 『지방사
와 지방문화』 15, 2012.

金居三男, 『世話会残留記』, 鮮交会 編, 1976.

김경남, 「재조선 일본인들의 귀환과 전후의 한국 인식」, 『東北亞歷史論叢』 21,

2008.

김경일, 「지배와 연대의 사이에서: 재조일본인 지식인 미야케 시카노스케(三宅鹿之助)」, 『사회와역사』 105, 2015.

김계자 편역, 『일본어 잡지로 보는 식민지 영화 2』, 도서출판 문, 2012.

김계자, 「도한일본인의 일상과 식민지 조선의 생성 ― 잡지 『朝鮮』의 문예란을 중심으로」, 『아시아문화연구』 19, 경원대학교 아시아문화연구소, 2010.

김계자, 「번역되는 '조선'」, 『아시아문화연구』 28, 2012.

김광식·이시준, 「재조일본인 아동용 『심상소학교 보충교본』의 내용과 그 성격」, 『일본언어문화』 24, 2013.

金東哲, 「釜山의 有力資本家 香椎源太郎의 資本蓄積過程과 社會活動」, 『역사학보』 186, 2005.

김명수, 「일제하 일본인의 기업 경영: 朝鮮勸農株式會社를 중심으로」, 『역사문제연구』 16, 2006.

김명수, 「재조일본인 토목청부업자 아라이 하쓰타로(荒井初太郎)의 한국진출과 기업활동」, 『경영사학』 26-3(59), 2011.

김명수, 「한말·일제하 賀田家의 자본축적과 기업경영」, 『지역과 역사』 25, 2009.

김명수, 「재조일본인(在朝日本人)의 신탁회사 설립과 경영에 관한 연구 ― 인천 조선신탁주식회사(1921~1932)의 경영권 쟁탈전을 중심으로」, 『인천학연구』 23, 2015.

김문길, 「재한일본인유골문제와 '부용회'에 관한 연구」, 『외대논총』 31, 2005. 8.

김민영, 「1910년대 전북지역 일본인 이주어촌의 존재 형태와 구조」, 『한일민족문제연구』 8, 2005.

김보현, 「일제강점기 한반도 간행 단카(短歌)와 하이쿠(俳句) 연구: 1930년대 '朝

鮮色' 담론과 창작물을 중심으로」, 고려대학교 중일어문학과 석사학위논문, 2013.

김봉석, 「1930년대 전반기 재조일본인 교사의 역사교육 인식과 수업실천 양상」, 『역사문화연구』 42, 2012,

김수자, 「재한일본인처의 경계인으로서의 삶과 기억의 재구성」, 『梨花史學硏究』 46, 2013.

김수희, 『근대 일본어민의 한국진출과 어업경영』, 경인문화사, 2010.

김욱, 「경성제국대학 일본어잡지 『청량(淸凉)』 발간과 초기 작품 연구: 1920년대 재조일본인 학생의 글에 나타난 상을 중심으로」, 『한림일본학』 27, 2015.

김유나, 「일어학 / 일어교육: 재한일본인(在韓日本人)의 언어생활 ― 한국어의 의식과 습득을 중심으로」, 『일본학보』, 한국일본학회, 1999.

김윤희, 「1883~1905년 인천항 일본상인의 영업활동」, 『史林』 44, 2013.

김인호, 「일제말기 조선총독부의 중소기업 육성정책의 전개와 그 성격」, 『한국민족운동사연구』 35, 2003.

김일수, 「일제강점 전후 대구의 도시화과정과 그 성격」, 『역사문제연구』 10, 2003.

김제정, 「1930년대 전반 조선총독부 경제관료의 '지역으로서의 조선' 인식」, 『역사문제연구』 22, 2009.

김종근, 「서울 中心部의 日本人 市街地 擴散 ― 開化期에서 日帝强占 前半期까지(1885~1929)」, 『서울학연구』 20, 2003,

김주영, 「在朝鮮 일본인 화가와 식민지 화단의 관계 고찰」, 『미술사학연구』 233·234, 2002.

김태현 편역, 『일본어 잡지로 보는 식민지 영화 1』, 도서출판 문, 2012.

김태현, 「한국강점 전후 『京城新報』와 재한일본인사회의 동향」, 2011, 『한국민족운동사연구』 68, 2011.

김혜숙, 「이마무라 도모(今村鞆)의 朝鮮風俗 연구와 在朝日本人」, 『한국민족운동사연구』 48, 2006,

김효순, 「1930년대 일본어잡지의 재조일본인 여성 표상」, 『일본문화연구』 45, 2013.

김효순·이승신·송혜경 편역, 『조선 속 일본인의 에로경성 조감도: 여성직업편』, 도서출판 문, 2012.

나카네 다카유키, 「패전의 기억 - 재조선 일본인의 심성궤적」, 『일본학보』 9, 2004.

나카바야시 히로카즈, 「1910년대 조선총독부의 교육정책과 재조일본인 교원 통제: 조선교육(연구)회를 중심으로」, 『동방학지』 15, 2012.

欄木壽男, 「大正期における朝鮮觀の - 典型 - 「朝鮮通」細井肇を中心にして」, 『日本近代史硏究』 8, 1965.

남기정, 「한일 선박반환 교섭에 관한 연구: 1차 회담 선박분과위원회 교섭을 중심으로」, 『일본연구』 45, 2010. 3.

内藤寿子·中村明美, 「ある少女にとっての植民地体験: 「平壤」からの引揚げに関するインタビューと資料の紹介」, 『駒澤日本文化』 5, 駒澤大学総合教育研究部日本文化部門 編, 2011. 12

内田じゅん, 「植民地期朝鮮における同化政策と在朝日本人 - 同民會を事例として」, 『朝鮮史硏究會論文集』 41, 2003.

노기영, 「해방 후 일본인의 귀환(歸還)과 중앙일한협회」, 『한일민족문제연구』

10, 한일민족문제학회, 2006.

노영택, 「개항지 인천의 일본인 발호」, 『畿甸文化硏究』 5, 인천교육대학 기전문화연구소, 1974.

니이야 도시유키, 「한국으로 '시집온' 일본인 부인 - 생애사 연구를 중심으로」, 서울대학교 인류학과 석사학위논문, 2006.

다바타 가야, 「식민지 조선에서 살았던 일본 여성들의 삶과 식민주의 경험에 관한 연구」, 이화여자대학교 여성학과 석사학위논문, 1996.

다테노 아키라(館野晳) 편, 『그때 그 일본인들』, 한길사, 2006.

多田井喜生, 『朝鮮銀行: ある円通貨圏の興亡』, PHP硏究所, 2002.

大津山直武, 『落日の滿州抑留記－敗戰·强制労働·引揚げ秘話』, MBC21, 1993.

渡邊秀明, 『昭和·平成僕の八十年: 戰争、引揚げ、高度成長、そして今を考える』, 三省堂書店, 2014.

渡邊淳世, 「일제하 조선에서 내선결혼의 정책적 전개와 실태: 1910~20년대를 중심으로」, 서울대학교 국제대학원 석사학위논문渡邊淳世, 2004.

稲葉繼雄, 『舊韓國～朝鮮の'內地人'教育』, 九州大學出版會, 2005.

稲葉繼雄, 『舊韓国～朝鮮の「内地入」教育』, 九州大学出版会, 2005.

稲葉繼雄, 『舊韓國～朝鮮の日本人教員』, 九州大學出版會, 2001.

稲葉繼雄, 『舊韓國の教育と日本人』, 九州大學出版會, 1999(홍준기 옮김, 2006, 『구한말 교육과 일본인』 온누리).

稲葉繼雄, 『舊韓末'日語學校'の研究』, 九州大學出版會, 1997.

島原民子, 『その面影』, 鳥影社, 2011.

藤岡均悟, 『新編 国破れて惨禍あり』, 新風舎, 2004.

藤永壮,「植民地下日本人漁業資本家の存在形態—李堈家漁場をめぐる朝鮮人漁民との葛藤」,『朝鮮史研究会論文集』24, 1987.

藤原てい,『流れる星は生きている』, 偕成社, 1976.

藤田文吉,『日本人銀行員の朝鮮史雑感と朝鮮殖産銀行』, 株式会社アドワーク, 1988.

藤川大生,『奇蹟の38度線突破—平壌から日本へ』, ビジネス社, 2006.

藤沢照子,『奴隷船の記録』, 文芸社, 2006.

歴史學研究會 編,『日本同時代史1: 敗戦と占領』, 青木書庖, 1990.

鈴木武雄,『'獨立'朝鮮經濟の將來』, 1946. 6.

鈴木閑蔵 外,「全羅北道における営農体験談 — 朝鮮村の実状」, 未公開資料 朝鮮總督府関係者 録音記録(9)学習院大学東洋文化研究所所蔵 友邦文庫 植民地朝鮮農村に生きた日本人,『東洋文化研究』10, 学習院大学東洋文化研究所 編, 2008.

魯炳浩,「吉野作造の弟子奥平武彦の朝鮮」,『歴史文化社会論講座紀要』1, 2004.

류교열,「1920년대 식민지 해항도시 부산의 일본인사회와 죽음의 폴리틱스」,『일어일문학』39, 2008.

六鹿寿美,『宍道湖哀愁歌』, 文芸社, 2008.

李昇燁,「三·一運動期における朝鮮在住日本人社会の対応と動向」,『人文学報』92, 京都大学人文科学研究所, 2005.

満拓会,『満蒙開拓·死地からの脱出—満洲拓植公社社員と家族の敗戦引揚記録』, あずさ書店, 1984.

牧野文夫,『何日君再来 あの日々はどこに』, 文芸社, 2009.

木村健二,「近代日朝'關係'下の在朝日本人 — 朝鮮實業協會の組織と活動を中

心に」, 『朝鮮史硏究會論文集』 23, 1986.

木村健二, 「在外居留民の社會活動」, 『近代日本と植民地』 5, 岩波書店, 1993.

木村健二, 「在朝鮮日本人植民者の'サクセス·ストーリー'」, 『歷史評論』 625, 2002.

木村健二, 「在朝日本人史硏究の現狀と課題 － 在朝日本人實業家の傳記から讀み取り得るもの」, 『日本學』 35, 東國大學校 日本學硏究所, 2012.

木村健二, 「朝鮮居留地における日本人の生活態樣」, 『一橋論叢』 115-2, 1996.

木村健二, 『在朝日本人の社会史』, 未来社, 1989.

木村秀明, 『ある戦後史の序章』, 西日本圖書館コンサルタント協舍, 1980.

木村清紹, 『アルゼンチンからの手紙－滿州引揚げ者の手記と手紙より』, 麦秋社, 1996.

武内慎一, 『釜山引揚業務の追憶』, 鮮交会 編, 1976.

武蔵正道, 『アジアの曙－死線を越えて』, 自由社, 2000.

舞鶴市 編, 『引揚港舞鶴の記録』, 舞鶴市役所, 2000.

舞鶴引揚援護局郷土室 編, 『引揚記念寫眞帳』, 舞鶴引揚援護局郷土室, 1950.

문경연, 「한국 근대연극 형성과정의 풍속통제와 오락담론 고찰: 근대 초기 공공오락기관으로서의 '극장'을 중심으로」, 『국어국문학』 151, 2009.

문영주, 「20세기 전반기 인천 지역경제와 식민지 근대성」, 『인천학연구』 10, 2009.

미야타 세쓰코(宮田節子), 『식민통치의 허상과 실상』, 혜안, 2002.

미즈노 나오키, 「식민지기 조선의 일본어 신문」, 『역사문제연구』 18, 2007.

梶村秀樹, 「植民地と日本人」, 『梶村秀樹著作集 第1巻 朝鮮史と日本人』, 明石書

店, 1992.

박광현, 「'재조선' 일본인 지식 사회 연구: 1930년대의 인문학계를 중심으로」, 『일본학연구』 19, 2006.

박광현, 「조선 거주 일본인의 일본어 문학의 형성과 (비)동시대성: 「韓半島」와 「朝鮮之實業」의 문예란을 중심으로」, 『일본학연구』, 2010.

박광현, 「재조일본인의 '재경성(在京城) 의식'과 '경성' 표상: '한일합방' 전후시기를 중심으로」, 『상허학보』 29, 2010.

박광현, 「'내선융화'의 문화번역과 조선색, 그리고 식민문단」, 『아시아문화연구』 30, 2013.

박광현·신승모 편, 『월경(越境)의 기록 ― 재조일본인의 언어·문화 기억과 아이덴터티의 분화』, 어문학사, 2013.

박광현, 「'밀항'의 상상력과 지도 위의 심상 '조국': 1963년 김달수의 소설을 중심으로」, 『일본학연구』 42, 2014.

박광현, 「'재일'의 심상지리와 사할린」, 『한국문학연구』 47, 2014.

박광현, 「김달수의 자전적 글쓰기의 정치: '귀국사업'과 '한일회담'을 사이에 두고」, 『역사문제연구』 2, 2015.

박광현, 「귀국사업과 '니가타' ― 재일조선인의 문학지리」, 『동악어문학』 67, 2016.

박광현, 「재일조선인의 '전장'(戰場)과 '전후'(戰後)」, 『한국학연구』 41, 2016.

박광현, 「김달수의 '방한'과 그의 '국토순례' 기행문」, 『한국학연구』 43, 2016.

박맹수, 「동학농민혁명기 재조일본인의 전쟁협력 실태와 성격」, 2010, 『한국독립운동사연구』 36, 2010.

박상현, 「번역으로 발견된 '조선(인)': 자유토구사의 조선 고서 번역을 중심으로」, 『日本文化學報』46, 2010.

박양신, 「재한일본인 거류민단의 성립과 해체」, 『아시아문화연구』26, 가천대학교 아시아문화연구소, 2012.

박양신, 「통감정치와 재한 일본인」, 『역사교육』90, 2004.

박영미, 「일본의 조선고전총서 간행에 대한 시론 ㅡ 조선연구회의 고서진서 간행을 중심으로」, 『漢文學論集』37, 2013.

박용규, 「구한국 지방신문에 관한 연구」, 『한국언론정보학보』11, 한국언론정보학회, 1998.

박용규, 「일제하 지방신문의 현실과 역할」, 『한국언론학보』50-6, 한국언론학회, 2006.

박재상, 「한말·일제초기(1897~1915) 목포일본인상업회의소의 구성원과 의결안건」, 『한국민족운동사연구』26, 2000.

박진희, 『한일회담: 제1공화국의 대일정책과 한일외담 전개과정』, 선인, 2008.

박찬승, 「러일전쟁 이후 서울의 일본인 거류지 확장 과정」, 『지방사와 지방문화』5-2, 2002.

박찬승, 「서울의 일본인 거류지 형성 과정: 1880년대-1903년을 중심으로」, 『사회와 역사』62, 2002.

박철규, 「부산지역 일본인 사회단체의 조직과 활동 ㅡ 1910년대를 중심으로」, 『역사와 경계』56, 2005.

박혜미, 「1910년대 일본조합교회 조선전도본부의 활동과 식민주의」, 『한국민족운동사연구』74, 2013.

飯山達雄, 『小さな引揚者: 写真集』, 草土文化, 1985.

飯沼二郎·韓晳曦, 『日本帝國主義下の朝鮮傳道: 乘松雅休, 渡瀬常吉, 織田楢次, 西田昌一』, 日本基督教團出版局, 1985.

飯田和夫, 『激動の樺太より生きて祖国に帰還して』, 鳥影社, 2004.

방광석, 「한국강점 전후 서울의 '재한일본인' 사회와 식민 권력」, 『역사와 담론』 56, 2010.

배석만, 「전후 한일 양국의 재조일본인 재산처리과정 — 이케다 스케다다(池田佐忠)의 사례」, 『한일민족문제연구』 28, 2015.

배병욱, 「일제시기 부산일보 사장 아쿠타가와 타다시(芥川正)의 생애와 언론활동」, 『石堂論叢』 52, 동아대학교 석당전통문화연구원, 2012.

배석만, 「부산항 매축업자 이케다 스케다다(池田佐忠)의 기업 활동」, 『韓國民族文化』 42, 부산대학교 한국민족문화연구소, 2012.

배석만, 「일제시기 부산의 대자본가 香椎源太郎의 자본축적 활동: 日本硬質陶器의 인수와 경영을 중심으로」, 『지역과 역사』 25, 2009.

배수형, 「1910년대 在京 일본인 사회의 교육사업: 경성학교조합의 구성과 활동을 중심으로」, 중앙대학교 역사학과 석사학위논문, 2013.

배영순, 「한말·일제초 일본인 대지주의 농장경영」, 『인문연구』 3, 영남대학교 인문과학연구소, 1983.

福田迪子, 『京城回想』, [福田迪子], 2012. 2.

부산상공회의소 편, 『釜山商議史: 1989年～1982年』, 1982.

飛田紀男, 「終戦直後の金融·銀行」, 『豊橋創造大学紀要』 8号, 2004.

浜田耕策, 「森田芳夫先生著作目録」, 『年報朝鮮学』 3号, 1993. 3.

四十周年社史編纂室 編,『共栄火災とその活動: 創立四十年のあゆみ』, 共栄火災海上保険相互会杜, 1983.

山名酒喜男,『朝鮮総督府終政の記録(1): 戦前後に於ける朝鮮事情概要』, 友邦協会, 1956.

山本めゆ,「生存者(サヴァイヴァー)の帰還: 引揚援護事業とジェンダー化された〈境界〉」,『ジェンダー研究』17, 東海ジェンダー研究所, 2015. 2.

山村好克,「地域の歴史の掘り起こしと教材化 ― 在朝日本人教師 上甲米太郎 (含 略歴・文献・資料一覧)」,『社會科學研究』33, 1997.

山下達也,「植民地朝鮮における「内地人」教員の多様性 ― 招聘教員と朝鮮で養成された教員の特徴とその関係」,『日本の教育史学』50, 2007.

山下達也,「植民地朝鮮の師範学校における「内地人」生徒 ― 官立大邱師範学校を中心に」,『歴史学研究』819, 2006.

山下達也,『植民地朝鮮の學校教員 ― 初等教員集團と植民地支配』, 九州大學出版會, 2011.

山下幸生,『花も嵐も―わが一代記』, 文芸社, 2001.

珊瑚会,『あゝ復員船―引揚げの哀歓と掃海の秘録』, 騒人社, 1991.

三宅一美,「曽田嘉伊智氏」,『友邦』39巻8号, 1986. 8.

三菱鉱業 編,『茂山鑛山に関する記録』, 三菱鉱業, 1945. 9.

三木卓,『砲撃のあとで』, 集英社, 1977.

森田茂,『北朝鮮に消された街「城津」: 引揚げ者たちの苦難の記録』, 明文書房, 2010.

森田茂,『祖国の土を踏んで: 北朝鮮〈城津〉からの引揚者たちのその後』, 明文書

房, 2012.

森田芳夫, 「ソ連の参戦·朝鮮引揚史その一」, 田村吉雄 編, 1953.

森田芳夫, 「待ちわびる心: 朝鮮引揚史その六」, 田村吉雄 編, 1953.

森田芳夫, 「解放の嵐の中に: 朝鮮引揚史その二」, 田村吉雄 編, 1953.

森田芳夫, 『朝鮮渡航と引揚の記録』, 秀巧枇印刷株式会枇, 1980.

森田芳夫, 『朝鮮終戦の記録: 米ソ雨軍の進駐と日本人の引揚』, 巌南堂書店, 1964.

森下研, 『興安丸33年の航跡』, 新潮社, 1987.

上坂冬子, 『慶州ナザレ園·忘れられた日本人妻たち』, 中央公論枇, 1982

西宮能信, 『私たちの朝鮮: 夫々の生まれ 暮らしと三十八度線を越えての引揚げ』, 西宮能信, 2004.

서기재, 「『觀光朝鮮』에 나타난 '재조일본인'의 표상: 반도와 열도 일본인 사이의 거리」, 『일본문화연구』 44, 2012.

西本諦了, 『命めぐまれ、今を生きる─シベリア·ウクライナ抑留記』, 文芸社, 2002.

서승희, 「전쟁과 서사, 그리고 재조일본인(在朝日本人)의 아이덴티티: 汐入雄作와 宮崎清太郎의 소설을 중심으로」, 『한국문학이론과 비평』 19, 2015.

石堂清倫, 『大連の日本人引揚の記録』, 青木書店, 1997.

石田純郎, 「明治19年(1886)以降, 京城で活躍した醫師 ― 古城梅溪とその兄弟について ― 賛化病院(1891-1942)を中心に」, 『洋學』 18, 2010.

石川奈津子, 『海峡を渡った妻たち』, 同時代社, 2001.

石川亮太, 『近代アジア市場と朝鮮: 開港·華商·帝国』, 名古屋大学出版会, 2016.

石黒恵智, 『思い出の大連－南山麓·星ケ浦·老虎灘』, 文芸社, 2001.

鮮交会 編, 『朝鮮交通史』, 三信図書, 1986,

鮮交会 編, 『朝鮮交通回顧録: 終戦記録編』, 鮮交会, 1976.

宣在源·原期 編, 『引揚企業團體の活動·戰前期海外進出企業の國內經洛復隔過程』, 2002.

成田龍一, 「引揚げと抑留」, 『帝国の戦争経験』(岩波講座: アジア太平洋戦争4), 岩波書店, 2006.

小林利一, 『私の終戦記』, 鮮交会 編, 1976.

小林英夫, 『日本人のアジア観の変遷: 滿鉄調査部から海外進出企業まで』, 勉誠出版, 2012.

小林英夫·柴田善雅·吉田千之輔, 『戦後アジアにおける日本人団体: 引揚げから企業進出まで』, ゆまに書房, 2008.

小林英夫·柴田善雅·吉田千之輔, 『戦後アジアにおける日本人団体の活動と特徴』, 2008.

小林千登勢, 『お星さまのレール』, 金の星社, 1982.

咲本和子, 「皇民化」政策期の在朝日本人 － 京城女子師範學校を中心に」, 『國際關係學研究』 5, 津田塾大學, 1999.

咲本和子, 「植民地のなかの女性教育」, 『知の植民地支配』, 社會評論社, 1998.

小山健一, 『私だけが知っている昭和秘史: GHQ連合国軍司令部異聞』, 光人社, 2005.

小松アイ, 『思い出の記: 戦中、戦後の朝鮮·祖国への引揚げ』, 真岡, 2012.

小松茂夫, 「私の体験における朝鮮問題」, 『展望』 83, 1965. 11

小野4きょうだい 共著, 小野英男 編,『ああ北朝鮮の山河よ: 北朝鮮引揚げから50年小野4きょうだいの記録』, 1995.

篠原礼子,『わたしはみたの一戦争と少女』, 郁朋社, 2004.

小原暉男,『魂の叫び一幼き日に三十八度線を越えて引き揚げてきた記録』, 郁朋社, 2005.

小澤博子,『三十八度線を越えて七十里』, 文芸社, 2014. 8.

小沢有作,「農本主義者 朝鮮体験 ― 農村における「内鮮一本」の人づくりの実験 柳沢七郎について」(日本人の朝鮮観),『朝鮮研究』85, 1969. 5.

孫栄爽,「Exit from homelessness in Japan」,『訪日学術研究者論文集』第21巻, 日韓文化交流基金, [2015].

松岡敏,『父の背中: 家族八人、北朝鮮から我が祖国日本へ』, 文芸社, 2015.

송규진,「일제강점 초기 '식민도시' 대전의 형성과정에 관한 연구: 일본인의 활동을 중심으로」,『아세아연구』45-2, 고려대학교 아세아문제연구소, 2002.

송미정,『「朝鮮公論」 소재 문학적 텍스트에 관한 연구: 재조일본인 및 조선인 작가 일본어 소설을 중심으로』, 국민대학교 국어국문학과 박사학위논문, 2009.

松山健作,「日本聖公会の前期在朝日本人伝道: 1880年から1910年を中心に」,『富坂キリスト教センター紀要』2, 2012.

松永育男,『北朝鮮からの「引揚者」といわれる体験 ― 今日的課題「植民者」とは』, 藤枝, 1998.

松田利彦·やまだあつし 編,『日本の朝鮮·台湾支配と植民地官僚』, 思文閣出版, 2009.

송지영,「일제하 부산부의 학교비와 학교조합의 재정」,『역사와 경계』55, 부산

경남사학회, 2005.

송혜경, 「식민지 조선의 '일본어문학'(1920~30년대)과 재조일본인 여성 표상 연구: 조선 간행 일본어잡지 『조선급만주(朝鮮及滿洲)』와 『조선공론(朝鮮公論)』을 중심으로」, 『일본사상』 28, 2015.

수요역사연구회 편, 『식민지조선과 매일신보』, 신서원, 2002.

穂積真六郎, 「在鮮邦人の引揚状況」, 『引揚同胞』 3·4号, 1946. 7.

穂積真六郎, 『わが生涯を朝鮮に: 穂積真六郎先生遺筆』, 友邦協会, 1974.

水田直昌, 『落葉寵』, 水田直昌(非賞品), 1980.

戊亥吉春, 『悠久の中国大陸に生きぬいて—中共留用八年間の記録』, ジャニス, 1997.

스가와라 유리(管原百合), 「일본인 여성 야스다 야스코(安田靖子)의 대조선 인식」, 『여성과 역사』 12, 2010.

스가와라 유리(管原百合), 「일제강점기 후치자와 노에(淵澤能惠: 1850~1936)의 조선에서의 활동」, 『일본학』 35, 2012.

스야마 레이카, 「식민지시기 재조일본인의 조선문화 인식: 아사카와 타쿠미(淺川巧)와 아베 요시시게(安部能成)를 중심으로」, 한국외국어대학교 국제지역대학원 석사학위논문, 2013.

柴原喬, 『ハルビン 朱の曠野』, 文芸社, 2004.

市川まりえ, 「1905~1910년 재한일본인 민간언론의 통감부 政治觀」, 『韓國史論』 55, 2009.

市川和広, 『三つの願い: 隠された戦後引揚げの悲劇』, ブイツーソリューション, 2014.

矢澤誠弘,「在朝日本人二世の朝鮮人観の特徴: 森田芳夫の言論を事例として」,『比較文化史研究』16, 2015.

식민지일본어문학문화연구회,『완역 일본어 잡지「조선」문예란(1908년 3월~1909년 2월)』, 도서출판 문, 2010.

식민지일본어문학문화연구회,『완역 일본어 잡지「조선」문예란(1909년 3월~1910년 2월)』, 도서출판 문, 2012.

식민지일본어문학문화연구회,『완역 일본어 잡지「조선」문예란(1910년 3월~1911년 2월)』, 일본어문학·문화연구회, 도서출판 문, 2010.

식민지일본어문학문화연구회,『완역 일본어 잡지「조선」문예란(1911년 3월~12월)』, 일본어문학·문화연구회, 도서출판 문, 2013.

식민지일본어문학문화연구회,『제국일본의 이동과 동아시아 식민지문학 1 — 총론 및 조선』, 도서출판 문, 2011.

新紺久仁子,『死んだ弟—敗戦·引揚げを俳句で詠む』, 新風舎, 2004.

神﨑貞代,『松月ホテルの人々: 17歳、少女の朝鮮引き揚げ物語』, 日本機関紙出版センター, 2014.

新藤東洋男,『在朝日本人教師 — 反植民地教育運動の記録』, 白石書店, 1981.

辛美善,「在朝日本人の意識と行動 —‘韓國併合’以前のソウルの日本人を中心に」,『大阪大學日本學報』14, 大阪大學文學部日本學研究室, 1995.

신승모,「"전후" 일본 사회와 식민자 2세 문학의 등장 — 가지야마 도시유키(梶山季之) 문학을 중심으로」,『일본학』34, 2012.

신승모,「식민지 조선의 일본인 교사가 산출한 문학」,『한국문학연구』38, 2010.

신승모,「식민지기 경성에서의 ‘취미’ — 재경성(在京城) 일본인의 이념화 변용과정을 중심으로」, 『일본언어문화』 17, 한국일본언어문화학회, 2010.

신승모, 「조선의 일본인 경영 서점에 관한 시론 - 일한서방(日韓書房)의 사례를 중심으로」, 『日語日文學研究』 79, 2011.

신승모, 「湯浅克衛の『移民』における在朝日本人の帰属意識」, 『表現と創造』 7, 2006.

신승모·오태영, 「식민지시기 '경성'(京城)의 문화지정학적 위상에 관한 연구」, 『서울학연구』 38, 2001.

信原聖, 「終戦以後の慶尚南道」, 『同和』 165号, 1961. 9. 1.

辛在卿, 「〈君が代九〉について歴史的考察」, 『京都創成大學紀要』 7권, 2007. 1.

신주백, 「일제의 새로운 식민지 지배방식과 재조일본인 및 '자치'세력의 대응 (1919~22)」, 『역사와 현실』 39, 2001.

神津良子·佐藤鈴代, 『まいづるへの旅』, 語り継ぐ戦争絵本シリーズ; 19 (引揚 線), 郷土出版社, 2015. 2.

신현경, 「재조일본인 사회의 형성과 조선남성의 '일선결혼' 연구」, 강원대학교 사학과 석사학위논문, 2011.

신 호, 「식민지주의 지식구조의 부메랑현상에 대하여 - 재조일본인의 사례를 중심으로」, 『한일민족문제연구』 28, 2015.

阿部安成·加藤童文, 「引揚げという歴史の問い方(上)」, 『彦根論叢』 348号, 2004. 5.

아이 사키코, 「부산항 일본인 거류지의 설치와 형성」, 『도시연구』 3, 도시사학회, 2010.

安岡健一, 「引揚者と戦後日本社会」, 『社会科学』 44-3, 人文科学研究所国際学 術シンポジウム「磁場としての東アジア」第3回記録 日本の「戦後史」と東アジア, 同

志社大学人文科学研究所, 2014. 11.

安部安成·加藤聖文,「'引揚げ'という歴史の問い方」(上·下),『彦根論叢』348·349, 2004.

안태윤,「식민지에 온 제국의 여성 - 재조선 일본여성 쓰다 세쓰코를 통해서 본 식민주의와 젠더」,『한국여성학』24-4, 2008.

안홍선,「12살 소녀들을 정신대로 보낸 어느 일본인 교사의 '참회의 여정'」,『교육비평』21, 교육비평사, 2006.

岩倉誠一,「追悼安井俊雄先生」,『マス·コミュニケーシヨン研究』33号, 1984. 6

야마나카 마이,「서울 거주 일본인 자치기구 연구(1885~1914년)」, 가톨릭대학교 석사학위논문, 2001.

野北通夫,「北村精 — 名誉教授のご逝去によせて」,『日皮会誌』90巻7号, 1980.

若槻泰雄,『戦後引揚げの記録』, 時事逼信社, 1991.

양미숙,「개항기~1910년대 부산의 유곽 도입과 정착과정」,『지역과 역사』24, 2009.

양인실,「제국일본을 부유하는 영화(인)들」,『국제고려학회 서울지회 논문집』14, 2011.

양지혜,「'식민자 사회'의 형성」,『도시연구』7, 2012.

엄승희,「일제시기 재한일본인의 청자 제작」,『한국근현대미술사학』13, 2014

엄인경,「20세기 초 재조일본인의 문학결사와 일본전통 운문작품 연구: 일본어잡지『朝鮮之實業』(1905~1907)의 〈文苑〉을 중심으로」,『일본어문학』55, 2011.

엄인경,「일제하 통영, 거제지역의 일본인 이주어촌형성과 어업조합」,『日本學志』14, 일본연구학회, 1994.

엄인경, 「한반도에서 간행된 일본 고전시가 센류(川柳) 문헌 조사 연구」, 『동아인문학』 24, 2013.

엄인경, 「식민지 조선의 '일본어문학'(1920~30년대)과 재조일본인 여성 표상 연구: 조선 간행 일본어잡지 『조선급만주(朝鮮及滿洲)』와 『조선공론(朝鮮公論)』을 중심으로」, 『일본언어문화』 33, 2015.

염복규, 「식민지시기 도시문제를 둘러싼 갈등과 "민족적 대립의 정치"」, 『역사와 현실』 88, 2013.

염복규, 「日帝下 京城 지역 소방기구의 변화 과정과 활동 양상」, 『서울학연구』 49, 2012.

염복규, 「일제하 도시지역정치의 구도와 양상: 1920년대 京城 市區改修 이관과 수익세 제정 논란의 사례 분석」, 『한국민족운동사연구』 67, 2011.

永六輔, 『八月十五日の日記』, 講談社, 1995.

五木寬之, 『弱き者の生き方』, 德間書店, 2009.

오미일·조정민, 「제국의 주변·조선의 중심, 경성 일본인의 心像: 교육시스템과 진로문제를 중심으로」, 『일본학연구』 38, 2013.

奧山仙三, 『語法·会話朝鮮語大成』, 日韓書房, 1915.

오성숙, 「일본 여성과 내셔널리즘 - 오쿠무라 이오코, 애국부인회를 중심으로」, 『日語日文學硏究』 77-2, 한국일어일문학회, 2011.

오오야 치히로, 「잡지 『內鮮一體』에 나타난 내선결혼의 양상 연구」, 연세대학교 국어국문학과 석사학위논문, 2006.

奧村芳太郎, 『在外邦人引揚の記録写真集: この組国への切なる慕情』, 毎日新聞社, 1970.

外務省,『終戦史錄』, 新聞月鑑枇, 1952.

外務省調査局第三課,『朝鮮統治の性格と実績』, 外務省調査局, 1946.

浴風会 編,『浴風会60年の歩み』, 浴風会, 1986.

우정덕, 「재조일본인 작가의 식민자 의식: 다나카 히데미쓰의 작품을 중심으로」, 『국제어문』 67, 2015.

우치다 준, 「총력전시기 재조선 일본인의 '내선일체'정책에 대한 협력」, 『아세아연구』 151, 2008.

熊谷佳子·大場樹精, 「南朝鮮」からの引揚げ ー 帝国を移動した私たちの家族」, 『アジア遊学』 145, 帝国崩壊とひとの再移動 ー 引揚げ、送還、そして残留; 朝鮮をめぐるひとの再移動の諸相, 勉誠出版, 2011. 9

遠藤みえ子,『1945年鎮南浦の冬を越えて: 少女と家族の引き揚げ回想録』, 長崎出版株式会社, 2012.

原朗 編,『復興期の日本経済』, 東京大学出版会, 2002.

園部裕之, 「在朝日本人の参加した共産主義運動」, 『朝鮮史研究會論文集』 26, 1989.

原田大六, 「終戦に伴う引揚事務庭理」, 森田芳夫·長田かな子 編, 1979.

유재진·이현진·박선양 편역,『탐정취미 ― 경성의 일본어 탐정소설』, 도서출판 문, 2012.

윤대석, 「1940년대 전반기 조선 거주 일본인 작가의 의식구조에 대한 연구」, 『현대소설연구』, 한국현대소설학회, 2002.

윤대석, 「재조일본인 문학, 경성제대, 그리고 최재서:『詩·研究』(日韓書房, 1935)」, 『근대서지』 4, 2011.

윤소영, 「갑오개혁기 일본인 고문관의 활동 − 星亨을 중심으로」, 『한국민족운동사연구』 30, 2002.

윤소영, 「해제」, 한일비교문화연구센터 편, 『朝鮮公論 總目次·人名索引』, 2007.

윤소영, 「호소이 하지메(細井肇)의 조선인식과 '제국의 꿈'」, 『한국근현대사연구』 45, 2008.

윤정란, 「19세기 말 20세기 초 재조선 일본여성의 정체성과 조선여성교육사업: 기독교 여성 후치자와 노에(淵澤能惠)를 중심으로」, 『역사와 경계』 73, 2009.

윤해동, 「식민주의 역사학 연구 시론」, 『한일민족운동사연구』 85, 2015.

宜在源, 原朗 編, 「引揚企業団体の活動─戦前期海外進出企業の国内経済復帰過程─」, 『復興期の日本経済』, 東京大学出版会, 2002.

이가혜, 「초기 재조일본인 사회에서의 재조일본인 유녀의 표상 −『조선지실업(朝鮮之實業)』, 『조선(급만주)(朝鮮(及滿洲))』의 기사 및 유곽물(遊廓物)을 중심으로」, 『인문학연구』 49, 2015.

李景珉, 「朝鮮總督府終焉期の策」, 『思想』 734호, 1985. 8.

이규수, 「植民地期朝鮮における集團農業移民の展開過程」, 『朝鮮史研究會論文集』 33, 1995.

이규수, 「日本人地主の土地集積過程と群山農事組合」, 『一橋論叢』 116-2, 1996.

이규수, 「20세기 초 일본인 농업이민의 한국이주」, 『대동문화연구』 43, 2003.

이규수, 「후지이 간타로(藤井寬太郎)의 한국진출과 농장경영」, 『대동문화연구』 49, 2005.

이규수, 「개항장 인천(1883~1910) − 재조일본인과 도시의 식민지화」, 『인천학연구』 6, 2007.

이규수, 「일본인 지주 마스토미 야스자에몬(枡富安左衛門)과 '선의의 일본인'론 재고」, 『아시아문화연구』 19, 2010.

이규수, 「일본인의 조선여행기록에 비친 조선의 표상」, 『대구사학』 99, 2010.

이규수, 「식민지 체험자의 기억 속의 '제국'과 '식민지' ― 不二會를 중심으로」, 『역사와 경계』 79, 2011.

이규수, 「재조일본인 연구와 식민지 수탈론」, 『日本歷史研究』 33, 2011.

이규수, 「재조일본인의 추이와 존재 형태: 수량적 검토를 중심으로」, 『歷史敎育』 12, 2013. 5

이규수, 『개항장 인천과 재조일본인』(인천학연구총서 29), 보고사, 2015.

이규수, 「러일전쟁 직후 일본인 지주의 한국 진출:『군산농사월보』의 검토를 중심으로」, 『사림』 54, 2015.

李東勳, 「「韓国併合」前後の在朝日本人社会 ― 雑居地「京城」を中心に」, 『年報地域文化研究』 14, 2010.

李東勳, 「경성의 일본인 사회와 자녀교육: 통감부 시기와 1910년대를 중심으로」, 『서울학연구』 45, 2011.

李東勳, 「在朝日本人社会の「自治」と「韓国併合」: 京城居留民団の設立と解体を中心に」, 『朝鮮史研究會論文集』 49, 2011.

이명희, 「1930년대 한국에서 일본인 교사들의 초등역사교육 실천」, 『일본학보』 59, 2004.

이미숙, 「韓日合邦 以前 日本人들의 朝鮮進出 背景에 관한 연구: 나가사키현(長崎縣)의 事例를 中心으로」, 성균관대학교 동아시아학과 석사학위논문, 2008.

이병진, 「'조선의 흙이 된 일본인'론 재고 ― 아사카와 다쿠미(淺川巧)에 관하여」, 『일본학보』 57-2, 2003.

　　이선윤, 「1880년 전후 일본 소신문에 나타난 왜관 및 재조일본인에 대한 표상: 『요미우리신문』과 『아사히신문』 기사를 중심으로」, 『동아시아일본학회』 54, 2015.

　　이송희, 「일제하 부산지역 일본인사회의 교육(1) ― 일본인 학교 설립을 중심으로」, 『한일관계사연구』 23, 2005.

　　이송희, 「일제하 부산지역 일본인의 초등교육」, 『지역과 역사』 19, 2006.

　　李昇燁, 「第二次朝鮮敎育令成立過程の再檢討」, 『人文学報』 107, 2015.

　　이승환, 「재조 귀환 일본인의 피해자 아이덴티티 형성에 관한 연구」, 연세대학교 정치학과 석사학위논문, 2010.

　　이연식, 「서평: 최영호 저 『일본인 세화회: 식민지조선 일본인의 전후』」, 『한일민족문제연구』 24, 2013.

　　이연식, 「敗戰後 韓半島에서 돌아간 日本人 女性의 歸還 體驗: 南北間의 地域差를 중심으로」, 『한일민족문제연구』 17, 2009.

　　이연식, 「해방 직후 38이북 일본인 거류환경 변화 ― "戰爭被害者論"에 대한 비판적 고찰」, 『한일민족문제연구』 14, 2008.

　　이연식, 「해방 후 남한 거주 일본인 송환문제를 둘러싼 갈등: 조선총독부와 남한 사회의 인식 및 대응과정을 중심으로」, 『한국민족운동사연구』 63, 2010.

　　이연식, 「해방 후 일본인 송환문제를 둘러싼 남한사회와 미군정의 갈등 ― 구 조선총독부 高官 "來朝說騷動"의 역사적 배경」, 『한일민족문제연구』 15, 2008.

　　이연식, 『조선을 떠나며: 1945년 패전을 맞은 일본인들의 최후』, 역사비평사, 2013.

　　이연식, 『해방 후 한반도 거주 일본인 귀환에 관한 연구: 점령군·일본인·조선인 3

자간의 상호작용을 중심으로』, 서울시립대학교 국사학과 박사학위논문, 2009.

이준식, 「일제강점기 군산에서의 유력자집단의 추이와 활동」, 『동방학지』 131, 2005.

이준식, 「재조일본인 교사 죠코(上甲米太郎)의 반제국주의 교육노동운동」, 『한국민족운동사연구』 49, 2006.

이한정, 「한일병합 직전 이주 일본인이 바라본 한국 사람들 ―『조선의 실업(朝鮮之實業)』의 「조선하등의 민정」에서」, 『일본학』 31, 2010.

이현희, 「일제침략초기(1905~1919) 在朝鮮日本人의 滿州인식」, 연세대학교 사학과 석사학위논문, 2010.

이형식, 「재조일본인 연구의 현황과 과제」, 『일본학』 37, 2013.

이형식, 「조선헌병사령관(朝鮮憲兵司令官) 立花小一郎과 '무단통치' ―『立花小一郎日記』를 중심으로」, 『민족문화연구』 57, 2012.

이형식, 「패전 후 귀환한 조선총독부 관료들의 식민지 지배 인식과 그 영향」, 『韓國史研究』 153, 2011.

籾木としこ, 『流転の人 佳那』, 文芸社, 2007.

引揚げ港・博多を考える集い 監修, 『博多港引揚』, 図書出版のぶ工房, 2011.

引揚体験集編集委員会 編, 『死の三十八度線』, 図書刊行会, 1981.

引揚体験集編集委員会 編, 『生きて祖国へ: 朝鮮編 ― 死の三十八度線』, 国書刊行会, 1981.

引地洲夫, 『生と死のはざまに生きて―ハルピンで死んだ幼い妹への鎮魂歌』, 八月書館, 1999.

日本国有鉄道広島鉄道管理局, 『関釜連絡船史』, 大村印刷株式会社, 1979.

임상민, 이경규, 「제국 일본의 출판유통과 식민도시 부산의 독자층 연구 - 일본인 경영 서점과 염상섭『만세전』을 중심으로」, 『일본근대학연구』 49, 2015.

임성모, 「月刊 朝鮮及滿洲 解題」, 『朝鮮及滿洲 別卷索引(記事·人名)』, 어문학사, 2007.

任展慧, 「植民者二世の文學 湯浅克衛への疑問」, 『季刊三千里』, 1976.

任展慧, 「朝鮮時代の田中英光」, 『海峽』 3, 1975.

任展慧, 「朝鮮統治と日本の女たち」, もろさわようこ編, 『女と權力』, 平凡社, 1978.

장 신, 「1910년대 재조선 일본인의 출판활동 연구」, 『일본학』 35, 2012.

장 신, 「1920년대 조선의 언론출판관계법 개정 논의와 '조선출판물령'」, 『한국문화』 47, 서울대학교 한국문화연구소, 2009.

장 신, 「한말 일제초 재인천 일본인의 신문발행과 朝鮮新聞」, 『인천학연구』 6, 2007.

長門市 編, 『歷史の證言: 海外引揚50周年記念手記集』, 海外引揚50周年記念事業實行委員會, 1995.

長重九, 「王家の終焉: 側根貴族の回想」, 『友邦』 8回, 1982. 3.

猪又正一, 『私の東拓回顧録』, 龍溪書舍, 1978.

赤川行, 『遙かなり母国』, 文芸社, 2000.

赤塚不二夫, 『ボクの満州ー漫画家たちの敗戦体験』, 亜紀書房, 1995.

전경수, 「학문과 제국 사이의 秋葉隆: 경성제국대학 교수론(1)」, 『韓國學報』 31-3, 2005.

田口一幸, 「'最後のご奉公'と朝鮮で残務整理」, 特集 私の戦中体験, 『じゅん刊

世界と日本』1,126, 2008. 11.

田辺多聞, 『終戦前後の釜山地方交通局管内事情』, 鮮交会, 1976.

전병무, 「조선총독부 일본인 사법관시보 연구: 채용과 출신배경을 중심으로」, 『한국학논총』 36, 2011.

전성현, 「1920년 전후 조선상업회의소와 조선 산업정책의 확립」, 『역사와 경계』 58, 2006.

전성현, 「1920년대 조선상업회의연합회의 산업개발 '4大要項'과 정치 활동」, 『한국민족운동사연구』 52, 2007.

전성현, 「일제시기 大池忠助의 지역성과 '식민자'로서의 위상」, 『한국민족문화』 49, 2013.

전성현, 「일제하 조선상업회의소와 '朝鮮鐵道十二年計劃'」, 『역사와 경계』 71, 2009.

전성현, 「일제하 조선상업회의소의 산업개발 자금을 둘러싼 정치 활동」, 『石堂論叢』 45, 2009.

전성현, 「일제하 조선상업회의소의 철도부설운동(1910~1923)」, 『石堂論叢』 40, 2008.

전성현, 「한말 일제초기 경성상업회의소의 설립과 활동」, 『역사연구』 8, 2000.

전성현, 『일제시기 조선상업회의소 연구』, 선인, 2011.

전성현, 「식민자와 식민지민 사이, '재조일본인' 연구의 동향과 쟁점」, 『역사와 세계』 48, 2015.

전영욱, 「寺內正毅의 총독정치와 제27회 제국의회의 논의: 制令權과 재조일본인의 법적지위를 중심으로」, 서울시립대학교 국사학과 석사학위논문, 2010.

田中明, 「使命感の人: 森田芳夫さんを失って思うこと」, 『現代コリア』326号, 1992. 11.

田中則廣, 「在朝日本人の映画製作研究 ― 劍戟俳優·遠山滿の活動をめぐって」, 『メディア史研究』17, 2004.

田村吉雄 編, 『秘録大東亜戦史朝鮮編』, 富士書苑, 1953.

정병욱, 「1910년 전후 한반도 〈일본어 문학〉과 조선 문예물의 번역」, 『일본근대학연구』34, 2011.

정병욱, 「1910년대 한반도 내 일본어 잡지의 간행과 〈일본어 문학〉 연구 ―『조선 및 만주』(朝鮮及滿洲)의 「문예」관련기사를 중심으로」, 『日本學報』87, 2011.

정병욱, 「근대초기 한국 내 일본어 문학의 형성과 문예란의 제국주의 ―『조선』(1908~11) 『조선(만한)지실업』(1905~14)의 문예란과 그 역할을 중심으로」, 『외국학연구』14, 2010.

정병욱, 「조선총독부 관료의 일본 귀환 후 활동과 한일교섭 ― 1950, 60년대 同和協會·中央日韓協會를 중심으로」, 『역사문제연구』14, 2005.

정병욱, 「해방 직후 일본인 잔류자들 ― 식민지배의 연속과 단절」, 『역사비평』64, 역사비평사, 2003.

정병호·김보경 편역, 『일본어 잡지로 보는 식민지 영화 3』, 도서출판 문, 2012.

정병호, 「3·1 독립운동에 대한 재조일본인 미디어의 반응과 1919년의 일본어 문학」, 『일본연구』39, 2015.

정병호, 「사이토 총독 저격사건과 재조일본인 일본어 문학의 반응」, 『일본학보』104, 2015.

鄭鳳輝, 「熊本縣人のキリスト教韓國傳道 ― 海老名彈正と渡瀬常吉を中心に」,

『海外事情硏究』27-1, 1999.

정선태, 「일제말기 초등학교 '황국신민'의 제작 공간: 이이다 아키라의 『반도의 아이들』을 중심으로」, 『한국학논총』 37, 2012.

井手勇, 「終戰後の朝鮮⑴: 米軍政庁とその施政方針」, 『同和』166号, 1961. 10.

町田典子, 『遥かなる滿州』, 文芸社, 2005.

정준영, 「경성제국대학 교수들의 귀환과 전후 일본 사회」, 『사회와 역사』 99, 2013.

정혜경, 「『매일신보』에 비친 1910년대 재조일본인」, 『식민지 조선과 매일신보 ― 1910년대』, 2002.

정혜경·이승엽, 「일제하 녹기연맹의 활동」, 『한국근현대사연구』 10, 1999.

정희정, 「근대기 재한일본인 출판물 『朝鮮漫畵』」, 『美術史論壇』 31, 2010.

斉藤哲雄, 『下関駅百年: 戦前の関門·山口の交通』, 新人物往来枇, 2001.

曹龍淑, 「在朝日本人二世の朝鮮·朝鮮人に對する意識形成の硏究 ― 在釜山日本人を中心に」, 『アジア社會文化硏究』 4, アジア社會文化硏究會, 2003.

조미은, 「일제강점기 일본인 학교조합 설립 규모」, 『史林』 22, 首善史學會, 2004.

조미은, 「재조선 일본인의 재외지정학교제도와 「소학교규칙」」, 『한국민족운동사연구』 71, 2012.

조미은, 『일제강점기 일본인 학교조합 설립 규모』, 성균관대학교 사학과 박사학위논문, 2010.

조미은, 「일제시기 재조선 일본인 학교조합제도의 변천과 성격 ― 학교조합령 제정과 개정내용을 중심으로」, 『史林』 41, 2012.

조미은, 「조선교육령과 재조선 일본인 교육제도」, 『歷史敎育』 125, 2013.

朝鮮民衆新聞社 編, 水野直樹 訳,『写真集朝鮮解放1年』, 新幹杜, 1994.

朝鮮銀行史編纂委員會,『終戦前後の朝鮮銀行』, 森田芳夫・長田かな子 編 1979.

조은애, 「1920년대 초반『조선공론』문예란의 재편과 식민지 '조선문단' 구상」, 『日本思想』 19, 2010.

조정민, 「유아사 가쓰에(湯淺克衛)『간난이』의 정치적 알레고리 읽기」, 『한일민족문제연구』 22, 2012.

존 다우어, 『패배를 껴안고: 제2차 세계대전 후의 일본과 일본인』, 민음사, 2009.

佐藤和明,『少年は見た一通化事件の真実』, 新評論, 1998.

佐野通夫, 「渡瀬常吉と朝鮮の教育」, 『國立教育研究所紀要』 115, 1988.

佐々木淳雄,『さようなら輸城: 一九四五年朝鮮最北部: 子供体験記』, 焼津: するが文庫, 2010.

竹島茂,『満州・朝鮮で敗戦を迎えたわたしたちの戦後』, STEP, 1996.

中谷和男,『いのちの朝一ある母の引揚げの記憶』, 阪急コミュニケーションズ, 1995.

中国引揚げ漫画家の会,『少年たちの記憶一中国からの引揚げ』, ミナトレナトス, 2002.

中根隆行, 「敗戦の記憶: 在朝鮮日本人の心性の軌跡」, 『日本學報』 9호, 경상대학교 일본문화연구센터, 2004. 2.

中保与作・田村吉雄 編,『略奪と赤色の劫火』, 1953.

中村梅子,『消えたくつ一ある満洲避難民の記』, 郷土出版社, 2004.

中村靜代, 「在朝日本人雑誌『朝鮮公論』における〈怪談〉の研究」, 고려대학교 중일어문학과 석사학위논문, 2013.

紙谷 多津子, 『過ぎし日の春は満州の彼方に』, 東京図書出版会, 2004.

지미령, 「일제강점기 한국내의 일본인 관음신앙 고찰 － 화계사소장 관음석불군을 중심으로」, 『동아시아고대학』 38, 2015.

鎮南浦会 編, 『よみがえる鎮南浦: 鎮南浦終戦の記録』, 鎮南浦会東京本部事務局, 1984.

創価学会婦人平和委員会, 『あの星の下に』, 第三文明社, 1981.

創価学会青年部反戦出版委員会, 『望郷の島々 － 千葉·樺太引揚げ者の記録』, 第三文明社, 1976.

채숙향·이선윤·신주해 편역, 『조선 속 일본인의 에로경성 조감도: 공간편』, 도서출판 문, 2012.

川口學, 『일본 국립공문서관 소장 '폐쇄기관청산관계' 자료에 관한 기초연구』, 일제강점하강제동원피해진상규명위원회 용역조사보고서, 2009.

天内みどり, 『芙蓉の花: 北朝鮮引揚げの記録』, 近代文芸社, 2000.

天内みどり, 『芙蓉の花 － 北朝鮮引揚げの記録』, 近代文芸社, 2000.

浅野幾代, 『大連物語』, 文芸社, 2003.

浅野豊美, 「折りたたまれた帝国; 戦後日本における引揚の記憶と戦後的価値」, 細谷千博·入江昭·大芝亮 編, 『記憶としてのパールハーバー』, ミネルゥァ書房, 2004.

淺野豊美, 『故椰へ: 帝固の解體·米軍が見た日本人と朝鮮人の引揚げ』, 現代史料出版, 2005.

浅野豊美·吉津文寿 編, 『日韓国交正常化問題資料: 第1期1945～1953年〈請求権問題〉』, 現代史料出版, 2010.

川畑智, 『生きる限り: 北朝鮮引揚げの記録』, 鹿児島, 1985.

泉靖一, 『遥かな山やま』, 新潮杜, 1971.

青木敦子, 「ある日本人の朝鮮体験 －「上甲米太郎日記」史料紹介」, 『東洋文化研究』8, 学習院大学東洋文化研究所 編, 2006. 3.

清水良江, 『大陸のちいさな家族－満州引揚げ160万分の1の記録』, マーカークラブ, 1987.

清水徹, 『忘却のための記録: 1945-46恐怖の朝鮮半島』, ハート出版, 2014. 1.

靑野正明, 「細井肇の朝鮮觀」, 『韓』110, 1988.

塚本 勳, 「朝鮮を見つめる － 朝鮮語研究者の体験を通して」, 『世界』325, 岩波書店 編, 1972. 12

최석영, 『일제의 조선연구와 식민지적 지식 생산』, 민속원, 2012.

최영호, 「서평: 『스기야마 토미: 1921년 7월 25일생』」, 『한일민족문제연구』 22, 2012.

최영호, 「일본의 패전과 부관연락선: 부관항로의 귀환자들」, 『한일민족문제연구』 11, 2006.

최영호, 「한반도 거주 일본인의 귀환 후 단체결성과 재산권 보상요구」, 『한일민족문제연구』 21, 2011.

최영호, 「한반도 거주 일본인의 패전 직후 단체 활동」, 『인간과 문화연구』 17, 2010.

최영호, 「해방 직후 부산항을 통한 일본인 귀환」, 『港都釜山』 24, 2008.

최영호, 「해방 직후 재경 일본인의 일본 귀환에 관한 연구」, 『典農史論』 9, 2003.

최영호, 『일본인 세화회 － 식민지 조선 일본인의 전후』, 논형, 2013.

최인택, 「일제시기 부산지역 일본인사회의 생활사 － 경험과 기억의 사례연구」,

『역사와 경계』 52, 2004.

    최재철, 「경성제국대학과 아베 요시시게(安倍能成), 그리고 식민지 도시 경성의 지식인」, 『일본연구』 42, 2009.

    최혜주, 「시데하라(幣原坦)의 고문활동과 한국사연구」, 『國史館論叢』 79, 1998.

    최혜주, 「시데하라(幣原坦)의 식민지조선 경영론에 관한 연구」, 『歷史學報』 1608, 1998.

    최혜주, 「아오야기(靑柳綱太郞)의 내한활동과 식민통치론」, 『國史館論叢』 94, 2000.

    최혜주, 「오다 쇼고(小田省吾)의 교과서 편찬활동과 조선사 인식」, 『東北亞歷史論叢』 27, 2010.

    최혜주, 「일제강점기 아오야기(靑柳綱太郞)의 조선사연구와 내선일가론」, 『한국민족운동사연구』 49, 2006.

    최혜주, 「일제강점기 재조일본인의 지방사 편찬활동과 조선인식」, 『史學硏究』 103, 2011.

    최혜주, 「일제강점기 조선연구회의 활동과 조선인식」, 『한국민족운동사연구』 42, 2005.

    최혜주, 「잡지 〈조선〉에 나타난 일본지식인의 조선인식」, 『한국근현대사연구』 45, 2008.

    최혜주, 「잡지 〈조선급만주〉에 나타난 조선통치론과 만주인식」, 『한국민족운동사연구』 62, 2010.

    최혜주, 「한말 일제하 샤쿠오(釋尾旭邦)의 내한활동과 조선인식」, 『한국민족운동사연구』 45, 2005.

최혜주, 「한말 일제하 재조일본인의 조선고서간행사업」, 『大東文化研究』 66, 2009.

최혜주, 『근대 재조선 일본인의 한국사 왜곡과 식민통치론』, 景仁文化社, 2010.

최혜주, 「개항 이후 일본인의 조선사정 조사와 안내서 간행」, 『한국민족운동사연구』, 2012.

최혜주, 「일본 동방협회의 조선사정 조사활동과 조선인식」, 『한국독립운동사연구』 43, 2012.

최혜주, 「일제강점기 고전의 형성에 대한 일고찰 － 재조일본인과 조선광문회의 고전 간행을 중심으로」, 『한국문화』 64, 2013.

최혜주, 「일본 殖民協會의 식민 활동과 해외 이주론」, 『숭실사학』 30, 2013.

최혜주, 「1910년대 일본인의 조선사정 안내서 간행과 조선인식」, 『한국민족운동사연구』 81, 2014.

최혜주, 「재조일본인 아오야기 쓰나타로(靑柳綱太郎)의 '신일본(조선)' 건설론」, 『동북아역사논총』 54, 2016.

최혜주, 「한국 근대사 속의 외래인, 일본인 － 근대 일본인의 조선사정 안내서 간행실태와 조선인식」, 『제46회 동양학연구원 정기학술회의 자료집』, 2016.

최혜주, 「일제 강점기 재조일본인들의 조선문헌 수집과 연구활동」, 『제118차 대동한문학회 전국학술회의 자료집』, 2016.

萩原晋太郎, 『さらば仙崎引揚港』, マルジュ社, 1985.

春田哲吉, 『日本の海外植民地統治の終鷲』, 原書房, 1999.

出浦由美子, 『父を訪ね母を辿る旅』, 東京: 文芸社, 2014. 5.

코노 노부카즈, 「일제하 중부기차랑(中部機次郎)의 임겸상점(林兼商店) 경영과

'수산재벌'(水産財閥)로의 성장」, 『동방학지』 153, 2011.

湯川十四士, 『脱出!: 元日本軍兵士の朝鮮半島彷徨』, 東京: 潮書房光人社, 2014. 3.

太田正博, 『満州に捧げる鎮魂歌』, 東京図書出版会, 2006.

太田孝子, 「植民地下朝鮮に於ける龍谷高等女學校」, 『ジェンダー研究』 20,
2000.

樋口雄一, 『協和会: 戦時下朝鮮人統制組織の研究』, 社会評論社, 1986.

通堂あゆみ, 『植民地朝鮮出身者の官界進出: 京城帝国大学法文学部を中心に』,
松田利彦·やまだあっし 編, 2009.

樋浦郷子·本間千景·安洪善, 「在朝日本人女性教師の見た植民地支配 ― 池田正
枝さんへの聞き取り調査から」, 『教育史フォーラム』 2, 2007.

坂本悠一·木村健二, 『近代植民地都市釜山』, 桜井書居, 2007.

坂本俊雄, 『沈まぬ太陽―坊やは日本に帰れるといいな』, 文芸社, 2006.

八木信雄, 『日本と韓国』, 財団法人日韓文化協会, 1978.

平島敏夫, 『楽土から奈落へ: 満州国の終駕と百万同胞引揚げ実録』, 講談社,
1972.

平尾弘子, 「桜の樹の下: 語られなかった引揚の惨禍」, 『戦争責任研究』 82, 日本
の戦争責任資料センター, 2014. 夏季.

坪井幸生, 『ある朝鮮総督府警察官僚の回想』, 草思祉, 2004.

浦橋勝信, 「日本人世話会帰還事業: 京城内地学徒団·在外不兄救出学生同盟につ
いて」, 『アジア教育学会発表文』, 2010. 10. 31.

浦橋勝信, 『朝鮮植民地下の京城·皇城YMCAに関する研究』, 九州大学人間環境
学府修士論文, 2010.

布野修司·韓三建·朴重信·趙聖民,『韓国近代都市景観の形成: 日本人移住漁村と鉄道町』, 京都大學學術出版會, 2010.

하라 도모히로, 「재조일본인 교원의 조선체험」,『韓國史研究』153, 2011.

하야시 히로시게,『미나카이백화점: 조선을 석권한 오우미상인의 흥망성쇠와 식민지 조선』, 논형, 2007.

하지연, 「한말 일제강점기 기쿠치 겐조(菊池謙讓)의 문화적 식민활동과 한국관」,『東北亞歷史論叢』21, 2008.

鶴岡慧,『私の北朝鮮事情: 敗戦までのささやかな青春敗戦後の抑留, 拷問, そして引揚げ』, 2004.

한상언, 「1910년대 경성의 극장과 극장문화에 관한 연구」,『영화연구』53, 2012.

함예재, 「일제 말기 재조일본인의 역사 서술과 이중적 정체성: 모리타 요시오의『國史と朝鮮』을 중심으로」,『일본역사연구』41, 2015.

港区立港郷土資料館 編,『増補港区近代沿革図集: 新橋·愛宕·虎ノ門·芝公園·芝大門·浜松田海岸』, 昭和株式会社, 2009.

허 석, 「메이지시대 한국이주 일본인문학과 매매춘에 관한 조사연구」,『일본어문학』27, 2005.

허 석, 「韓國移住 日本人文學에 나타난 對韓意識 考察: 岸水人의 創作小說「良吉」와「薄命」을 중심으로」,『일본어문학』10, 2001.

헬렌 리, 「제국의 딸로서 죽는다는 것」,『아세아문제연구』51-2, 2008.

홍선영, 「1910년 전후 서울에서 활동한 일본인 연극과 극장」,『日本學報』57-2, 2003.

홍선영, 「경성의 일본인 극장 변천사 − 식민지도시의 문화와 "극장"」,『日本文

化學報』43, 2009.

홍성찬, 「日帝下 平壤지역 日本人의 은행설립과 경영: 三和·平壤·大同銀行의 사례를 중심으로」, 『연세경제연구』3-2, 연세대학교 경제연구소, 1996.

홍성찬, 「韓末·日帝初 在京 일본인의 은행설립과 경영: 京城起業·京城銀行의 사례를 중심으로」, 『韓國史硏究』97, 1997.

홍성찬, 「日帝下 在京 일본인의 朝鮮實業銀行 설립과 경영」, 『연세경제연구』6-2, 1999.

홍순권, 「1910-20년대 '부산부협의회'의 구성과 지방정치 - 협의원의 임명과 선거 실태 분석을 중심으로」, 『역사와 경계』60, 2006.

홍순권, 「일제시기 부산지역 일본인사회의 인구와 사회계층구조」, 『역사와 경계』51, 2004.

홍순권, 『근대도시와 지방권력 - 한말·일제하 부산의 도시발전과 지방세력의 형성』, 선인, 2010.

홍양희, 「이마무라 도모(今村鞆)의 『朝鮮風俗集』과 조선사회 인식: 가족과 관련된 풍습을 중심으로」, 『동아시아문화연구』45, 2009.

홍연진, 「부관연락선과 일본의 식민지배: 부관연락선 시말과 부산부 일본인 인구 변동」, 『한일민족문제연구』11, 2006.

丸山兵一, 「慶尙南道及び釜山の引揚(二)」, 『同和』166号, 1961. 10.

丸山兵一, 「慶尙南道及び釜山の引揚」, 『同和』165号, 1961. 9.

丸山兵一, 「釜山日本人世話会の活動」, 森田芳夫·長田かな子 編, 1980.

丸山兵一, 「朝鮮に於ける日本人の引揚状況」, 加藤聖文 編, 『毎外引揚関係史料集成(国外篇)』第19巻, 2002.

丸山兵一, 「慶尚南道及び釜山に於ける引揚狀況」, 加藤聖文 編, 『每外引揚關係史料集成(国外篇)』第19卷, 2002. 黃明水, 「解放前의 在韓日本人 企業家에 관한 史的 硏究」, 『商學論叢』 10, 단국대학교 상경대학, 1971.

황선익, 「해방 전후 재한일본인의 패전 경험과 한국인식: 모리타 요시오(森田芳夫)를 중심으로」, 『한국학논총』 34, 2010.

黃益九 著, 『交錯する戰爭の記憶: 占領空間の文学』, 春風社, 2014. 11.

回中保太郎, 『終戰時の本局』, 鮮交会 編, 1976.

後藤邦汎, 『生きる』, 新風舍, 2004.

厚生省社會·援護局援護50年史編纂委員會 編, 『援護50年史』, 厚生省社會·援護局援護50年史編纂委員會, 1997.

히라사와 아사코, 「1920년대 전반 조선총독부의 산업정책 수립과정과 在朝日本人企業家」, 연세대학교 사학과 석사학위논문, 2008.

히로세 레이코, 「대한제국기 일본 애국부인회의 탄생」, 『여성과 역사』 13, 2010.

제국과 식민지 사이

경계인으로서의 재조일본인

초판 1쇄 발행일 2018년 7월 12일

지은이 이규수
펴낸이 박영희
편집 김영림
디자인 조은숙
마케팅 김유미
인쇄·제본 태광 인쇄
펴낸곳 도서출판 어문학사
　　　　서울특별시 도봉구 해등로 357 나너울카운티 1층
　　　　대표전화: 02-998-0094 / 편집부1: 02-998-2267, 편집부2: 02-998-2269
　　　　홈페이지: www.amhbook.com
　　　　트위터: @with_amhbook
　　　　페이스북: https://www.facebook.com/amhbook
　　　　블로그: 네이버 http://blog.naver.com/amhbook
　　　　　　　　다음 http://blog.daum.net/amhbook
　　　　e-mail: am@amhbook.com
　　　　등록: 2004년 7월 26일 제2009-2호

ISBN 978-89-6184-475-8　94910
　　　978-89-6184-474-1　(세트)

정가 24,000원

이 도서의 국립중앙도서관 출판예정도서목록(CIP)은 e-CIP 홈페이지(http://www.nl.go.kr/ecip)와
국가자료공동목록시스템(http://www.nl.go.kr/kolisnet)에서 이용하실 수 있습니다.
(CIP제어번호: CIP 2018019056)